노
루
목
편
지

노루목 편지

일산호수교회
성도들에게
보낸

18년간의
편지글
모음

지은이
백경천

훈훈

노루목편지

2021년 12월 29일 초판1쇄 발행

지은이 백경천
펴낸이 소재웅

도서출판 훈훈
주소 경기도 고양시 덕양구 소원로 267
이메일 toolor@hanmail.net

북디자인 루디아153

ⓒ 백경천 2021

ISBN 979-11-967762-9-9

이 책의 판권은 지은이와 훈훈출판사에 있습니다.
허락 없이 무단복제와 이용을 금합니다.

백경천 목사는 이야기했고
그 이야기는 일산호수교회 교인들의 마음으로
흘러들어갔다.

교인들의 마음을 통과한 이야기들은
새로운 이야기가 되어
다시 백경천 목사의 마음으로 흘러들어갔다.

그들은 결국
사랑을 주고받은 셈이다.

프롤로그

<거북이가 꾸벅 인사합니다>

제가 일산호수교회 담임목사로서의 삶을 그만두게 되니, 40대 연령 자매들의 모임인 에스더가 <노루목 편지>를 작은 책으로 엮겠다며 인사말을 써달라 했어요.

그래서, 아주 많이 행복합니다.

그들은 저를 자신들의 삶을 즐거워한 사람으로 기억하고 싶나 봅니다. 그래요, 저는 일산호수교회에서 참 행복하였습니다. 하나님께서 어떻게 그렇게 좋은 사람들을 불러 모아 주셨는지요. 교회로 모였다가 집에 돌아와 홀로 책상 앞에 앉으면, 그이들의 향과 온기가 아직 식지 않고 가슴에 남아 글을 쓰지 않을 수 없었어요.

제가 일산호수교회에 와서 처음 예배한 1998년 12월에는, 일산에 아직 머물 곳이 정해지지 않았던 이유로, 이전까지 11년간 지내온 서울 동대문구 이문동 <중랑제일교회>의 사택으로 돌아가야 했습니다. 그 때 집에 돌아가서 무엇에 이끌린 듯 첫 주일의 소감을 써보았는데, 그냥 진솔하게 좀 더 가까이 다가가고 싶다는 마음으로, 일산호수교회 주보에 그 마음을 편지형식으로 싣고 싶어졌던 것입니다. 지난 주일의 설교 요약이 있던 면에 <목회서신>이란 이름으로 그 편지를 처음 담았는데, 이렇게 하면 교우들과 좀 더 빨리 친해질 수 있겠다고 생각했던 것이죠. 한 두 달 정도 그래 보아야지 했는데, 거의 18년간 저의 마음을 노루목 편지란 이름으로 우리 식구들에게 보여주게 되었습니다. 이전에는, 일기도 숙제로나 써보았던 제가 말입니다.

제가 글을 썼다기 보다는, 제 가슴 속에서 흘러나온 이야기들이 저의 생각과 삶을 만들어 갔다고 말해야 합니다. 그 편지 글이 제 안에 들어와서, 저의 인생을 만들어가기 시작했다는 고백을 하고 싶습니다. 분명 제가 쓴 글이 맞는데, 그 글이 저를 인도해갔다고 하는 것이 말이 안 되는 것 같은데, 그런데, 저는 꼭 그렇게 말하고 싶습니다. 교회 공동체가 제 마음에 그 글을 주었고, 일산호수교회가 그 글을 통해서 저의 삶을 인도했던 것입니다. 그래서 저는 한번 더, 그 때 저에게 자신의 삶을 보여주고 말을 걸어오고 씩 웃어준 이들이 이 글을 제 마음에 넣어 주었다고 말해야겠습니다.

제 남은 인생에서 또 다시 이런 편지를 쓸 수 있을지는 모르겠습니다. 왜냐하면 제가 글을 쓸 수 있는 사람이 아니기 때문입니다. 제 삶 속에 다시 이런 교회가 담겨질 수 있을까요? 저는 간절히 소원하겠지만, 또 다시 그런 은혜가 저에게 주어질 지는 모르겠습니다.

일산호수교회 형제 자매, 여러분!

참 감사합니다.

저와 18년간 함께 살아주어서.

일산호수교회와 18년간 함께했던 거북이 백경천

추천사1

옹달샘처럼

우리는 주님에게서 사랑을 알았고 배웠습니다.
누군가 건네주는 눈빛 때문이 아니라, 제 안에 담아주신 기운(생명)입니다.
수치의 문화에서 존중의 문화로 살아갈 수 있게 하셨습니다.
백경천 목사의 노루목 편지를 보면서
추운 마음이 따뜻해졌고, 행복에 젖어 들었습니다.
노자는 최고의 선이 물과 같다(上善若水)고 했습니다.
편지는 흐르는 물과 같았습니다. 퐁퐁 솟아나는 옹달샘 물이 흐르기 시작합니다.
흐르면서 필요한 곳마다 자신을 내줍니다.
때론 벗도 만나고 또 헤어지며 더 낮은 곳으로 나아갑니다.
아무런 욕심도 없고, 아무런 저항도 없고, 아무런 목적도 없습니다.
사랑은 본디 그렇습니다. 스무 해 가까이 매일 나눈 편지는
사랑하는 교우들에게 옹달샘 물이었을 것입니다.
오염되지 않은, 매일 매일 솟아나는 맑고 고운 만나였을 것입니다.
이렇게 소박하고 꾸밈없는 목자를 만나 함께하는 교우는 얼마나 행복할까,
예수께서 복음을 들려주셨고, 사랑의 진실을 우리에게 전해주셨다면,
목회 역시 그와 조금도 다르지 않을 것입니다.
교회가 갈등과 분열과 대립의 온상이 되어 안팎으로 우려와 지탄의
대상이 된 이때. 일산호수교회의 교우들과 나눈 노루목 편지는
그들의 복음서요, 사랑의 진실이리라.
옹달샘은 언제 멈출까요,
아마도 창조의 섭리와 질서가 바뀌지 않는다면 영원할 것입니다.
샘물이 공동체 안에서 먼저 채워지고, 차면 넘쳐 흐르듯이 더 낮고 또 필요한 것
으로 흐르며 주님의 사랑이 될 것입니다.

쌍샘자연교회 백영기 목사

추천사2

성실한 한 목회자의 조용한 목소리

목회는 하나님 사랑 그 자체를 드러내는 것 그 이상도 이하도 아니다. 그리스도인의 삶도 하나님 사랑 그 자체일 뿐이다. 따라서 그리스도인 공동체도 하나님 사랑 그 자체가 되어야 한다. 한 사람 한 사람 부름을 받은 사람들이 모여 우리가 되어 서로 사랑하고 행복을 나누고, 가정과 이웃과 사회와 지구별 곳곳으로 예수 생명 파이프를 놓아가는 삶은 아름답다.

일산호수교회는 다음과 같은 공동체의 그림을 그려왔다.

'하나님의 은혜와 평강이 그리스도 예수 안에서 살아가는 우리 교회에 풍성하기를 원합니다. 또한 우리 주님의 은혜와 그 크신 사랑이 우리 안에서 넘쳐 흘러 가까운 이웃과 북한 동포, 그리고 먼 나라에 사는 가난하고 삶에 지친 사람들에게도 전해지기를 소원합니다.'

그 그림 속에 담긴 백경천 목사님의 목회 서신 <노루목 편지>는 섬세하신 성령님과 동행하는 성실한 한 목회자의 조용한 목소리다. 하루, 일주일, 한 달, 일 년, 빠짐없이 흘러가는 시간 속에 잡아둔 이야기 속에는 가족, 교우들, 기도, 자연, 노회 등 믿음의 잔잔한 일상이 녹아있다.

성백엽 시인, 박창빈 목사 추모 BSM사업회 대표

추천사3

이 시대의 새벽 종소리

지나가는 바람 한 줄, 어린아이의 뺨에 닿는 햇빛, 길가에 허리가 휜 풀 한 포기도 허투루 보지 않고 사랑과 의미를 담아낸 백경천 목사님의 글입니다. 성도들의 눈물이 자기 눈물이 되고 성도들의 땀이 자기 땀이 되기를 간절히 기도하시던 목사님의 절절한 교회 사랑, 성도 사랑이 담긴 목회의 글들 하나하나가 감동입니다. 특별히 코로나-19 여파로 사람의 인정이 그 무엇보다 그리운 시대에 백경천 목사님의 깊은 글들이 우리의 감성을 어루만집니다.

처음 일산호수교회로 부임하던 날의 기쁨과 교회 곁으로 이사하던 때의 행복함이 눈앞에 잡힐 듯 그려지고 교회와 성도들과 아름다운 나눔이 눈부십니다. "나에게는 꿈이 있습니다. 세상 모두가 구원을 받는 꿈입니다"를 외치던 목사님. 그 꿈을 이루기 위해 새벽부터 기도로, 심방으로 동분서주하며 가르치고 전파하며 호수꾸러기 학당도 세우셨지요. 때로는 장거리 운전도 마다하지 않고 때로는 산을 오르고 강을 건너며 비가 오면 성도들이 비를 맞을까, 찬 바람이 불면 교회 학생들이 감기 걸릴까 노심초사하면서도 성도들의 삶에 스며들어 하늘 양식 공급하는 것을 감사하고 행복하셨던 목사님입니다.

우리 주님과 깊은 영적 교감 속에서 생수를 길어 올리면서도 하나님에 대한 목마름을 감추지 않고 우물가의 여인처럼 하나님에 대한 목마름을 감추지 않았던 목사님입니다. 그 성실함으로 매일매일 베를 짜듯 써 내려간 목회 서신은 아름답고 신비한 비단 같지만 때로는 무명천 같은 질감으로 감싸 우리를 순박하게 만들어 줍니다.

백경천 목사님의 삶을 알기에 이 목회 서신을 읽으실 분들과 함께 상한 갈대도 꺾지 아니하시고 꺼져가는 등불도 끄지 않으시는 하나님께 두 손을 모아 봅니다. 우리는 백경천 목사의 또 다른 목회 소신을 읽어야 하고 그만이 풀어낼 수 있는 하나님의 신비를 들어야 한다고 말입니다. 그가 목숨으로 토해내는 하나님의 공의와 정의를 실천하는 것을 보여주고 싶다고 말입니다. 건강하셔서 다음을 꼭 기약해 주기를 바라며 이 시대의 새벽 종소리 같던 백경천 목사님의 목회서신에 대한 추천을 갈음합니다.

아가페 드림교회 정여임목사

목 차

프롤로그 006

추천사 008

01 1998-1999년 노루목편지   015
"일산호수교회와 백경천 목사가 만나다"

02 2000-2001년 노루목편지   035
"일산호수교회와 백경천 목사가 서로 사랑하다"

03 2002-2003년 노루목편지   067
"일산호수교회와 백경천 목사가 함께 걷다"

04 2004-2005년 노루목편지   105
"일산호수교회와 백경천 목사가 함께 꿈꾸다"

05 2006-2007년 노루목편지　　　　　　　　　　147
　　"일산호수교회와 백경천 목사가 함께 노래하다"

06 2008-2009년 노루목편지　　　　　　　　　　183
　　"일산호수교회와 백경천 목사가 함께 웃다"

07 2010-2011년 노루목편지　　　　　　　　　　229
　　"일산호수교회와 백경천 목사가 함께 성장하다"

08 2012-2013년 노루목편지　　　　　　　　　　267
　　"일산호수교회와 백경천 목사가 함께 기도하다"

09 2014-2016년 노루목편지　　　　　　　　　　315
　　"일산호수교회와 백경천 목사가 함께 살다"

　　　　　　　　　　　　　　　　엮은이의글 382

1998-1999년 노루목편지

일산호수교회와
백경천 목사가
만나다

노루목편지 ✉

1

──── 일산호수교회 형제자매 여러분!

하나님의 은혜와 평강이 그리스도 예수 안에서 살아가는 우리 교회에 풍성하기를 원합니다. 또한 우리 주님의 은혜와 그 크신 사랑이 우리 안에서 넘쳐흘러 가까운 이웃과 북한 동포, 그리고 먼 나라에 사는 가난하고 삶에 지친 사람들에게도 전해지기를 소원합니다.

저는 지난주에 처음 차를 타고 오면서 얼마나 행복했는지 모릅니다. 붉게 떠오르는 태양 빛을 뒤에서 받으며 한강 변을 달려왔습니다. 이렇게 아름다운 주일 아침을 맞이하게 해 주신 주님께 찬양을 드리지 않을 수가 없더군요.

여러분도 저와 같은 심정으로 하나님을 예배하러 오시겠구나 생각하니 더욱 좋았습니다.

여러분은 참으로 저를 따뜻하게 맞아 주셨습니다. 전혀 어색해 하지 않고 마치 친구를 대하듯이 만났습니다. 아마도 우리 안에 같은 주님을 섬기는 믿음이 있고 한 성령의 역사 속에서 그동안 살아왔기 때문일 것입니다. 많은 어려움 가운데서도 예수 안에 있는 소망을 품고 인내해 오신 여러분께 감사를 드립니다.

제가 할 일은 분명합니다. 여러분과 함께 하나님의 말씀을 생각하고, 그 말씀이 우리를 이끌어 가시도록 마음을 열고 기도하며, 우리의

1998-1999년

마음이 성령의 역사 속에서 확신에 차오면 결단하고 순종하는 것입니다. 저는 여러분과의 만남 속에서 하나님을 만나고 여러분은 저와 사귀며 하나님의 음성을 듣게 되는 것이 저를 이곳에 보내주신 하나님의 뜻인 줄 압니다.

우리 교회를 통하여 하나님의 선하신 뜻이 이 땅에 이루어지기를 간절히 소망합니다.

1998년 12월 16일 수요일 백경천

2

노루목편지

일산호수교회 형제자매 여러분!

하나님의 은혜와 평강이 그리스도 예수 안에서 살아가는 우리 교회에 풍성하기를 원합니다. 또한 우리 주님의 은혜와 그 크신 사랑이 우리 안에서 넘쳐흘러 가까운 이웃과 북한 동포, 그리고 먼 나라에 사는 가난하고 삶에 지친 사람들에게도 전해지기를 소원합니다.

저에게는 꿈이 있습니다. 하나님이 기뻐하시는 아름다운 교회를 섬기며 사는 것입니다. 교회는 물론 건물이 아니라 하나님이 세상을 위하여 이 땅에서 택하여 부르신 사람들의 모임입니다. 그래서 교회를 섬긴다는 것은 구체적으로 어떤 사람 한 분, 한 분을 섬기는 것을 의미합니다. 저는 우리들이 서로서로를 나 자신보다 낫게 여기며 잘 섬기는 교회가 되기를 위해서 기도하고 있습니다.

저는 하나님이 한 분이신 것처럼 하나님의 교회도 하나이고 교회의 머리이신 우리 주님도 한 분이신 것을 믿습니다. 그렇기 때문에 이희철 목사님이 목회하시는 호수마을에 있는 호수교회와 우리 일산호수교회는 하나의 호수교회이고, 오덕주 목사님이 섬기시는 바로 이웃 갈릴리교회와 우리 교회는 하나의 갈릴리 호수 교회인 것입니다.

저는 우리 일산호수교회 교우들이 온 세상의 교회들을 하나의 교회로 알고 겸손하게 살아가기를 간절히 소망합니다. 만일 우리 교회가 다른 교회보다 더 좋은 교회라든지 더 은혜로운 교회라고 생각하며 신앙

생활 한다면 그것은 주님의 교회가 되는 것이 아니라 어떤 이름을 자랑하는 바벨탑을 쌓는 것 같은 교회가 되고 말 것입니다.

사랑하는 형제자매 여러분!

어느 누가 우리 교회에 출석하는 것보다 더 중요한 것이 있는데, 그것은 그가 예수 믿고 구원받는 것입니다. 지난주에 여러분이 우리 예배당에 처음 나와 함께 예배했습니다. 두려운 마음이 먼저 앞섭니다. 우리 교회가 예수님의 사람으로 잘 끌어안아서 이분들이 빨리 행복해졌으면 좋겠습니다.

1999년 1월 5일 화요일 백경천

3

노루목편지

일산호수교회 형제자매 여러분!

하나님의 은혜와 평강이 그리스도 예수 안에서 살아가는 우리 교회에 풍성하기를 원합니다. 또한 우리 주님의 은혜와 그 크신 사랑이 우리 안에서 넘쳐흘러 가까운 이웃과 북한 동포, 그리고 먼 나라에 사는 가난하고 삶에 지친 사람들에게도 전해지기를 소원합니다.

호수꾸러기 학당 소식이 궁금하시죠. 지난 16일(화) 오후 2시에 문을 열었습니다. 몇 명이나 왔냐고요? 우리가 감당할 수 있을 정도로 아주 적당하게 하나님이 보내 주셨어요. 박숭희, 황옥희, 홍기준, 백경천 그리고 특별 영어강사 최지수님이 아이들을 기다렸는데 14명의 친구들이 우리 꾸러기 학당의 학동으로 등록하였습니다. 저는 이 일을 통해서 우리 교회가 세상을 향해 활짝 열려지기를 소원하고 있습니다.

교회는 예수 그리스도의 몸으로서, 예수님이 이 세상을 사랑하시는 일에 동참하는 사명이 있지요. 그래서 교회는 하나님의 마음을 알기 위해 말씀연구에 집중해야 하고, 하나님의 말씀이 인간이 되어 우리 역사 속에서 함께 사신 예수님의 참 사람됨을 따라가야 합니다. 교회는 세상에서 불림받아 그리스도 예수의 인격으로 새롭게 되어 세상을 위해 이 땅에 존재하는 사람들의 모임입니다.

이 일을 시작하게 하신 하나님은 미리 선정하신 몇 사람을 준비시키시고 교회로 하여금 기도하게 하셨을 뿐 아니라, 아이들을 택하여 보내

주시고 그 부모들의 마음을 열어 놓으셨습니다. 우리는 기도하며 성령의 인도하심을 간구하는 중에 하나님이 우리 안에서 어떻게 일하시는지 바라보게 될 것입니다.

사랑하는 형제자매 여러분!
우리는 하나님의 일을 하겠다고 생각지 말고, 하나님이 우리를 통하여 일하시기를 소원합시다. 하나님의 일은 하나님이 하시겠지요. 우리가 할 수 있는 것은 오직 하나님을 믿고 그 선하심과 인자하심에 우리 자신을 맡기는 것뿐입니다. 하나님이 우리 안에서 어떻게 일하실지 참 궁금합니다.

1999년 3월 17일 수요일 백경천

노루목편지

4

―――― 일산호수교회 형제자매 여러분!

하나님의 은혜와 평강이 그리스도 예수 안에서 살아가는 우리 교회에 풍성하기를 원합니다. 또한 우리 주님의 은혜와 그 크신 사랑이 우리 안에서 넘쳐흘러 가까운 이웃과 북한 동포, 그리고 먼 나라에 사는 가난하고 삶에 지친 사람들에게도 전해지기를 소원합니다.

하나님께서는 지난 주일 아침부터 갑자기 목감기를 강화시켜 주셔서 찬송과 기도를 침묵으로 하게 하셨습니다. 처음에는 그 감기를 제가 싸워 이겨야 할 적으로 생각했었는데 이제는 친구가 되어 있습니다. 얼마나 사랑스러운지요. 찬송과 기도가 더욱 간절해졌습니다. 그리고 더 크게 감사하는, 아니 감격적인 것은 새벽 시간에 제가 말씀을 전하기보다 하나님의 종을 통해서 들을 수 있게 된 것입니다.

지난 주일 오후에 몸 상태가 많이 나빠져서 고민하다가, 전도사님께 한 이틀 정도 새벽기도 시간에 말씀을 전해 달라고 부탁드렸는데, 이보다 더 큰 은혜가 어디 있을까요? 아무도 마셔보지 않은 깊은 산 속의 옹달샘 물을 받아 마시는 것처럼 그 복음의 맛이 신비롭습니다.

깨끗한 영혼과 순수한 믿음, 그리고 복음에 사로잡힌 열정을 통하여 하나님은 저에게 생수를 공급하여 주셨습니다. 이 생수를 우리 교회 중·고등부 학생들과 선생님들이 주일 아침마다 받아 마실 생각을 하니 참 즐겁습니다.

1998-1999년

저는 우리 전도사님을 만나 하루하루 함께 지내면서 그 깊은 아름다움을 즐기고 있습니다. 보면 볼수록 푸근하고 그 속에 있는 어떤 풍성함이 전해져 옴을 느낍니다. 오늘에서야 처음으로 그 중심에서 흘러나오는 하나님의 말씀을 들었는데, 또 듣고 싶고 계속 듣고 싶습니다. 저에게도 말씀의 목자를 보내주신 하나님께 감사드립니다.

사랑하는 형제자매 여러분!

이렇게 좋은 분과 함께 지내게 되었으니 여러분은 참 좋겠습니다. 저도 무척 행복합니다. 제 아내는 전도사님이 오시니 긴장이 풀려서 감기를 받아들였다고 합니다. 감기가 찾아온 것은 고마운 일입니다. 이왕 오셨으니 다른 사람에게 가지 말고 나와 함께 그냥 있자고 하겠습니다.

1999년 4월 12일 월요일 백경천

노루목편지

5

일산호수교회 형제자매 여러분!

하나님의 은혜와 평강이 그리스도 예수 안에서 살아가는 우리 교회에 풍성하기를 원합니다. 또한 우리 주님의 은혜와 그 크신 사랑이 우리 안에서 넘쳐흘러 가까운 이웃과 북한 동포, 그리고 먼 나라에 사는 가난하고 삶에 지친 사람들에게도 전해지기를 소원합니다.

하나님이 저의 소원을 들어주시지 않았습니다. 사촌 형을 살려 달라고 그렇게 애원했지만 결국 데려가셨습니다. 어렸을 때부터 사랑을 받아 왔으니, 저도 형님께 식사도 대접하고 우리 아이들 자란 모습도 보여주고 싶었는데 차일피일 미루다가 이렇게 헤어졌습니다.

이렇게 연약한 것이 인간의 육신이고, 이러한 슬픔이 곧 인생이라고 스스로 달래보지만, 허전한 마음이 그대로 남아 있네요. 제가 할 수 있는 일은 형수님과 아이들 옆에 함께 앉아 있다가 조문객이 오면 같이 서 있는 것뿐이었습니다.

하나님은 저의 기대에 응답해 주지 않으셨습니다. 제가 아는 그 젊은 부부에게 이제는 아이를 주십사 하고 여러 번 부탁했는데 또 실패했다는 소식을 들었습니다. 벌써 몇 번째인지요. 그렇게 착하고 순수한 사람들에게 예쁜 아기 맡겨주시면 주신 하나님의 사랑을 그대로 전해 줄 텐데. 왜 그들에게 기쁨의 선물을 허락하지 않으시는지요. 제가 할 수 있는 것은 많이 기도하지 못해서 미안하다는 전화 한마디뿐입니다. 하

1998-1999년

나님이 무언가 그들에게 더 귀한 것을 주시겠지요.

이렇게 저의 기도를 들어주시지 않으시면 나는 어떻게 목회하느냐고 오늘 아침에 떼를 써 볼까 하다가 이러한 위기 속에서 무언가 그들에게 도움이 될 한마디 말씀을 들어야 하기에 그냥 기다렸습니다.

사랑하는 형제자매 여러분!

저는 참 무능한 목사입니다. 도움을 주지 못해 죄송하고 미안할 때가 너무 많습니다. 하지만 어렵고 슬픈 일이 있을 때 함께 살아가면서 같은 마음으로 주님께 기도하는 친구이고자 합니다. 살아가면서 누군가를 원망하거나 미워하지 않고 오히려 용서하고 사랑하며 주어진 현실을 감사함으로 받아들일 수 있다면, 그것이 곧 능력이겠지요. 그것이 확실하다면 저에게도 여러분과 나눌 작은 능력이 있는 것 같네요.

1999년 5월 27일 목요일 백경천

6

노루목편지

일산호수교회 형제자매 여러분!

하나님의 은혜와 평강이 그리스도 예수 안에서 살아가는 우리 교회에 풍성하기를 원합니다. 또한 우리 주님의 은혜와 그 크신 사랑이 우리 안에서 넘쳐흘러 가까운 이웃과 북한 동포, 그리고 먼 나라에 사는 가난하고 삶에 지친 사람들에게도 전해지기를 소원합니다.

여러분과 함께 지낸 날이 6개월이 되었습니다. 저는 목회를 같이 살며 지내는 것이라고 늘 생각해 왔습니다. 교회의 일은 하나님이 하시는 것이고, 교회는 단지 하나님의 뜻을 생각하며 그리스도 예수의 인격에 도달하려고 서로서로 독려하며 의지하는 사람들이라고 확신하고 있죠. 우리가 함께 잘 해왔는지 모르겠습니다. 그러나 분명한 것은 제 마음에 기쁨이 있다는 것입니다. 제 아내와 아이들이 우리 교회를 참 좋아합니다.

저는 요즘에 몇몇 분들로부터 예배하러 오는 것이 참 즐겁다는 얘기를 많이 듣습니다. 특히 아이들이 좋아한답니다. 그리고 어떤 분은 '지금 이렇게 좋은데 사람들이 더 많이 오면 지금처럼 좋을까요?'라고 정색을 하며 말씀하시는 분도 있었습니다. 참 쑥스러운 얘기들이지만, 우리가 함께 지내며 예배하는 기쁨이 있고 행복하다면, 우리 안에서 위로의 성령이 역사하시기 때문입니다.

1998-1999년

하나님께서는 우리에게 많은 것을 은혜로 주셨습니다. 그리고 어려운 문제들도 하나하나 풀어주셨고 귀한 만남들을 허락해 주셨습니다. 제 마음속에 떠오르는 구체적인 감사들이 여러분 안에서도 공감되는 줄 믿습니다.

사랑하는 형제자매 여러분!
이제는 우리도 우리 안에 있는 이 기쁨을 자랑하고 간증할 때가 되었습니다.

그리스도 예수 안에서 인생을 살아가는 우리의 풍성함을 나누어 줄 때가 온 것입니다. 하나님의 은혜가 우리 안에서 넘치고 있다고 말합시다. 청년들이 찬양 축제를 준비하는 모습이 아름답습니다. 우리의 기쁨과 감사를 통해서 하나님이 영광 받으시기를 소원합니다.

1999년 6월 15일 화요일 백경천

노루목편지

7

―――― 일산호수교회 형제자매 여러분!

하나님의 은혜와 평강이 그리스도 예수 안에서 살아가는 우리 교회에 풍성하기를 원합니다. 또한 우리 주님의 은혜와 그 크신 사랑이 우리 안에서 넘쳐흘러 가까운 이웃과 북한 동포, 그리고 먼 나라에 사는 가난하고 삶에 지친 사람들에게도 전해지기를 소원합니다.

신학교 동기인 장융휘 목사와 저는 서로를 아주 좋아하는 친구입니다. 그 친구가 대치동에 있는 어느 교회에서 소년부를 담당하는 전도사로 있을 때에, 자신이 겪은 충격적인 얘기를 저에게 해 주었는데 잊지 못하고 있습니다. 예배 시간에 너무 많이 장난을 해서 진행에 어려움을 주는 아이 하나를 예배 후에 따로 만나 좀 타일렀답니다. 인격적으로 대화를 나누고 있는데, 동생인듯한 한 아이가 갑자기 나타나서는 형을 잡아끌며 "가자 교회가 여기 밖에 없어?" 하더랍니다. 형이 일방적으로 혼나는 것으로 알았나 봅니다. 초등학교 2학년인 아이가 그런 말을 하는 것에 씁쓸해하며, 교회의 모습이 아이들에게 어떻게 보이는지를 다시 생각해 보았던 기억이 있습니다.

지난주에 여름성경학교를 마쳤습니다. 이하늘, 이건주, 이건희, 정은희, 박지원, 이재형이 유치부이고, 허지웅, 이건우, 이효근, 이효정, 백상인, 김규현, 김규호, 박소현, 박지현, 박은영, 허선웅, 정은지, 안호순, 강민정, 송혜진, 백인영, 허 진, 이우제, 박시현, 전혜수가 초등학생입니

1998-1999년

다. 유치부 다섯, 초등부 스물, 아이들의 이름을 여러분과 함께 한 번 더 불러보고 싶습니다.

선생님들이 모두 참여하였고 온 교회가 기쁨으로 협력하여 어린이들을 위한 잔치를 벌였습니다. 모든 분들께 진심으로 감사드립니다. 우리는 이 친구들이 여기서 자라나 넓은 세상으로 나가게 되기를 원합니다. 예수님이 그 안에 있어 어디서 무엇을 하든지 예수의 사람으로 성장하여 살기를 기도합니다.

사랑하는 형제자매 여러분!

한 사람을 사랑할, 한 어린이를 사랑할 한 사람이 필요합니다. 교회 가까이에서 할머니와 사는 다섯 살 난 한 아이를 위해 기도하기를 시작했습니다. 누가 그 아이를 예배당에 데려와서 하나님의 말씀과 찬송을 배우게 하며 그 아이의 삶을 위해 기도하겠습니까? 우리 일산호수 교회가 여기에 있는 것은 그 아이를 찾아가기 위해서입니다.

1999년 7월 20일 화요일 백경천

8

노루목편지

일산호수교회 형제자매 여러분!

하나님의 은혜와 평강이 그리스도 예수 안에서 살아가는 우리 교회에 풍성하기를 원합니다. 또한 우리 주님의 은혜와 그 크신 사랑이 우리 안에서 넘쳐흘러 가까운 이웃과 북한 동포, 그리고 먼 나라에 사는 가난하고 삶에 지친 사람들에게도 전해지기를 소원합니다.

우리 동네에 제일 많은 들꽃은 '달맞이꽃'입니다. 노랗게 핀 녀석들이 환하게 웃어주면, 초등학교에서 재잘거리며 뛰노는 아이들을 바라보듯이, 그냥 멀리서 보며 흐뭇한 마음으로 지나다니곤 했습니다. 저는 두 달 전, 비 오시는 날에 그 중의 하나를 우리 꽃밭에 심어 보았다가 그만 죽게 하고 말았던 적이 있습니다. 양분이 부족한 땅이 아니었는데… 친구들과 함께 있다가 혼자만 외롭게 떨어져서 그랬을 거라고 생각하고 있습니다. 제 잘못입니다.

봄에 조금 자랐다가 한동안 크지 않은 것처럼 보이던 왕벚나무 네 그루가 연두색 순들을 쑥쑥 내보내고 있습니다. 한 여름에는 꼼짝도 않았는데 어찌된 일인지 알아보아야겠습니다. 저보다 키가 커버려서 이제는 올려다보며 얘기해야 합니다. 민정이네가 심은 녀석에게는 결혼식 얘기를 들려주었습니다. 빨리 커서 윤주에게 예쁜 꽃을 보여주겠답니다.

1998-1999년

    지난 2월에 우리가 시장에서 사다가 나누어 먹고 그냥 무심하게 밑동만 심어준 미나리는 모르는 사이에 조금씩 자라더니 그 땅의 주인 행세를 합니다. 얼마 전에는 보란 듯이 하얗고 작은 꽃무리를 이루었습니다.

    이제는 인정해 달라고 하더군요. 그 녀석들의 땅입니다.

    사랑하는 형제자매 여러분!
    우리, 편애하지 말고 살아 봅시다. 토끼풀, 채송화, 봉숭아, 미나리, 장미, 호박, 고추, 우리와 같이 살겠다고 오는 친구들은 모두 환영입니다. 오늘 제가 만난 미나리꽃은 장미보다 아름답습니다. 우리가 업신여겼던 때가 있었기에 미안한 마음으로 더욱 사랑하렵니다.

1999년 9월 8일 수요일 백경천

노루목편지

9

──── 일산호수교회 형제자매 여러분!

하나님의 은혜와 평강이 그리스도 예수 안에서 살아가는 우리 교회에 풍성하기를 원합니다. 또한 우리 주님의 은혜와 그 크신 사랑이 우리 안에서 넘쳐흘러 가까운 이웃과 북한 동포, 그리고 먼 나라에 사는 가난하고 삶에 지친 사람들에게도 전해지기를 소원합니다.

저와 제 아내 조윤희씨는 다른 보통 부부처럼 우리 아이들 교육에 대해 자주 얘기합니다. 제 아내는 유치원도 다니고 한양 사립 초등학교를 졸업하고 피아노도 조금 배웠기 때문에, 시골에서 개구리 잡으러 뛰어다니다가 초등학교에서는 무엇을 배웠는지 별로 생각이 없는 저하고는 조금 다릅니다. 가끔 제 아내는 저를 놀리며 유치원과 초등학교는 좋은 곳을 나와야 한다고 말합니다. 그러면 저는 인위적인 교육을 덜 받을수록 창의적인 생각을 할 가능성이 높다고 말해 줍니다. 하지만 제 얘기는 현실성이 없답니다. 영어와 피아노를 따로 배우는 제 아이는 이번 겨울방학에 컴퓨터를 배우고 내년부터는 해법수학을 따로 공부해야 한답니다.

저는 컴퓨터를 별로 좋아하지 않습니다. 아마 할 줄 몰라서 그렇겠지만 아직은 배워서 친해져야겠다는 생각이 없습니다. 제 아들은 수학을 별로 좋아하지 않습니다. 그래서 아들의 수학 때문에 우리 집은 종종 긴장감이 돕니다. 사실은 저도 수학이 싫습니다. 하지만 제 아들에게는

1998-1999년

수학을 잘하라고 합니다. 지난번에는 제 아들에게 네가 공부를 열심히 하지 않으면 대학에 갈 수 없다는 말을 하고, 저 자신에게 깜짝 놀랐습니다. 그 아이가 얼마나 스트레스를 받았겠습니까? 스스로 반성하고 아이들의 삶을 나누기 위해서 아이들에게 컴퓨터 게임과 피아노를 배우기 시작했습니다. 어제는 제 아들이 컴퓨터 게임을 너무 오래 하지 말라고 충고했습니다. 기분이 괜찮습니다.

사랑하는 형제자매 여러분!
우리는 모르는 사이에 아이들에게 우리 인생을 강요하고 있습니다. 우리가 갈 수 없었던 길을 가 주기를 바라고, 이루지 못한 꿈을 이루어 주기를 소망합니다. 어떤 때는 아이들을 협박하기도 합니다. 아이들에게 정말 미안합니다. 내일은 우리 자녀들이 수능시험을 치르는 날입니다. 그들이 모두 행복했으면 좋겠습니다.

1999년 11월 16일 화요일 백경천

2000-2001년 노루목편지

일산호수교회와
백경천 목사가
서로 사랑하다

10

노루목편지

----- 일산호수교회 형제자매 여러분!

하나님의 은혜와 평강이 그리스도 예수 안에서 살아가는 우리 교회에 풍성하기를 원합니다. 또한 우리 주님의 은혜와 그 크신 사랑이 우리 안에서 넘쳐흘러 가까운 이웃과 북한 동포, 그리고 먼 나라에 사는 가난하고 삶에 지친 사람들에게도 전해지기를 소원합니다.

저는 일산호수교회 부설 자유로 선교원 백경천 목사입니다. 지금 아이들이 떠들며 노는 옆방에서는 아이들의 음악이 흐릅니다. 그 음악과 아이들의 노래, 그리고 제각기 놀며 떠드는 소리가 참 좋습니다. 어떤 아이는 소고를 두드리고, 두세 아이는 "예수님이 말씀하시니 죽은 나사로가 살아났다"고 노래합니다. 조금 전에 저는 차 안에서 아이들과 함께 노래했습니다. ♪어젯밤에 우리 아빠가 다정하신 모습으로---♪ 우리 아이들은 점점 말이 많아지고, 노래도 많아집니다.

오늘은 아이들 보험을 들었습니다. 혹시나 아이들이 놀다가 다치면 도움이 되겠지요. 희라와 종원이는 지난주부터 오고 있고, 지은이, 세나 그리고 또 한 아이가 2월 달이 되면 오겠답니다. 3월 달에는 15명의 아이가 우리 선교원에 있을 것으로 기대하며 기도하고 있습니다. 승원이, 조나단, 김사무엘, 고건호, 현석이가 올 것으로 기대합니다. 하나님은 이 아이들을 우리 교회로 보내 주시고, 이 친구들을 통해서 저를 변화시키시고 많은 것을 배우게 하실 것입니다.

2000-2001년

    지금 막 최 선생님이 아이들과 기도하는 소리가 들리네요. "하나님 아버지 고맙습니다. 하얀 눈을 보면서 모였는데, 우리 모두의 마음이 하얗게 해 주세요. 하늘이가 배 아프다고 하는데 안 아프고 잘 놀게 해 주세요. 아멘." 아이들은 이제 우유를 마십니다. 조진희 집사님이 이-마트에서 사다 주신 것입니다.

    사랑하는 형제자매 여러분!
    뭐 도울 일이 없느냐고 물어보시고, 아무것도 돕지 못해 미안하다고 말씀해 주실 때마다 참 기쁩니다. 모두가 도울 수 있는 것이 있습니다. 우리 모두가 하나님을 믿고 주님의 도우심을 간절히 구하는 것입니다. 성령께서 우리 교회 안에서 능력으로 역사하도록 우리 자신을 활짝 열고 서로 사랑을 나누며, 그 사랑을 충성토록 해나가는 것입니다. 저는 여러분과 함께 하나님이 우리 교회에서 어떻게 일하시는지 보며 기뻐하기를 원합니다.

                                        2000년 1월 19일 수요일 백경천

11

일산호수교회 형제자매 여러분!

하나님의 은혜와 평강이 그리스도 예수 안에서 살아가는 우리 교회에 풍성하기를 원합니다. 또한 우리 주님의 은혜와 그 크신 사랑이 우리 안에서 넘쳐흘러 가까운 이웃과 북한 동포, 그리고 먼 나라에 사는 가난하고 삶에 지친 사람들에게도 전해지기를 소원합니다.

저의 기도 친구이며 가장 가까운 이웃인 조동순 집사님이 아기를 낳았습니다. 화정에 있는 제일 침례교회 집사인데, 다른 분들이 못 나오실 때는 둘이서 새벽기도회를 할 때가 많았습니다. 아기를 낳으러 입원하기 바로 전날에도 우리는 같은 기도의 제목을 가지고 새벽에 만났습니다. 지금 우리 교회 새벽은 전도사님 내외와 조집사님 그리고 저와 이레 방앗간의 김집사님, 권집사님의 기도 모임으로 열려지는데 앞으로 오랜 동안 조집사님이 나오지 못하시겠죠.

저는 조집사님을 아기 예수를 잉태한 마리아처럼 생각하여 왔습니다. 중학생 딸이 있고 이미 나이가 많아서 전혀 기대가 없었는데, 어느 날 아기를 잉태한 것을 알았습니다. 저는 빨리 마리아 얘기를 했습니다. 우선 천사의 음성을 들려주었죠. "은혜를 받은 자여 평안할지어다 주께서 너와 함께 하시도다." 그리고는 마리아의 응답을 깊이 생각하자고 했습니다. "주의 여종이오니 말씀대로 내게 이루어지이다."

하나님이 주시는 아기를 낳고 기르는 것보다 더 소중하고 위대한 일이 있을까요. 남자들이 철이 없어서 잘 인정하지 못하지만, 모든 남자들은 생명을 그 몸에 잉태하지 못하는 열등감을 가지고 있습니다. (특히 제가 그러합니다.) 베들레헴 들판에서 양을 치던 목자들처럼 그냥 가서 존경하는 마음으로 마리아와 아기에게 인사하겠습니다.

사랑하는 형제자매 여러분!
우리는 한 번에 단지 한 사람만을 껴안을 수 있습니다. 그 한 사람을 오늘 사랑하지 않는다면 아무도 사랑하지 않는 것이지요. 저는 오늘 여러분과 함께 조집사님과 아기를 위하여 기도하고 싶습니다. 우리에게 새 생명을 보내 주신 하나님, 감사합니다!

2000년 3월 8일 수요일 백경천

12

노루목편지

일산호수교회 형제자매 여러분!

하나님의 은혜와 평강이 그리스도 예수 안에서 살아가는 우리 교회에 풍성하기를 원합니다. 또한 우리 주님의 은혜와 그 크신 사랑이 우리 안에서 넘쳐흘러 가까운 이웃과 북한 동포, 그리고 먼 나라에 사는 가난하고 삶에 지친 사람들에게도 전해지기를 소원합니다.

미안하지만 저는 조금 일찍 집으로 들어왔습니다. 조금 전까지 이상봉, 박희용 장로님과 전도사님, 그리고 박성남 집사님 부부와 함께 예배당 마당에서 시멘트를 깨고 그 밑바닥에 있던 흙에 다른 흙을 부어 채우는 일을 했습니다. 좀 피곤하지만 기분이 참 좋습니다. 무슨 일을 했는지보다 제 마음에 더 깊이 남아 있는 것은 함께 있었던 분들과의 즐거운 분위기입니다.

장로님들께는 많이 죄송합니다. 시멘트 구조물을 깨끗하게 철거하는 일에 전문가인 박집사님이 오늘밖에 시간이 없다고 하여 어제 수요기도회 후에 오늘 일하기로 했다고 말씀드렸는데, 틀림없이 다른 계획이 있었을 것임에도 불구하고 나오셔서 같이 일하셨습니다. 즉흥적으로 우연한 상황을 받아들이기를 좋아하는 저의 철없음을 참으시고, 제 미안한 마음을 여러 번 달래주셨습니다.

박집사님은 25년이 넘게 그 기계를 다루며 위험이 따르는 현장을 살아오셨다는데, 65세의 연세이지만 청년과 같은 씩씩함을 잃지 않고 일

하십니다. 잠깐잠깐 나누는 대화 속에서 하나님이 함께하셔서 살아온 세월들을 간증할 때 우리의 마음이 뜨거워지곤 했습니다. 오늘은 좋은 강사를 모시고 우리 일산호수교회 당회원 세미나를 한 셈입니다.

사랑하는 형제자매 여러분!
돈이 없으니, 그 자리를 사랑과 웃음으로 채우게 되는군요. 무언가 있었다면, 우리의 일을 어느 모르는 분이 포클레인으로 하였을 것입니다. 언젠가 그 친구(돈)가 많이 있게 된다 해도, 우리는 여전히 함께 땅을 파고 서로의 땀을 훔쳐 주며 교회를 이루고 싶습니다.

2000년 4월 13일 목요일 백경천

노루목편지

13

―― 일산호수교회 형제자매 여러분!

하나님의 은혜와 평강이 그리스도 예수 안에서 살아가는 우리 교회에 풍성하기를 원합니다. 또한 우리 주님의 은혜와 그 크신 사랑이 우리 안에서 넘쳐흘러 가까운 이웃과 북한 동포, 그리고 먼 나라에 사는 가난하고 삶에 지친 사람들에게도 전해지기를 소원합니다.

선웅이가 보고 싶어집니다. 나무 심기를 좋아하고 꽃을 사랑하며 누군가 돕기를 즐기는 내 친구에게 빨리 보여 주고 싶습니다. 그 친구가 대전에 간 지난주일 전후에 찾아온 친구들이 있습니다. 이병식 집사님을 도와서 선웅이가 열심히 만든 멋진 토끼장이 소문나, 더 이상 자신의 토끼들을 돌볼 수 없는 성산동에 사는 어떤 분들의 토끼 가족이 우리에게 왔고, 기다리던 나팔꽃이 보랏빛으로 되었습니다.

우리 토끼장이 완성된 시기는 그 토끼 부부(아빠: 달님. 엄마: 윤아)가 막 새끼를 낳으려고 준비할 때입니다. 창성이의 외할머니가 우리 토끼장을 보고는, 토끼들을 보낼 곳을 애타게 찾고 있는 그분의 친구 할머니에게 얘기해 주었습니다. 하나님의 예비하심입니다. 새끼 일곱 마리를 낳았는데 세 마리가 죽었답니다. 아주 작은 녀석들을 데려왔는데 이제는 제법 커졌습니다. 모두 여섯 식구가 우리에게 왔습니다.

선웅이에게 나팔꽃을 보여 주는 일은 쉽지가 않습니다. 왜냐하면 이 친구는 햇볕이 강해지기 전까지 피었다가 한낮에는 꽃잎을 오므려 버리

2000-2001년

기에, 선웅이가 학교에서 올 때쯤에는 볼 수 없을 것입니다. 학교에 가지 않는 주일 아침까지 기다려야겠습니다. 나팔꽃을 보여 주며 채송화 얘기도 해주고 싶습니다. 그 아이들은 아침 늦게까지 움츠리고 잠을 자다가 제일 뜨거운 햇볕을 받을 때 활짝 웃으며 우리를 맞이한다는 얘기. 그리고 꽃을 받치는 이파리가 여덟 개인 것을 오늘 알게 되었다고.

사랑하는 형제자매 여러분!

우리들의 할머니 최무선 권사님은 무척 부자입니다. 월요일 아침이 되면 점심 먹으러 오라고 하시죠. 호박잎 상추 오이 자기 콩 그리고 앵두를 가져다가 80년의 세월 얘기 속에 넣어 먹고, 남은 것은 강아지 주고 고양이도 줍니다. 오늘은 새들이 오지 않았지만, 그들이 오면 쌀알도 흩뿌려줍니다. 이제는 딱딱해진 그 손으로 얼마나 많은 이들을 먹이셨을지요!

2000년 6월 20일 화요일 백경천

14

———— 일산호수교회 형제자매 여러분!

하나님의 은혜와 평강이 그리스도 예수 안에서 살아가는 우리 교회에 풍성하기를 원합니다. 또한 우리 주님의 은혜와 그 크신 사랑이 우리 안에서 넘쳐흘러 가까운 이웃과 북한 동포, 그리고 먼 나라에 사는 가난하고 삶에 지친 사람들에게도 전해지기를 소원합니다.

피구하는 아이들이 있습니다. 1학년: 이건주 박지원, 2학년: 허지웅 허선웅 백인영, 3학년: 이건우, 4학년: 없음, 5학년: 박은영 이우제 백상인 전혜수, 6학년: 안호순 강민정. 우제 은영 혜수 인영 선웅 지원이가 같은 편이고, 호순 민정 상인 건우 건주 지웅이가 상대편입니다. 김대곤 선생의 진행으로 시작되었지만 작은 아이들이 어떻게 하는 건지 아직 모르는 것 같습니다.

훈수꾼 하나가 나타났습니다. 윤희 씨. 사진사도 등장하네요. 희용님. 지웅이는 여유있게 싱글싱글 웃으며 놀이를 즐기고, 인영이는 너무 진지하게 잘하려고 하다가 공에 살짝 맞고는 웁니다. 앞으로 여러 번 맞게 될 텐데 걱정이군요. 이때 진희 씨가 나타나 어린 딸 지원에게 빨리 도망가라고 도와주네요. 지수 씨는 언제 왔는지 슬그머니 앉아 너털웃음. 윤희 진희 두 엄마가 점점 더 놀이에 빠져 들어오니, 대곤 님은 살짝 뒤로 물러섭니다.

2000-2001년

육학년 호순이와 민정이는 도망 다니는 역할은 안 하고 맞추기만 한다고 다른 아이들이 항의하자, 마지못해 같이 뜁니다. 영신 님, 정자 님도 이제 이 놀이의 말 없는 미소꾼이 되었습니다. 모두가 행복하고 즐겁습니다.

사랑하는 형제자매 여러분!
저는 지금 거북이의 내부를 침대처럼 만들고 책을 읽는 중입니다. 저녁 식사 후에 있을 성경공부를 준비하고 있죠. 다 모이면 열 명쯤 되겠군요. 제목은 "딱 하루만 예수님이 된다면?"입니다. 제가 먼저 공부하며 많이 반성하고 있습니다.

2000년 8월 7일 월요일 청운골짜기에서 백경천

15

노루목편지

———— 일산호수교회 형제자매 여러분!

하나님의 은혜와 평강이 그리스도 예수 안에서 살아가는 우리 교회에 풍성하기를 원합니다. 또한 우리 주님의 은혜와 그 크신 사랑이 우리 안에서 넘쳐흘러 가까운 이웃과 북한 동포, 그리고 먼 나라에 사는 가난하고 삶에 지친 사람들에게도 전해지기를 소원합니다.

자유로 선교원 2000년 2학기가 시작되었습니다. 세 명의 친구가 더 왔습니다. 예랑이, 사무엘, 진수. 예랑이와 사무엘은 이미 지난 7월 초에 등록한 가정의 아들딸이구요, 진수는 백석교회 장로님의 손자입니다. 이 지역에서 가장 오랜 역사를 가진 교회의 한 분뿐인 장로님의 가정과 이렇게 교제하게 된 것이 참 좋습니다.

저는 지금 큰 슬픔 가운데 있습니다. 제가 만난 청각장애인의 아픔이 저에게 전해져 온 것입니다. 그는 같은 장애를 가진 여인과 결혼하여 딸 하나를 두고 있습니다. 11년이나 형을 도와 인테리어 일을 해왔는데, 이제는 더 못 견디겠답니다. 형은 기술을 가르치며 월급도 일백 오십만원이나 주었지만, 동생은 더 이상 같이 있을 수가 없습니다. 형과의 대화, 인격적인 만남이 없기 때문입니다. 형뿐만 아니라 어느 가족들도, 한 사람도 수화를 배우려 하지 않았답니다. 저는 큰 충격을 받았습니다. 그런데 놀랍게도 그 옆에 있던 농아인 전도사님도 같은 처지랍니다. 가족들과 대화가 되지 않기 때문에 집을 떠나서 살 수밖에 없답니다.

2000-2001년

사랑하는 형제자매 여러분!
우리 자신을 생각합니다. 우리는 과연 누군가와 대화하기 위해서 그의 위치에까지 내려가고 있는가? 가만히 생각해보면, 우리는 늘 올라가려고만 했습니다. 오늘 저녁에 저는 인영이 방학 숙제를 도와줘야겠습니다.

2000년 8월 21일 월요일 백경천

16

노루목편지

――――― 일산호수교회 형제자매 여러분!

하나님의 은혜와 평강이 그리스도 예수 안에서 살아가는 우리 교회에 풍성하기를 원합니다. 또한 우리 주님의 은혜와 그 크신 사랑이 우리 안에서 넘쳐흘러 가까운 이웃과 북한 동포, 그리고 먼 나라에 사는 가난하고 삶에 지친 사람들에게도 전해지기를 소원합니다.

이틀 전에 부모님이 계시는 청주에 가서 모두 14명의 가족들이 모여 성묘도 다녀오고, 그동안 있었던 얘기들을 길게 나누며 밤을 지냈습니다. 늘 그러듯이, 삼대독자와 결혼하여 일찍 혼자되신 시어머니를 모시는, 누나의 시골집에 다 같이 가서 모두 20명이 함께 어울렸습니다. 재래식 화장실과 뒤뜰의 텃밭, 그리고 염소들과 개들이 우리의 마음을 푸근하게 하고, 여러 가지 곤충들을 손에 잡은 아이들의 깔깔 웃는 소리가 "여기가 고향"이라고 얘기하는 것처럼 들려옵니다.

오늘은 처가의 식구들이 모두 우리 집에서 모이기로 하였습니다. 16명이 될 겁니다. 장모님은 며느리와 딸들에게 이래라 저래라 하며 음식 준비하고, 장인어른은 송편 안에 넣을 밤을 까고 있습니다.

어젯밤에는 피곤하고 졸린 눈을 부비며 여덟 시간을 운전하여 집에 왔는데, 그래도 마음은 즐거웠습니다. 아내와 단둘이 이렇게 긴 시간을 이런저런 얘기하며 지내는 기회는 바로 이때뿐입니다. 다른 형제 가족들과의 만남도 저에게는 늘 큰 기쁨입니다. 많은 사람들이 우리에게 있

2000-2001년

지만, 가족은 특별합니다.

사랑하는 형제자매 여러분!

며칠 전에 저는 이북에서 홀로 내려와 이때까지 혼자 지내시는 한 할아버지를 만났습니다. 명절의 기쁨이 클수록, 어떤 분들이 가지고 있는 안타까움과 슬픔이 더욱 크게 다가옵니다. 이제는 다시 본래의 자리로 돌아가 누군가의 눈물을 닦아야 할 시간을 준비해야 합니다.

2000년 9월 12일 수요일 백경천

17

노루목편지

일산호수교회 형제자매 여러분!

하나님의 은혜와 평강이 그리스도 예수 안에서 살아가는 우리 교회에 풍성하기를 원합니다. 또한 우리 주님의 은혜와 그 크신 사랑이 우리 안에서 넘쳐흘러 가까운 이웃과 북한 동포, 그리고 먼 나라에 사는 가난하고 삶에 지친 사람들에게도 전해지기를 소원합니다.

요즘 저는 조금 힘듭니다. 늘 뒤에 서고 구석에 앉기를 좋아하던 습관이 몸에 배어있는데, 앞에 나서서 무언가를 하고 있기 때문입니다. 소풍 가서 사진을 찍을 때도 대게는 잘 안 보이는 곳에 있고, 신학교에서 공부할 때도 사람들 많이 모인 곳에는 참여하지 않는 생활을 하였습니다. 제일 좋아하는 것은, 비 오는 날 우산 쓰고 가방에 책 두 권 정도, 그리고 수첩을 넣고, 아직 한 번도 타보지 않은 노선의 버스를 타거나 기차를 타고 홀로 가는 것입니다. 30년쯤 후에는 이 좋아하는 삶을 마음껏 누릴 수 있으리라 기대합니다.

그런데 저는 요즘 많은 사람들을 만납니다. <농아인의 친구들>이 여는 "사랑의 음악회" 때문입니다. 지난 두 주간 거의 매일 점심 식사는 일산에서 목회하시는 분들과 함께 했습니다. 여러분이 이미 알고 있는 제가 만난 35세의 농아인 청년 이야기를 하며, 교회와 사회의 무관심 때문에 다시는 이와 같은 안타까운 삶이 없도록 수화 어린이집을 위해 기도하고 참여해달라고 하였습니다.

2000-2001년

참 감사하게도 어렵지 않고 즐겁습니다. 모두가 좋아해서, 한 분을 만나면 다른 분을 소개해주면서 이 일을 통해서 일산에 있는 교회들이 연합하는 분위기가 조성되면 좋겠답니다. 우리는 단지 농아인들의 삶에 도움을 줄 수 있으면 좋겠다고 생각하며 작게 시작하였는데, 하나님은 이 작은 것을 통해서 무엇을 이루실지 알 수 없습니다.

사랑하는 형제자매 여러분!
"사랑의 음악회"가 잘 될 수 있도록 기도해 주세요. 얼마 후에는 예전처럼 많은 친구들 뒤에 서 있게 되기를 소망하며 열심히 준비하고 있습니다. 은연중에 우리 일산호수교회를 강조하지 않으려고 조심스럽게 노력하고 있으니, 우리가 보이지 않는다고 섭섭해하지 마세요. 하나님의 뜻이 이루어지기를 원합니다.

2000년 11월 8일 수요일
농아인의 친구 백경천

18

노루목편지

일산호수교회 형제자매 여러분!

하나님의 은혜와 평강이 그리스도 예수 안에서 살아가는 우리 교회에 풍성하기를 원합니다. 또한 우리 주님의 은혜와 그 크신 사랑이 우리 안에서 넘쳐흘러 가까운 이웃과 북한 동포, 그리고 먼 나라에 사는 가난하고 삶에 지친 사람들에게도 전해지기를 소원합니다.

얼마 전에 장함의 안기성 목사님과 금촌에 있는 열린전원교회의 김길홍 목사님을 만나 파주역에서 멀지 않은 백석교회 서진호 목사님을 방문했습니다. 시멘트를 바르지 않은 자연 그대로의 논둑길을 참 오래간만에 걸으며 대화하는 중에, 열린전원교회의 교회 이름이 너무 안 어울리지 않느냐는 농담 반의 얘기가 누군가로부터 흘러나왔습니다. 그 예배당은 금촌의 가장 중심에 위치하고 있는데, 아주 복잡한 시멘트 도시 한복판입니다. 김 목사님 대답이 재미있습니다. 여기서도 우리 눈에는 늘 열린 전원이 보인다고 하더군요.

이 편지를 시작한 지 벌써 2년을 넘었습니다. 처음 여러분을 만나며 한 두 세 달 편지로 사귀어 보겠다고 생각했는데, 그만둘 수 없게 되었죠. '목회서신'이란 글머리가 좀 무겁게 느껴져서 '노루목에서 띄우는 편지'로 바꾸어 보았습니다. 한강 하류에 위치한 이 동네에서는 유난히 노루가 많이 뛰어놀았다고 합니다. 그래서 장항(노루목)이라고 하더군요. 우리가 걷는 이 길이 노루들이 놀던 터라 생각하니 기분이 좋습니다. 오늘같이 눈이 하얗게 온 날은 어디선가 금방 노루 가족이 우리에게 찾아올 것만 같습니다. 그들에게 줄 선물을 준비해야겠습니다.

   사랑하는 형제자매 여러분!
   우리가 노루를 키워보면 어떨까요? 어떻게 어느 곳에 두냐고요? 글쎄요. 지금은 우선 우리 마음에 두고요. 그리고, 아! 사람이 들어가지 못하는 한강 옆 수풀에 살 곳을 마련해 주면 좋겠네요.

                                                2000년 12월 27일 수요일
                                                  꿈꾸는 거북이 백경천

19

노루목편지

───── 일산호수교회 형제자매 여러분!

하나님의 은혜와 평강이 그리스도 예수 안에서 살아가는 우리 교회에 풍성하기를 원합니다. 또한 우리 주님의 은혜와 그 크신 사랑이 우리 안에서 넘쳐흘러 가까운 이웃과 북한 동포, 그리고 먼 나라에 사는 가난하고 삶에 지친 사람들에게도 전해지기를 소원합니다.

지난 주일에는 눈이 많이 내려서 주일예배에 오시지 못한 분들이 있는데, 오늘 새벽에도 또 눈이 왔고, 다가오는 주일에도 눈이 내릴 거라고 합니다. 노루목(장항동)의 눈은 녹을 줄 모릅니다.

이제는 어느 정도 눈길 다니는 방법을 익혔습니다. 박 장로님은 빨리 체인을 구입하라고 하시지만, 그렇게 절박하게 여겨지지가 않네요. 가능한 한 돌아가더라도 평평한 길을 택하고, 만일을 대비해서 선생님과 집사님 한 분과 동행합니다. 최 선생님은 어렵게 차를 밀고 다니다가 어깨가 떡 벌어진 처녀가 되는 거 아니냐고 엄살이지만, 우리는 아주 즐겁습니다.

송지은네 집에 가는 길이 제일 어려운데, 차가 움직이지 못할 때마다 지은이 아빠가 가까이에 있어서 도와주곤 했습니다. 이번 기회에 아주 훈훈하고 따뜻한 관계로 발전하였으니, 눈이 더욱 고마울 뿐입니다. 오늘 아침에는 이웃집에 사는 아저씨가 거북이를 밀어주셨는데, 이 일로 인해서 즐겁게 인사할 수 있는 관계가 만들어졌습니다.

2000-2001년

사랑하는 형제자매 여러분!

많이 내린 눈이 우리들의 차게 식은 마음을 따뜻하게 합니다. 어제는 눈 치우시는 경비아저씨를 도와 같이 일했는데, 이전보다 훨씬 더 가까운 친구 사이가 된 기분입니다. 하나님이 주신 눈은 우리로 하여금 서로 협력하여 사랑을 만들게 하는 눈인 것이 분명합니다.

2001년 1월 11일 목요일
사랑을 먹고 사는 거북이 백경천

20

노루목편지 ✉

일산호수교회 형제자매 여러분!

하나님의 은혜와 평강이 그리스도 예수 안에서 살아가는 우리 교회에 풍성하기를 원합니다. 또한 우리 주님의 은혜와 그 크신 사랑이 우리 안에서 넘쳐흘러 가까운 이웃과 북한 동포, 그리고 먼 나라에 사는 가난하고 삶에 지친 사람들에게도 전해지기를 소원합니다.

엉겁결에 손에 든 책이 헤르만 헤세의 <슈바벤의 꼬마들>입니다. 제 자신 안에도 여전히 한 꼬마가 있습니다. 결코 어른이 되고 싶지 않은 그 꼬마는 책을 읽어가며 다른 꼬마를 바라보고 있습니다. 서른 살이 되던 해에 만난 그 다른 꼬마는 이제 열두 살이 됩니다. 그 아이가 제일 좋아하는 것이 "레고"라는 것을 오래간만에 다시 알게 되었습니다. 그 아이를 보며 나 자신 안에 있는 꼬마를 생각하고 있습니다.

2001년 1월 24일 설날에 저는 쉬고 있습니다. 쉬니까 아들과 딸이 보이고 아내도 보이네요. 장난을 걸어보고 함께 누워 뒹굴어보기도 하며 좋아하는 게 뭔지 물어봅니다. 우리 아이들에게는 좋아하는 걸 할 수 있도록 잘 도와주겠다고 그렇게 많이 생각했는데, 몇 년 만에 물어보는 것 같습니다. 네가 좋아하는 게 뭐니?

지금 제 안에 있는 꼬마에게 묻고 있습니다. 좋아하는 게 무엇인지. 혼자서 영화 보기, 한적한 곳 어딘가에 앉아 책 읽기. 지나가는 사람 물끄러미 보며 무엇 하는 사람일까 생각하기 오늘은 쉬는 날입니다.

2000-2001년

사랑하는 형제자매 여러분!
이 땅에 사는 모든 생명들이 충분한 쉼을 얻기를 기도하고 있습니다. 우리는 서로서로에게 이 "쉼"을 지켜주어야 합니다. 우리들의 모임에서부터 "쉼"이 시작되면 좋겠습니다. 쉬면 우리가 사랑하는 모든 것을 제대로 볼 수 있게 됩니다.

2001년 1월 25일 목요일
쉼터가 되고 싶은 거북이 백경천

21

노루목편지 ✉

일산호수교회 형제자매 여러분!

하나님의 은혜와 평강이 그리스도 예수 안에서 살아가는 우리 교회에 풍성하기를 원합니다. 또한 우리 주님의 은혜와 그 크신 사랑이 우리 안에서 넘쳐흘러 가까운 이웃과 북한 동포, 그리고 먼 나라에 사는 가난하고 삶에 지친 사람들에게도 전해지기를 소원합니다.

만나서 관계를 맺는 것보다 헤어지는 것이 많이 힘드네요. 누군가를 이렇게 떠나보내기는 처음입니다. 지금까지는 늘 제가 떠나왔죠. 지금 저는 저를 떠나게 해 주신 분들을 생각하고 있습니다. 떠남이 없이는 성장도 없다는 생각도 합니다. 성경에서 만난 떠나는 사람들의 이야기도 떠올려 봅니다. 다행히도 전도사님 가정이 머무실 곳의 주거환경이 여기보다 훨씬 좋다고 다녀오신 홍 집사님이 그러셔서 안심입니다. 내일은 저도 이사를 도우며 가보려고 합니다.

우리 교회가 많이 힘들 때 전도사님 가정이 우리와 함께 지냈습니다. 전도사님과 둘이서만 새벽에 기도한 적이 많았습니다. 둘만 있을 때면, 마치 내가 경험이 많은 것을 알고 있는 것처럼 가르치려고 할 때가 많았습니다. 생각하면 참 부끄럽습니다. 늘 같이 나누며 살겠다고 다짐했지만, 좋고 큰 것은 뒤로 숨기고 작은 것만 나눈 것 같아 미안합니다. 사는 날 동안 매일 매일 기도하겠습니다.

2000-2001년

　사랑하는 형제자매 여러분!
　이맹영 전도사님, 유경희 사모님, 우제 그리고 우리 안에서 태어나고 자라난 광희를 위해 자주 소식 들으며 기도하고 싶습니다. 멀지 않으니까, 통닭 사가지고 찾아가 친구 되어 얘기하며, 혹시 물으면 선배 흉내도 내야겠습니다. 전도사님 다리가 많이 불편합니다. 먼 거리를 걸을 수도 없고 추운 겨울에는 더욱 힘든데, 무뚝뚝하여 자신의 어려운 사정을 잘 얘기하지도 못하는데…

2001년 2월 21일 수요일
어리석고 못난 거북이 백경천

22

노루목편지

일산호수교회 형제자매 여러분!

하나님의 은혜와 평강이 그리스도 예수 안에서 살아가는 우리 교회에 풍성하기를 원합니다. 또한 우리 주님의 은혜와 그 크신 사랑이 우리 안에서 넘쳐흘러 가까운 이웃과 북한 동포, 그리고 먼 나라에 사는 가난하고 삶에 지친 사람들에게도 전해지기를 소원합니다.

여러분에게 참 미안합니다. 무엇이든 함께 먹고 마시며 즐거워하는 것을 목회라고 생각하여 목회는 곧 '먹회'라고 친구들에게 말하곤 했는데, 먹는 것을 조심해야 한다고 지금 많은 분들이 저에게 충고하네요. 당뇨병이 저에게 찾아 왔습니다. 영동세브란스의 김경래 선생님을 만나서 당뇨병이 무엇인가에 대해서 듣고, 당뇨 전문간호사 정은경 씨에게 30분 동안 당뇨인으로 살아가는 방법과 운동 수칙을 배우고, 영양과 박정순 계장에게 식생활 습관에 대해 교육받았습니다.

저는 이제 당뇨인입니다. 그리스도인이며 또한 당뇨인입니다. 당뇨병에 걸렸다고 생각하기보다 당뇨인으로 산다고 생각하니 기분이 훨씬 좋습니다. 당뇨인은 함부로 먹거나 마시지 않고 절제해야 하며, 식사 후 30분 내지 1시간 후에는 반드시 적당한 운동을 해서 먹은 것으로 인해 만들어진 포도당이 세포 안으로 잘 들어가도록 해줘야 합니다. 사실은 모든 사람이 이 원칙을 지켜야 건강한 삶을 살아가는데, 당뇨인들은 이러한 원리를 먼저 몸으로 깨달은 사람이라고 볼 수도 있습니다.

2000-2001년

제 아내도 전혀 운동을 하지 않고 지내왔는데, 이제는 저의 친구가 되어 저녁 식사 후에 함께 운동하기로 했습니다. 무엇보다도 아이들이 좋아합니다. 어깨를 맞추어 우리가 걸어갈 때 앞뒤로 뛰어가며 오늘 있었던 일들을 신나게 설명합니다. 한참 얘기하던 제 딸이 "아빠, 내가 말이 너무 많죠?"라고 하는데 깜짝 놀랐습니다. 오늘 보니 이 아이가 제 친구입니다.

사랑하는 형제자매 여러분!

제가 조금 더 소중해진 느낌이 있습니다. 하나님이 좀 더 가까이 계신 것 같구요, 무언가 부족함을 가지고 삶을 살아가는 사람들에게 더 가까이 갈 수 있을 것 같습니다. 윤경원 전도사님 어머니도 당뇨인이라고 하시는데, 한 번 전화 드려야겠습니다. 이번 기회에 제 아내에게 운동화 하나 사주고 싶습니다.

2001년 4월 5일 수요일
걷기 시작한 거북이 백경천

23

노루목편지

일산호수교회 형제자매 여러분!

하나님의 은혜와 평강이 그리스도 예수 안에서 살아가는 우리 교회에 풍성하기를 원합니다. 또한 우리 주님의 은혜와 그 크신 사랑이 우리 안에서 넘쳐흘러 가까운 이웃과 북한 동포, 그리고 먼 나라에 사는 가난하고 삶에 지친 사람들에게도 전해지기를 소원합니다.

저는 지금 책상 위에 놓여있는 작은 책 하나를 보고 있습니다. 1년도 더 되었지만 여전히 거기에 있네요. 『살림』이라는 월간지입니다. 최지호 집사님이 몇 권을 가져다 놓으셨는데 별로 읽지는 못하고 얼굴만 바라보곤 했습니다. 수수한 차림새를 하고 거기 있는 둥 마는 둥, 보일락 말락하게 얌전하여 별로 눈길을 쏠리게 하지는 못하지만 마당의 장독 하나처럼 그냥 친근합니다. 곰곰이 생각해보니, 언제부턴가 살림이라고 하는 그 이름이 제 안에 슬그머니 들어와 있습니다. 오늘은 속도 조금 들여다보았습니다.

우리 집 살림은 장모님이 하시는데, 그분은 전문가이십니다. 어제저녁에 아홉 살 딸아이가 요리를 배우겠다고 하니 먼저 설거지부터 하라시더군요. 한 1년 정도 설거지하면 그때 가서 배워도 될지 생각해 보시겠답니다. 권위가 있으십니다. 당신의 손이 가면 집 안의 모든 것이 살아납니다. 음식들이 살아나고, 가구와 옷들도 생생하게 자신을 뽐내게 하고, 화분 속의 생명들도 쑥쑥 성장합니다. 어머니는 살림가입니다. 살

2000-2001년

림사라고 불러도 좋겠어요.

저도 살림하는 일꾼이 되고 싶습니다. 아버지가 톱밥 난로 후후- 지피고, 흙바닥에 가마니 깔며 찬송함으로 누군가를 살리려고 기다리셨듯이 저도 그렇게 하고 싶습니다.

사랑하는 형제자매 여러분!

선교원 아이들이 하도 졸라서 금붕어 닮은 녀석들 다섯 마리 데려왔습니다. 그런데 걱정입니다. 어제저녁에 마당을 뛰어가는 고양이 하나를 보았습니다. 제가 그 친구들을 살릴 수는 없을 것 같네요. 내일 아침에 살아있기를 바랄 수밖에…

2001년 5월 17일 목요일
무력한 살림꾼 거북이 백경천

24

노루목편지

일산호수교회 형제자매 여러분!

하나님의 은혜와 평강이 그리스도 예수 안에서 살아가는 우리 교회에 풍성하기를 원합니다. 또한 우리 주님의 은혜와 그 크신 사랑이 우리 안에서 넘쳐흘러 가까운 이웃과 북한 동포, 그리고 먼 나라에 사는 가난하고 삶에 지친 사람들에게도 전해지기를 소원합니다.

1999년 겨울에 5만원 주고 산 드럼통 야외용 난로를 오늘 고물상에 가져다주었습니다. 처음에 그 녀석이 장항철물점에 놓여 있는 것을 보았을 때는 정말 흥분되었습니다. 주일 점심 식사 후에 옥상 위에 어지럽게 널려있는 나무토막들을 사용하여 불을 지피고, 남자 어른들이 이런 저런 얘기하며, 고구마를 구워 어린 우리 아이들에게 나눠주는 장면을 떠올리면서 얼마나 좋아했는지요. 그해 겨울은 고구마로 인해 즐거웠습니다.

그리고 지난겨울에 그 친구의 역할은 이상하게 변하였습니다. 언제부터인가 저 자신이 그 친구를 쓰레기 소각로로 사용하게 되었습니다. 부끄러운 마음으로 고백합니다. 쓰레기 소각이 불법이며 이 지구 환경을 심각하게 오염시킨다는 것을 알면서도 저는 몇 차례 쓰레기를 태웠습니다.

그리고 지난겨울에 가져가신다는 분이 있었지만, 그분이 쓰레기 소각용으로 사용하실 것 같아 넘겨주지 못하고 오늘에 이른 것입니다. 제가

2000-2001년

직접 손수레에 싣고 미리 보아 두었던 고철 처리하는 그곳에 보냈습니다. 속이 시원합니다. 우리 교회에서는 더 이상 쓰레기가 태워지지 않을 것입니다. 여러분에게 부끄럽고 죄송합니다.

사랑하는 형제자매 여러분!
어른들의 생각을 듣고 싶습니다. 꼭 필요한 무엇이 얼마 후에 쓰레기가 되는 것을 알고 있는 어른, 지금 심은 나무가 10년 후에 얼마만큼 자랄지 생각할 수 있는 어른, 그 어른의 생각이 우리 안에서 존중되어야 합니다. 저도 언젠가는 진짜 어른이고 싶습니다.

2001년 6월 14일 목요일
철없는 어른 거북이 백경천

2002-2003년 노루목편지

일산호수교회와
백경천 목사가
함께 걷다

25

노루목편지

——— 사랑하는 일산호수교회 형제자매 여러분!

하나님의 은혜와 평강이 그리스도 예수 안에서 살아가는 우리 교회에 풍성하기를 원합니다. 또한 우리 주님의 은혜와 그 크신 사랑이 우리 안에서 넘쳐흘러 가까운 이웃과 북한 동포, 그리고 먼 나라에 살고 있는 가난하고 삶에 지친 사람들에게도 전해지기를 소원합니다.

늦어도 11시에는 잠에 들어서 새벽을 맞이하는데, 오늘은 세 시간 하고 조금 더 잤습니다. 지난밤에 아내와 같이 영화를 보았습니다. 생각해보니 일산에서 살기 시작한 후로는 처음으로 끝까지 잠들지 않고 보았네요. 그동안 몇 번 시도해보았지만, 저는 번번이 영화가 시작된 지 얼마 안 되어 잠들고, 마지막까지 보고 잠든 아내에게 "그러려면 같이 보자고 하지나 말지"라고 하는 핀잔을 들어야만 했습니다. 대개는 자명종 소리보다 조금 일찍 깨었다가 그 친구의 신호를 기다려 일어나곤 했는데, 오늘은 너무 힘들게 일어나 앉았습니다. 전도사님께 전화하고 오늘 새벽은 좀 쉴까 하는 생각이 고개를 들다가 이내 수그러듭니다. 백차복 집사님 때문입니다. 4시 45분이 되면 정확하게 예배당 문을 열고 들어오시는 집사님, 그분 생각을 하면 머뭇거리거나 망설일 수가 없습니다.

집사님은 날마다 저의 열려진 문을 통하여 제 삶으로 걸어 들어오시는 하나님의 천사입니다. 다른 분들은 못 나오실 때가 많지만 집사님은

2002-2003년

결코 그렇지 않습니다. 집사님의 힘없이 앉아계신 모습을 보면, 늘 그렇게 앉으셔서 말없이 빙그레 웃으시던 어머니 생각이 나곤 합니다. 집사님은 눈이 잘 보이지 않아 성경을 읽을 수가 없고 찬송도 우물우물 따라하시지만, 변함없이 그곳에서 저의 어눌한 설교를 듣고 계십니다. 가끔 흐느껴 기도하시면, 그 슬픔과 눈물이 새벽이슬이 되어 제 딱딱해진 마음을 부드럽게 해줍니다. 말할 수 없는 탄식으로 기도하시는 성령님처럼 저의 눌린 영혼을 깨우고 상한 심령이 되어 기도하게 하십니다. 하나님은 참 좋은 분을 저에게 보내주셨습니다.

사랑하는 형제 자매 여러분!

오늘은 처음으로 집사님께 드릴 것이 있습니다. 제 딸 인영이가 사랑하던 장난감 화장대와 주주가방을 집사님의 손녀딸 (새벽)이슬에게 주겠다고 하여 제가 심부름하는 것입니다. 이제 막 집사님이 가만가만 들어오시네요. 오늘 아침 함께 읽을 말씀은 예레미야 18장입니다.

2002년 1월 17일
영화도 보고 싶고 새벽을 사랑하는 거북이 백경천

26

노루목편지

사랑하는 일산호수교회 형제자매 여러분!

하나님의 은혜와 평강이 그리스도 예수 안에서 살아가는 우리 교회에 풍성하기를 원합니다. 또한 우리 주님의 은혜와 그 크신 사랑이 우리 안에서 넘쳐흘러 가까운 이웃과 북한 동포, 그리고 먼 나라에 살고 있는 가난하고 삶에 지친 사람들에게도 전해지기를 소원합니다.

얼마나 놀랐는지 모릅니다. 선생님과 함께 눈썰매장 입장료를 흥정하여 계산한 후에 아이들을 확인해보니 호연이가 없습니다. 늘 조심스러워 선생님 곁을 잘 떠나지 않고 맴도는 아이가 보이지 않으니 마음이 덜컹합니다. 두 번이나 구석구석 돌며 찾아보았지만 못 만나서, 방송 부탁을 하고 다시 도는데 놀랍게도 그 아이는 가장 경사가 심한 코스의 꼭대기에서 큰 아이들 틈에 앉아 있네요. 결코 그곳에 있을 것 같지 않아서 집중하여 보지 못했을 것이 분명합니다. 그 아이는 할 수 있는데 저는 못할 것이라 생각했던 것이 잘못이죠.

선교원 아이들과 함께 지낸 2년간 참 행복했습니다. 무엇보다도 어린아이들과 친구가 되고 어떻게 사랑해야 할지 알게 된 것 같아 기쁩니다. 하나님은 아이들을 통해서 저를 성장시키셨습니다. '어린 아이와 같지 아니하면 천국에 갈 수 없다.'는 말씀을 조금 더 이해할 수 있게 되었습니다.

2002-2003년

선교원 소풍은 늘 재밌습니다. 오늘 우리가 무엇을 먹었나 가르쳐줄게요. 불고기 햄버거 먹은 아이는 이건희, 방은지, 최수경, 허선웅, 백희라, 백종원, 정효성, 정국희, 박태일, 박소미고요, 이하늘과 한호연은 자장면, 김진수는 떡볶이, 최효경은 피자, 장병찬은 김밥, 허지웅은 돈까스, 그리고 저는 허진이 육개장 먹겠다고 하여 따라서 먹었다가 매워 죽는 줄 알았어요. 선생님은 늘 그러듯이 아이들이 먹고 남기는 것 몽땅 드셨습니다.

사랑하는 형제자매 여러분!
우리 교회 귀염둥이 지웅이 선웅이가 많이 컸어요. 아이들을 얼마나 잘 돌보고 재미있게 해주는지요. 허근 집사님과 홍기준 집사님은 심고 우리들은 가끔 사랑의 물 주었는데, 모르는 사이에 하나님이 저렇게 자라게 해주셨습니다.

2002년 1월 31일 목요일
아이들의 친구 거북이 백경천

27

노루목편지

----- 사랑하는 일산호수교회 형제자매 여러분!

하나님의 은혜와 평강이 그리스도 예수 안에서 살아가는 우리 교회에 풍성하기를 원합니다. 또한 우리 주님의 은혜와 그 크신 사랑이 우리 안에서 넘쳐흘러 가까운 이웃과 북한 동포, 그리고 먼 나라에 살고 있는 가난하고 삶에 지친 사람들에게도 전해지기를 소원합니다.

북한 동포 스물다섯 명이 중국 베이징의 스페인 대사관에 필사적으로 뛰어 들어가는 모습이 TV에서 계속 나오고 있습니다. 하나님은 우리에게 봄을 주셨고, 봄은 사람들로 하여금 겨우내 꿈꾸던 소망을 현실로 옮기게 해줍니다. 그 안에 생명이 있다면 그 누구나 봄을 기다립니다. 세상의 어떤 흑암과 절망, 죽음의 세력도 빛과 소망과 생명의 활동을 억누를 수 없습니다. 봄은 우리에게 이것이 진리임을 보여줍니다.

봄에는 꼭 생명의 신비를 보아야 합니다. 생명은 하나님께 속한 것이고 생명의 신비는 하나님이 자신을 세상에 드러내 보여주시는 살짝 감추인 비밀입니다. 우리는 세상의 모든 살아있는 것들을 통하여 하나님을 알게 되며, 그분의 말씀을 들을 수 있습니다. 그래서 봄은 눈을 들어 소망으로 동서남북을 바라보는 사람들을 위한 계절입니다.

지난 수요일 아침에 저보다 40번씩이나 봄을 더 맞이하신 최무선 권사님이 흥분된 어조로 "목사님! 상추씨 사왔어요"라고 하며 전화하셨습니다. 작년에 제가 사드린 씨앗과 함께 구하러 다닌 여러 가지 묘종

2002-2003년

들에 대한 즐거운 기억이 생각나셨기에, 봄이 이미 왔다는 말씀을 그렇게 하신 것입니다. 권사님의 한마디는 저를 깨우는 나팔소리처럼 울려 자리에서 벌떡 일어나게 했습니다. 하나님은 저의 다정한 친구 권사님을 통하여 "뭐하고 있니! 빨리 씨 뿌리러 가야지"라고 말씀하신 것입니다. 김용무 집사님과 조익현 집사님, 그리고 박장로님도 씨 뿌리셨는지 궁금합니다.

사랑하는 형제자매 여러분!
내일 심방할 가정들을 생각하며 어떤 말씀의 씨를 그 마음 밭에 뿌릴지 기도하며 준비하고 있습니다. 하나님은 늘 우리가 기대했던 것보다 더 크고 풍성한 결실을 얻게 해주셨습니다. 그런데요, 어떤 씨앗은 몇 년이 지난 후에야 싹이 나오기도 한답니다.

2002년 3월 14일 목요일
봄맞이하는 거북이 백경천

28

노루목편지

사랑하는 일산호수교회 형제자매 여러분!

하나님의 은혜와 평강이 그리스도 예수 안에서 살아가는 우리 교회에 풍성하기를 원합니다. 또한 우리 주님의 은혜와 그 크신 사랑이 우리 안에서 넘쳐흘러 가까운 이웃과 북한 동포, 그리고 먼 나라에 살고 있는 가난하고 삶에 지친 사람들에게도 전해지기를 소원합니다.

사실 저는 평양노회에서 별로 중요한 사람이 아닙니다. 제가 속한 부서인 신학교육부 모임에서는 지난해에 서기를 맡아 보았던 저의 생각을 필요로 하지만, 다른 시간에는 그냥 참석하여 가만히 듣고 있는 것이 저의 역할입니다. 가끔은 무언가 의견을 내고 싶은 마음이 찾아오기도 하지만, 다른 분들과 별로 생각이 다르지 않기에 그냥 있습니다. 이렇게 오랜 시간 있다 보면, '내가 여기에 없어도 이 모임에는 지장이 없겠구나'하는 생각이 들어옵니다.

하지만 저로 하여금 그 계속되는 회의에 동참하게 하는 것은 바로 여러분입니다. 제가 일산호수교회를 대표하고 있다는 이유 때문이죠. 둘째 날이 되면 한 절반가량이 참석하지 않고, 마칠 때가 되면 20% 정도의 회원만 남아있습니다. 장로님들은 직장이나 사업체로 돌아가시고, 목사님들은 본 교회 일이 더 중요하다고 생각하여 그 일로 바빠서 못 오시는 것입니다.

2002-2003년

저도 이제 좀 꾀가 났습니다. 첫날은 처음부터 잘 참석하고, 둘째 날은 오전에 우리 교회 일 좀 보다가 오후에 가서 마칠 때까지 참여합니다. 한 70% 정도 성실합니다. 하지만 여러분에게 미안합니다. 그래도 용서를 구하면서 앞으로 계속 그렇게 하고 싶습니다. 제가 하나 즐기는 것은 노회 중에 전철 타기입니다. 열차 안에 있는 시간이 왕복 3시간 정도 되는데, 그 시간이면 제가 평소에 꼭 읽고 싶었던 책을 한 권 읽습니다. 이번 노회에는 환경운동연합 최열 씨가 펴낸 <지구촌 환경 이야기>를 읽었습니다.

사랑하는 형제자매 여러분!

회의에 참석하는 저 자신이 별로 중요하지 않다고 얘기한 것은 잘못입니다. 사과하겠습니다. 사실 그 모임에서 제일 중요한 사람은 회의가 열리는 기간 내내 많은 의견들을 경청하며 묵묵히 자기 자리를 지키는 이들입니다. 저도 참 중요한 사람입니다.

2002년 4월 24일 수요일
아주 중요한 거북이 백경천

노루목편지

29

———— 사랑하는 일산호수교회 형제자매 여러분!

하나님의 은혜와 평강이 그리스도 예수 안에서 살아가는 우리 교회에 풍성하기를 원합니다. 또한 우리 주님의 은혜와 그 크신 사랑이 우리 안에서 넘쳐흘러 가까운 이웃과 북한 동포, 그리고 먼 나라에 살고 있는 가난하고 삶에 지친 사람들에게도 전해지기를 소원합니다.

<호흡>에 대해서 이제야 알게 되었습니다. 푸르른 식물들이 이산화탄소를 받아먹고 산소를 배출하면 사람들이 산소를 마시고 이산화탄소를 뱉어낸다고 어렸을 때 배웠지만, 제가 안다고는 말할 수 없습니다. 그런데 이제는 압니다. 어제도 우리 교회에 심긴 느티나무를 보면서 네가 <호>하면 내가 <흡>하고, 내가 <호>하면 네가 <흡>하는 거라고 얘기해주었습니다. 그렇습니다. 우리는 서로 마주 보며 즐겁게 호흡을 하고 있습니다.

요즘에는 식물 친구들이 얼마나 좋은지 모르겠습니다. 그 아이들은 늘 거기에 있습니다. 변덕이 많은 제가 여기저기 다니다가 며칠 만에 와 보아도 여전히 그곳에 있습니다. 그리고 새로운 무언가를 준비했다가 살짝살짝 내놓곤 합니다. 나팔꽃은 요즘 신났습니다. 매일매일 새로운 잎을 하나씩 보여줍니다. 제가 늘어뜨려 준 줄을 휘감으며 오르기 시작했으니 한두 주일 정도 지나 여름이 오면 꽃을 피워 줄 것입니다. 올해에는 감꽃도 피었습니다. 꽃을 내놓았으니 가을이 깊어지면 감도 열리

2002-2003년

겠지요. 아주 기분이 좋습니다.

교회는 우리들의 어머니이고, 예배당이 있는 땅은 우리 모두의 고향입니다. 그리고 지금 우리 땅에 뿌리를 내린 꽃과 나무들은 우리 자녀들의 고향 친구가 될 것입니다. 그들은 우리와 호흡을 맞추며 자라갑니다. 조금 전에 드럼 치는 진욱이가 회사에서 일하던 복장으로 와서 쓰레기 정리하는 저를 도왔습니다. 어떻게 올 생각을 했냐고 물었더니, 이 장로님이 뒤뜰에 만든 수조에 살고 있는 금붕어에게 물 주고 싶어 왔답니다. 참 정이 많은 친구입니다. 그 수조에는 부레옥잠이 자라고 있는데, 이 녀석은 금붕어가 내놓은 더러운 것을 맛있게 먹고 자라면서 깨끗한 물을 만들어준답니다. 그리고 더울 때는 그늘이 되어주고 금붕어가 먹을 산소도 많이 만들어줄 것이 분명합니다.

사랑하는 형제자매 여러분!
저는 요즘 틈나는 대로 「식물은 우리에게 무엇인가?」라는 책을 읽고 있습니다. 식물 친구들을 더 잘 이해하여 깊이 사귀고 싶습니다. 그리고 이 친구들을 행복하게 해주고 싶습니다. 제 아내는 요즘 장미가 예뻐 어쩔 줄 몰라 합니다.

2002년 5월 23일 목요일
장미들의 미소에 취한 거북이 백경천

30

사랑하는 일산호수교회 형제자매 여러분!

하나님의 은혜와 평강이 그리스도 예수 안에서 살아가는 우리 교회에 풍성하기를 원합니다. 또한 우리 주님의 은혜와 그 크신 사랑이 우리 안에서 넘쳐흘러 가까운 이웃과 북한 동포, 그리고 먼 나라에 살고 있는 가난하고 삶에 지친 사람들에게도 전해지기를 소원합니다.

지금쯤 정미경 집사님께서 수술 받으셨을 것 같은데, 그냥 '잘되었겠지'하고 생각하며 기다리고 있습니다. 아침에 도티병원에 계신 정집사님을 찾아 같이 기도하고 영동세브란스에 계신 김동애 권사님 남편 이상돈 집사님을 병문안 했습니다. 병원에 있을 때에 만나서 이야기 나누면 마음이 참 촉촉하게 젖어옵니다. 아주 가깝게 다가간 느낌입니다. 여럿이 함께 만나는 것보다 혼자 가서 이야기 나누면 더욱 좋습니다.

오늘 제가 만난 두 분은 아주 건강하게 지금까지 살아오셨습니다. 병원에 입원한 것이 처음이랍니다. 한 분은 수술을 기다리고 있고, 다른 분은 지금 들어가고 있는 주사약이 숨골 주위에 있는 모세혈관을 깨끗하게 씻어줄 때까지 기다리고 있습니다. 그렇습니다. 두 분 모두 기다리고 있습니다. 저도 기다립니다. 기다림 속에서 우리는 경건해집니다. 사람들을 사용하여서 치료하시는 하나님의 손길을 생각하며 기다립니다.

그동안 얼마나 바쁘게 살아오셨는지 들었습니다. 치료의 기간이 길지 않으면 좋겠습니다. 무거운 책임감을 내려놓고 쉬라고 말씀드렸습니다. 얼마나 좋아지고 있는지 조급한 마음으로 확인하려고 하지 말고, 의사 선생님이 치료할 수 있도록 몸과 마음을 맡기시라고 부탁드렸습니다. 의료진을 하나님의 손길로 의지하고 자신을 맡기는 것이 하나님에 대한 믿음입니다. 그동안의 삶을 차분한 마음으로 목사에게 얘기하고 기도 부탁하는 것도 하나님을 향한 마음입니다. 두 분의 믿음이 참 좋아서 저는 오늘 무척 행복합니다.

   사랑하는 형제자매 여러분!
   수많은 사람들이 질병과 사고로 고통받는 이 시간에, 우리가 건강한 것은 하나님의 크신 은혜입니다. 너무 많은 짐을 지고 허덕이다가 병원에 입원하여 속상하지만, 기다림 중에 삶을 맡기고 쉼을 얻을 수 있다면 그것도 하나님의 은혜입니다. 건강도 은혜요 연약함도 은혜임을 아는 것이 참 은혜입니다.

2002년 6월 14일 금요일
좋은 분들과 함께 걷는 거북이 백경천

31

　　사랑하는 일산호수교회 형제자매 여러분!

　하나님의 은혜와 평강이 그리스도 예수 안에서 살아가는 우리 교회에 풍성하기를 원합니다. 또한 우리 주님의 은혜와 그 크신 사랑이 우리 안에서 넘쳐흘러 가까운 이웃과 북한 동포, 그리고 먼 나라에 살고 있는 가난하고 삶에 지친 사람들에게도 전해지기를 소원합니다.

　이스라엘 사람들이 조상 대대로 지키고 있는 초막절이라고 하는 절기가 있습니다. 출애굽한 조상들이 광야에서 초막이나 천막을 치고 생활했던 일을 생각하며, 지금의 삶을 하나님께 감사하고, 공동체 의식을 다시 불어넣는 계기로 삼는 기간입니다. 이 시기는 수확을 마치고 풍성함을 즐기는 축제의 기간이지만, 오히려 불편함을 무릅쓰고 천막생활을 함으로 더욱더 깊이 하나님의 은혜를 몸으로 느끼는 절기입니다. 일부러 불편하고 가난한 조건들을 찾아 체험함으로 더 진지하고 경건하게 삶을 살아가는 계기가 되는 것입니다.

　저는 작년에 이어 올해에도 가족 캠프를 준비하면서 우리가 초막절을 지키는 이스라엘 백성들과 같은 마음을 갖게 되기를 기도하고 있습니다. 저는 가족 수련회를 통하여 두 가지를 얻게 되기를 기대합니다. 하나는 쉼이고, 다른 하나는 불편함을 통하여 얻어지는 나눔의 교제입니다. 어거스틴은 "하나님 품에 안기기 전에는 참된 안식이 없다"라고 했습니다. 짧은 기간이지만 하나님의 품에 안기는 경험을 하고 싶

2002-2003년

습니다. 순수한 자연은 하나님의 넓은 가슴입니다. 숲속을 걸을 때, 부드러운 바람을 느끼며 지는 해를 바라보면서, 그리고 깜깜한 밤에 반짝이는 무수한 별들 속으로 빨려 들어가며 하나님의 품을 경험하기를 원합니다.

  그리고 '편하지 않음'을 기대합니다. 우리는 너무 많이 편안함을 얻으려고 노력해왔습니다. 추운 겨울에는 따뜻함을 위해, 더운 여름에는 시원함을 얻으려고 많이 수고했습니다. 하지만 우리 때문에 다른 사람들이 불편함과 불쾌함을 받은 적이 많았습니다. 에어컨을 켜놓고 서 있는 우리의 차 옆을 지나가는 어떤 사람의 고통 같은 것 말입니다. 우리는 참 어리석어서 나 자신이 바로 그분이라는 생각을 하지 못합니다. 하늘이의 아토피성 피부나 상인이의 천식은 우리의 편안함만을 추구하는 삶과 관련이 있습니다. 우리는 같이 불편함을 누리며(?) 사랑을 나누기를 원합니다.

  사랑하는 형제 자매 여러분!
  '쉼'과 '불편함'이 본래 한 몸이라는 사실을 우리가 알게 되기를 기도합니다.

2002년 7월 25일 목요일
불편하지만 쉼이 있는 곳에 가고 싶은 거북이 백경천

32

사랑하는 일산호수교회 형제자매 여러분!

하나님의 은혜와 평강이 그리스도 예수 안에서 살아가는 우리 교회에 풍성하기를 원합니다. 또한 우리 주님의 은혜와 그 크신 사랑이 우리 안에서 넘쳐흘러 가까운 이웃과 북한 동포, 그리고 먼 나라에 살고 있는 가난하고 삶에 지친 사람들에게도 전해지기를 소원합니다.

가정은 무엇보다도 소중합니다. 그리고 가정은 각 가정마다 특별합니다. 사람을 비교하고 평가하는 것이 불가능한 것처럼, 어떤 가정에 대해서 이러쿵저러쿵 자신의 기준으로 얘기하는 것도 큰 잘못입니다. 겉으로 보는 것과는 영 다릅니다.

가정을 가정답게 하는 것은 사랑입니다. 우리 가정은 매일 아침밥을 나누기 전에 가정예배를 드립니다. 제가 어려서부터 그렇게 생활해 온 것처럼 지금도 그렇게 합니다. 찬송가 한 장 부르고, 성경 한 장을 돌아가며 읽고 순서에 따라 한 사람이 가정을 위해 기도한 후 주님의 기도로 마칩니다. 얼마 전까지만 해도 막내인 인영이가 구구단 연습하느라고 참여한 식구들이 한 사람에 몇 절씩 읽으면 되겠다고 일러주면 그대로 하였는데, 지금은 그냥 속으로 다들 계산하여 자연스럽게 읽습니다.

어제는 이사야 22장을 읽었는데 24절까지 있는 장입니다. 아내가 일찍 출근하고 없어서 다섯 명이 읽게 되었습니다. 제가 먼저 다섯 절을 읽었는데, 아들 상인이가 네 절만 읽더군요. 인영이가 오빠에게 한 절

더 읽으라고 합니다. 오빠는 그만 읽겠답니다. 분위기가 묘해졌습니다. 모두가 두 친구의 마음을 압니다. 여든이 다 되신 할아버지에 대한 배려이죠. 상인이가 네 절만 읽은 것은 모두가 다섯 절씩 읽어가다 보면 마지막 차례인 할아버지가 네 절밖에 못 읽게 되니까 자신이 미리 한 절 덜 읽겠다는 것입니다. 인영이의 마음은 할아버지가 요즘 떠듬떠듬하시며 힘들게 읽으시는데 할아버지가 한 절 덜 읽으시는 것이 할아버지를 위하는 생각이라는 것이죠. 얼마나 기분이 좋은지요. 성경을 같이 읽다가 각자의 마음에 새겨진 사랑도 읽었습니다.

사랑하는 형제자매 여러분!
잊지 맙시다. 우리는 돈 벌려고 사는 것이 아니라 사랑하려고, 더 잘 사랑하려고 그렇게 열심히 사는 것입니다. 최선을 다해서 살았는데 사랑을 잃어버렸다면, 열심히 장사하다가 아기를 잃어버렸다는 어느 어머니의 슬픔과 다를 바가 없습니다. 우리는 사랑하려고 삽니다.

2002년 11월 14일 수요일
사랑을 먹고 사는 거북이 백경천

33

노루목편지

사랑하는 일산호수교회 형제자매 여러분!

하나님의 은혜와 평강이 그리스도 예수 안에서 살아가는 우리 교회에 풍성하기를 원합니다. 또한 우리 주님의 은혜와 그 크신 사랑이 우리 안에서 넘쳐흘러 가까운 이웃과 북한 동포, 그리고 먼 나라에 살고 있는 가난하고 삶에 지친 사람들에게도 전해지기를 소원합니다.

지금 좀 시끄럽습니다. 미옥 자매의 오빠 이수근 형제가 와서, 밤에도 볼 수 있는 교회 이름판을 붙이는 작업을 하고 있기 때문입니다. 저의 깊은 마음은 이렇게 하고 싶지 않았습니다. 왜냐하면 예배당의 품위와 고상함에 손상을 준다고 생각하였기 때문입니다. 저는 우리 예배당이 하나님의 임재가 느껴지는 곳으로 여겨지기를 기대합니다. 천주교회당은 성당이라고 하는데 우리는 그렇게 생각하지도 부르지도 않는 것이 늘 불만이었습니다. 저는 우리 예배당이 우리들에게나 세상 사람들에게 성당으로 불러어지기를 소망합니다. 하나님께 예배하는 집은 그 모양만 보아도 거룩함과 고상함이 풍겨 나와야 합니다. 굳이 이름을 크게 쓰거나 여러 개 써서 붙이지 않아도 모두가 알도록 말입니다.

하지만 우리 예배당을 찾아오는 사람들이 많이 힘들어하여서 이렇게 하도록 정한 것입니다. 외벽이 상하지 않도록 수근 형제가 많이 연구하여 달았습니다. 달아놓고 보니 참 좋습니다. 큰길가에서도 쉽게 눈에 뜨입니다. 그 길이 내년에는 4차선 도로가 된다고 하는데, 제대로 도로

2002-2003년

가 형성되면 그 길가에 입간판도 멋있게 세워야겠다고 생각했습니다.

더 일찍 교회 이름판을 눈에 잘 띄게 달지 않았던 이유가 또 있습니다. 우리 예배당 가까이에 여러 교회 공동체가 있었기 때문입니다. 갈릴리교회, 자유로교회, 복된순복음교회, 은총교회, 이 교회들보다 우리 교회가 더 좋은 교회라고 알리는 것 같아 조심스러웠습니다. 사실은 우리가 하나의 교회, 형제교회이기 때문입니다. 이제는 이 지역에 우리밖에 남지 않았으니 다행입니다. 마음껏 전도하며 이곳에 하나님의 교회가 모이고 있다고 밝히 드러내야겠습니다.

사랑하는 형제자매 여러분!

우리 교회 앞에 "아름다운 소식을 전하는 사람들"이라는 설명을 달았습니다. 동의하시는지요. 우체국 같다는 생각이 드시지는 않습니까? 그래요. 이제 우리 예배당이 많은 사람들에게 복된 소식, 아름다운 소식을 전하기 위해 모였다가 흩어지는 거룩한 집이 되기를 바랍니다. 우리가 우편 배달부와 같다는 생각 지금 처음 해봅니다.

2002년 12월 24일 화요일
우체부가 되고 싶은 거북이 백경천

노루목편지

34

──── 사랑하는 일산호수교회 형제자매 여러분!

하나님의 은혜와 평강이 그리스도 예수 안에서 살아가는 우리 교회에 풍성하기를 원합니다. 또한 우리 주님의 은혜와 그 크신 사랑이 우리 안에서 넘쳐흘러 가까운 이웃과 북한 동포, 그리고 먼 나라에 살고 있는 가난하고 삶에 지친 사람들에게도 전해지기를 소원합니다.

2002년 마지막 날 아침 일찍 혈액 검사한 결과를 조금 전에 주치의 김경래 선생님을 만나 확인했습니다. 아내가 일하는 병원에서 검사했기 때문에, 제 결과가 괜찮다는 얘기를 미리 듣고 있었습니다. 의사 선생님께서 칭찬해 주실 줄 알고 있었던 거죠.

지금 저의 기분은 2년 동안 준비한 중요한 시험을 통과한 것과 비슷한 느낌입니다. 콜레스테롤 수치를 낮추기 위해 약을 사용했었는데, 이제는 그 친구를 몸에 넣지 않아도 괜찮답니다. 몸이 나른해지는 부작용이 있었거든요. 얼마나 좋은지요. 건강이 나빠져 있음을 아는 것도 그렇게 나쁘지는 않다는 생각을 하고 있습니다.

저는 제가 당뇨인이라는 사실을 안 이후로 상당히 괜찮은 삶을 살고 있습니다. 오히려 건강이 많이 좋아졌습니다. 음식을 절제하며 섭취하는 생활을 시작하였고 제 몸에 적당한 운동도 규칙적으로 할 수 있게 되었습니다. 그리고 몸에 병을 가지고 살아가는 분들과 만나는 것이 더 자연스러워졌고, 일평생 건강하게 살 수 있는 능력을 갖게 되었다는 확

2002-2003년

신도 생겼습니다. 지금 건강하기 때문에 평생을 건강할 것이라고 생각하는 막연한 기대라면, 지금 건강하지 못한 상태이기 때문에 건강한 삶을 살아갈 것이라는 기대는 보다 근거 있는 바람이라고 생각됩니다. 자신의 연약함을 아는 것은 참 귀한 일입니다.

사랑하는 형제자매 여러분!

질병이나 고난이 없는 인생은 참 좋은 삶입니다. 하지만, 이러한 친구들이 우리의 인생에 찾아온다고 해도 걱정할 필요는 없습니다. 우리에게는 이러한 친구들과 함께 살아갈 수 있는 하나님이 주신 능력이 있기 때문입니다. 좀 특별한 삶을 살아가면 되는 거죠. 그런데 어제까지 조금 살아보니, 하나님께서는 우리 중 누구에게든지 그런 친구를 하나쯤은 다 보내주셨더군요.

2003년 1월 2일 목요일
시작이 상쾌한 거북이 백경천

35

노루목편지

―― 사랑하는 일산호수교회 형제자매 여러분!

하나님의 은혜와 평강이 그리스도 예수 안에서 살아가는 우리 교회에 풍성하기를 원합니다. 또한 우리 주님의 은혜와 그 크신 사랑이 우리 안에서 넘쳐흘러 가까운 이웃과 북한 동포, 그리고 먼 나라에 살고 있는 가난하고 삶에 지친 사람들에게도 전해지기를 소원합니다.

어떤 분이 저에게 이해인 님이 쓴 시 모음집을 하나 주었습니다. 이복식 전도사님의 신학대학원 졸업식에 가려고 기다리며 아무 데나 펴서 서너 편 읽는데 교통사고로 집에서 지내고 있는 정경아 자매님이 생각났습니다. 정 집사님을 돕느라 애를 많이 쓰신 쌍둥이 엄마 홍기준 집사님이 같이 가려고 오십니다. 또 정경아 집사님 생각이 납니다. 졸업식을 마친 후에 함 권사님 김종덕 집사님 김경순 집사님 그리고 전도사님 내외분과 함께 점심을 먹는데 다시 하늘이 엄마 정 집사님 생각이 납니다. 오늘 점심은 무엇을 드시는지.

우리가 누군가를 돕는다고 마음먹지만 쉽게 되지는 않습니다. 하나님께 기도하며 물어보고 곰곰이 생각하지 않으면, 실제로 그분께는 도움이 되지 않고 내 마음의 위안만 얻을 때가 많습니다. 잘못하면 우리의 자랑이 실제로 더 커질 수도 있습니다. 어떤 때는 아무 도움도 주지 못하지만 마음으로 아파하며 그를 위해 기도하는 것이 가장 훌륭한 도움일 수도 있습니다.

2002-2003년

기도하지 않고 누군가에게 호의를 베풀면 그 일이 그분에게 마음의 부담과 빚으로 남을 수도 있고 어느 순간 나의 자랑거리로 튀어 나오기도 합니다. 하지만 기도하면, "하나님! 저로 하여금 그분을 위해 무언가 조금이라도 도움이 될 수 있게 해주세요."라고 아뢰면, 그 일로 나의 일이 아니라 하나님의 일이 됩니다. 하나님이 내 안에서, 그리고 더 좋게는 우리 안에서 하신 일입니다.

사랑하는 형제자매 여러분!

홍집사님께 부탁하여 정 집사님에게 이 시집을 좀 가져다주시라고 당부했습니다. 제가 아는 정경아 자매님은 글이 예쁜 시인입니다. 그동안 보고 싶은 책을 읽지 못하고 누군가에게 편지할 시간도 없이 지냈을 텐데, 이번 기회에 마음이 따뜻한 분의 시를 읽다가 사춘기 소녀처럼 잠들면 좋겠습니다. 걱정이 많겠지만 그래도 자신 안에 있는 철없는 아이를 잠시라도 만날 수 있기를 기대합니다.

2003년 2월 13일 목요일
철없는 거북이 백경천

36

노루목편지 ✉

사랑하는 일산호수교회 형제자매 여러분!

하나님의 은혜와 평강이 그리스도 예수 안에서 살아가는 우리 교회에 풍성하기를 원합니다. 또한 우리 주님의 은혜와 그 크신 사랑이 우리 안에서 넘쳐흘러 가까운 이웃과 북한 동포, 그리고 먼 나라에 살고 있는 가난하고 삶에 지친 사람들에게도 전해지기를 소원합니다.

나를 좀 '보아' 달라고 여기저기서 아직 푸르지 못하여 분홍빛 띤 새순들이 작게 크게 소리쳐 부르는 지금, 이 시간을 우리는 언제부터인가 '봄'이라고 부릅니다. 숨 쉬고 살아있는 흙이 있는 곳에는 여지없이 푸른 풀들이 솟아나고 있습니다. 그 친구들의 이름을 알지 못하는 것이 미안하여 식물도감을 열어보기도 하지만, 그래도 모르는 것이 태반입니다. 우리가 심은 나무와 꽃은 거의 알고 있는데, 우리가 심지 않아 아마도 모르기 때문에 「잡초」라고 불리어 왔을 그 친구들의 이름은 식물도감에도 잘 나타나지 않습니다.

요즈음에는 잡초를 야생화라고 부릅니다. 진작 좀 그렇게 부르며 사랑했어야 하는데, 이제라도 그렇게 불러주며 이름을 찾아주려는 사람들이 많아진 것이 여간 기쁘지 않습니다. 토끼풀, 강아지풀, 고양이풀, 올해는 좀 가만두세요. 작년에 제가 보아둔 강아지풀로 이슬이 뺨을 간지럽혀주고, 또 그놈을 반 갈라 콧수염처럼 코 밑에 붙여주는 놀이하려

2002-2003년

고 데려갔더니만 누군가 뽑아버렸더군요. 어느 날 뒷문 옆의 사랑초가 다 뽑혀진 적도 있습니다. 작년에 최진규 집사님이 할미꽃을 가져다 느티나무 옆에 심었는데, 그 친구가 언제 나올지 그곳을 자꾸 보게 됩니다. 조심하세요. 무심코 파낸 흙 한 덩이에 얼마나 많은 생명의 씨앗이 들어 있는지 모릅니다.

 이라크에서 사람들이 피 흘리고 눈물 흘리며 죽어가고 있습니다. 사람들의 죄악성이 그대로 드러나고 있습니다. 우리는 무엇을 얻으려고 전쟁을 하고 있는 것입니까? 우리가 아니라 미국과 이라크가 전쟁을 하고 있다고요? 그렇지 않습니다. 우리들과 관련이 있습니다. 전쟁을 막아야 합니다. 생명을 지켜야 합니다. 전쟁은 사탄이 하는 것입니다. 일단 전쟁이 시작되면, 사람들은 인간성을 잃어버리고 맙니다. 모두가 자신을 누군가에게 빼앗겨 버리고 마는 것이죠. 포기하지 말고 깨어 기도합시다.

 저는 하루에 세 번 바그다드에 사는 사람들과 같이 있습니다. 너무 고통스럽고 마음이 아픕니다. 어린아이의 손을 잡고 먹을거리를 사러 나온 엄마가 시장 한 가운데 떨어진 포탄의 파편에 맞아 쓰러지는 모습을 보곤 합니다. 전쟁의 공포에 떨고 있는 스물세 살 미국 스미스의

노루목편지

옆에 앉아 있기도 합니다. 왜 우리는 모두가 어쩔 수 없이 전쟁을 해야만 한다고 생각할까요? 우리는 참 불쌍한 사람들입니다. 평화를 지키기 위해 깨어 기도합시다. 우리 모두가 간절히 소망하면 전쟁을 그치게 할 수 있습니다.

2003년 3월 28일 금요일
이라크 어린이들을 생각하는 거북이 백경천

2002-2003년

\# 37

사랑하는 일산호수교회 형제자매 여러분!

하나님의 은혜와 평강이 그리스도 예수 안에서 살아가는 우리 교회에 풍성하기를 원합니다. 또한 우리 주님의 은혜와 그 크신 사랑이 우리 안에서 넘쳐흘러 가까운 이웃과 북한 동포, 그리고 먼 나라에 살고 있는 가난하고 삶에 지친 사람들에게도 전해지기를 소원합니다.

이렇게 좋을 줄 몰랐습니다. 정말 행복합니다. 지금 막 가슴이 두근거립니다. 그래서 장함교회 안기성 목사님께 전화했죠. 제가 냉면 대접할 테니 오라고 했습니다. 아마 이병식 집사님이 처음 얘기했을 거예요. 사무실이라고 명패가 붙은 제 옆 조그만 삼각형 방이 너무 좁고 답답하여 중등부 아이들도 잘 사용하지 않으니 차라리 벽을 헐어서 두 방을 하나로 만드는 게 어떻겠냐는 얘기입니다. 장로님들께 말씀드렸더니 제 방에 창문이 없어서 답답했는데 그거 참 좋은 아이디어라고 동의하셨습니다.

사실 좀 어려웠습니다. 방에 창문이 없으니 늘 방문을 열어 놓아도 공기순환이 잘 안 되고, 특히 여름에는 참 힘들었죠. 하지만 벽을 튼다는 생각을 할 수는 없었습니다. 저는 늘 주어진 환경에 적응하기를 좋아하지 구조를 변경하지는 못하는 삶을 살아왔습니다. 앞으로도 저는 그렇게 답답하고 맹꽁이처럼 살 가능성이 많습니다. 그게 저의 성품인 것을 인정합니다.

노루목 편지

무언가 밀어붙이고 돌격 앞으로 하는 것은 박 장로님 특기입니다. 이병식 집사님은 꼼꼼하게 계획하고 차분하게 일을 진행합니다. 이 모든 것을 깔끔하게 마무리하는 것은 늘 이상봉 장로님의 몫이죠. 권태원 집사님 김종식 집사님 김대곤 집사님 사재훈 집사님이 어린이날임에도 불구하고 있는 힘을 다해 도왔습니다. 중간에 막힌 담을 헐어낸 것입니다. 얼마나 시원하고 좋은지요. 어린이날 공부 잘하라고 아빠가 직접 만든 좋은 책상과 의자를 선물 받은 어떤 아이처럼 저도 그렇게 좋습니다.

사랑하는 형제자매 여러분!
보통 날에는 전도사님과 제가 이 방을 사용하고 주일에는 새 식구 환영과 소위원회 회의실로 사용하고 싶습니다. 지금 밖에는 비가 많이 옵니다. 좀 내려가 보아야겠습니다. 지하예배실과 보일러실이 어떤지, 우리가 주인이라서 참 좋으네요. 올해 여름에는 등나무 옆에 있는 다래가 열매를 열어 줄 것 같습니다.

2003년 5월 7일 물요일
형제가 연합하여… 어찌 그리 아름다운지요. 거북이 백경천

2002-2003년

38

사랑하는 일산호수교회 형제자매 여러분!

하나님의 은혜와 평강이 그리스도 예수 안에서 살아가는 우리 교회에 풍성하기를 원합니다. 또한 우리 주님의 은혜와 그 크신 사랑이 우리 안에서 넘쳐흘러 가까운 이웃과 북한 동포, 그리고 먼 나라에 살고 있는 가난하고 삶에 지친 사람들에게도 전해지기를 소원합니다.

저는 아주 연약한 사람입니다. 누구와 싸워서 이겨본 적이 없습니다. 사실은 이기려고 경쟁하거나 싸워본 기억이 거의 나지 않습니다. 상대방이 저를 이기려고 애를 쓰면 겁을 먹고 포기하곤 했죠. 독하게 마음먹고 뒤처지는 저를 찾아내곤 합니다. 독하게 마음먹을 수 없기 때문이죠. 제가 특별한 사람인가요?

그래서 늘 누구보다 더 잘하지 못하는 것 같습니다. 그런데 잘하는 사람 옆에서 그냥 같이 있는 것은 좋아합니다. 집에서 무언가 고장 나면 장인어른이나 제 아내가 고치고 저는 옆에서 있고, 팔십이 넘으신 최무선 권사님이 저 주시겠다고 상추 뜯으면 검은 봉지를 들고 그 옆에 서 있고, 동수가 예배당 벽에 금 간 것을 때우면 사다리 옆에 서서 바닥에 떨어지는 것을 줍습니다.

지난 주일 오후 예배 마친 후에 페인트칠 공사를 했습니다. 두 분 장로님과 최진규, 이병식 집사님, 그리고 가브리엘 형제들, 장 목사님, 이 전도사님, 전영신 전도사님, 제 아내를 뺀 두 분 사모님, 김종덕 김경순

노루목편지

정경아 집사님, 그리고 병찬이 하늘이 이건희 건주 허진 모두들 참 많이 수고하였습니다. 밤늦도록 아빠 기다리던 아이들, 명진 하준 영인 종은, 그리고 이들의 잠투정과 몸의 피곤함을 견디고 기다려준 엄마들이 고맙습니다. 아마 우리 교회가 경제적으로 넉넉했다면 이렇게 하지 않았겠죠. 부족하기 때문에 우리는 이 귀한 일을 함께 하게 된 것입니다. 우리의 부족함은 하나님이 부어주시는 사랑과 인내와 충성과 온유와 같은 귀한 열매들을 담을 수 있는 그릇입니다. 그리고 우리의 연약함은 누군가와 함께할 수 있는 내 안에 있는 멋진 나 자신입니다.

사랑하는 형제자매 여러분!
저의 연약함과 부족함을 자랑하고 싶습니다. 제 안에 있는 이것들을 정성껏 쓰다듬으며 살렵니다. 잘하고 똑똑한 사람 둘보다 좀 부족한 사람 둘이 있는 것이 평화롭고 행복합니다. 저는 저의 연약함을 더욱더 좋아하고 사랑하겠습니다.

2003년 6월 12일 나무요일
온 세상의 나무에 물 주시는 분을 좋아하는 거북이 백경천

39

사랑하는 일산호수교회 형제자매 여러분!

하나님의 은혜와 평강이 그리스도 예수 안에서 살아가는 우리 교회에 풍성하기를 원합니다. 또한 우리 주님의 은혜와 그 크신 사랑이 우리 안에서 넘쳐흘러 가까운 이웃과 북한 동포, 그리고 먼 나라에 살고 있는 가난하고 삶에 지친 사람들에게도 전해지기를 소원합니다.

지금은 4시 40분, 함께 잠자는 시간입니다. 우리 교회 예배당에서 많은 어린아이들이 사무엘처럼 먹고 예배하고 잠도 청합니다. 저는 새벽에 기도하러 오시는 어른들을 기다립니다.

그들과 함께 여기서 잠든 어린 친구들을 위해 기도하려고 기다립니다. 김대곤 집사님이 안 계신 여름성경학교가 열리니 참 이상합니다. 지금은 김재홍 이지형 선생님이 남자 아이들과 함께 하고 있습니다. 제가 모르는 사이에 새로 나온 친구들이 많이 있군요. 이름을 부르고 싶지만 아직 모릅니다. 참 신기합니다. 이 아이들이 어떻게 여기에 있게 되었는지요. 예배당에서 잠들어 있는 저 아이들이 얼마나 소중한지요. 찬송과 성경을 배우고 잠든 아이들, 사랑스럽습니다. 조금 후에 날이 밝으면 아이들의 이름을 서기 선생님께 일러달라고 해서 여기에 적으려고 합니다. 오늘이 멀리 가기 전에 그 이름을 다 암송하면서 그 이름을 부르는 것이 저의 소망입니다.

노루목편지

    지금은 오후 4시, 언제 오셨는지 김대곤 집사님이 미니올림픽을 준비하네요. 53명의 어린 친구들 이름을 여기에 적고 싶습니다. 유치부: 나인우 나승석 박진우 김지우 김기경 이해주 임수빈 권혁선 진채린 진성준 최기정 최유진, 1학년: 윤이슬 이건희 임주희 정진호 최혜리, 2학년: 김은비 장아름 이하늘 최혜지 박태일 김태경 김진수 서영랑 장병찬, 3학년: 최유나 송다영 채은별 고민지 송지은 조용성 정원진 정은수, 4학년: 김수영 김대형 박지원 이건주 박영신 진대은 정은희, 5학년: 안지명 백인영 이성우 이상영 허지웅 허선웅 최혜나 정은지 서진길, 6학년: 채새봄 이건우 정윤진

    사랑하는 형제자매 여러분
    제가 몰랐던 이름이 스물은 되는 것 같습니다. 이름을 기억하여 불러주고 싶습니다. 참 소중한 사람들, 이들이 모두 하나님의 나라 일꾼이 되어 이들의 가정이 하나님의 나라가 되기를 간절히 소원합니다.

2003년 7월 17일 나무요일
여름성경학교가 좋은 거북이 백경천

40

사랑하는 일산호수교회 형제자매 여러분!

하나님의 은혜와 평강이 그리스도 예수 안에서 살아가는 우리 교회에 풍성하기를 원합니다. 또한 우리 주님의 은혜와 그 크신 사랑이 우리 안에서 넘쳐흘러 가까운 이웃과 북한 동포, 그리고 먼 나라에 살고 있는 가난하고 삶에 지친 사람들에게도 전해지기를 소원합니다.

어제 아침에는 제법 내리는 가을비를 고스란히 맞이했습니다. 온누리교회에서 열리는 평양노회에 참석하는 시간에 계산하여 출발했기 때문에 늦지 않으려고 여름처럼 내리는 비에 무릎까지 젖으며 이촌역에서 30분을 걸었습니다. 올해는 아마 이런 비를 만나기가 쉽지 않겠죠.

오늘 아침 길에는 수북하게 내려앉은 낙엽을 보았습니다. 빗물이 무거운 가을 잎들이 견디지 못하여 떨어졌겠죠. 이제 나머지 잎들은 바람을 기다려볼 모양입니다. 때가 되면 그 자리에서 내려오는 그 잎들을 빗물을 탓하지 않고, 바람도 탓하지 않는 듯 아침 햇살을 받아 마지막 아름다움을 보여주네요. 아침의 햇살은 무엇이든 아름답게 해주는 하나님의 손길입니다.

그 떨어진 가을 잎이 자신을 초라하게 생각하지 말아야 할 텐데, 모두가 그 모습 참 아름답다 해도 자신이 스스로를 그렇게 여기지 못하면 어떻게 하나요. 그 잎새 하나를 위해 기도하고 싶습니다. 제발 좀 자신을 아름답게 볼 수 있으면 좋겠습니다. 윤기 나고 푸르렀던 당신

노루목편지

의 봄과 여름의 당신도 예뻤지만, 지금 갈색 가을빛으로 고상하게 마른 당신은 나의 사랑하는 책 속에 두어 오랜 세월 같이 살고 싶도록 아름답습니다.

사랑하는 형제자매 여러분!
김민경 집사님이 기경이의 동생을 낳았습니다. 모든 분들이 기도해 주셔서 생각보다 어렵지 않게 낳았답니다. 엄마는 첫째 아이가 안쓰럽고, 언니 집에서 몸조리하는 동안 기경이를 돌보며 살림하실 어머니 문 집사님의 건강이 염려입니다. 우리는 엄마를 위해 기도합니다. 몸조리를 잘하여 일평생 건강하게 살 수 있는 몸을 잘 만들 수 있도록 기도합니다.

엄마! 수고하셨습니다.

2003년 10월 22일 수요일
가을을 좋아하는 거북이 백경천

41

사랑하는 일산호수교회 형제자매 여러분!

제가 이곳에 와서 일산호수교회의 식구가 되어 하나님께 예배한 지 5년이 되었습니다. 1998년 12월 둘째 주일 아침에 일찍 일어나 중랑천이 흐르는 물과 함께 차를 달리다가, 한강이 되어 또 흐르는 그 큰 물 위로 쏟아지는 햇볕에 흥분했었죠. 그때 제가 왔던 그 길을 지금은 오태진 집사님과 이영자 권사님이 매주 오시는데 얼마나 행복하실지 저는 알고 있습니다.

만나자마자 주보에 설교를 쓰는 것이 왠지 쑥스럽고 미안스러워, 그리고 말로 하기 힘든 제 마음을 편지글로 표현하는 것이 좋겠다 싶어서 주보의 한 면에 짤막하게 저의 마음을 꺼내 보여 드렸죠. 한 3개월 정도 이렇게 편지하고 나서 다른 목사님들처럼 설교의 요약을 쓰던지 성경에 대한 짤막한 해설을 싣든지 하겠다고 생각했었는데, 오늘까지도 이 편지를 쓰고 있습니다.

어떤 때는 20분 만에 쓰기도 하지만, 대개는 1시간 정도, 어떤 경우에는 두 시간이나 세 시간 쓰고 고쳐 쓰고 포기했다가 다시 다른 내용으로 바꾸어서 쓰기도 하였습니다. 기도하거나 성경을 읽다가 쓰기도 하고 교우들과 전화 통화를 한 후에든지 운전하다 차를 세우고 쓰기도 하였죠. 중국에 가서도 필리핀에 가서도 그리고 목회자들의 수련회나 세미나에 참석하여서도 잠시 시간을 내어 이 편지를 쓰기 위해 홀로 앉

노루목
편지

아 있었습니다. 이 편지를 쓸 때에 저는 아주 진실하며 누군가를 깊이 사랑하였습니다. 이 편지는 최소한 저 자신을 성숙하게 했다고 여겨집니다. 여러분에게는 어떠하셨는지요?

사랑하는 형제자매 여러분!
더 깊은 얘기들은 편지로 담아낼 수 없더군요. 더 세밀한 사랑은 글이 될 수가 없더군요. 그것들은 그냥 기도가 되고 눈물이 되어 제 마음 속에서 강처럼 흐르고 있습니다. 사랑합니다. 저의 부족함에도 사랑으로 용납하심에 감사합니다. 우리 안에서 샘솟는 사랑이 누군가를 살리고 그를 건강한 삶으로 인도하기를 간절히 소원합니다.

2003년 12월 12일 금요일
아내가 보고 싶은 거북이 백경천

2002-2003년

42

———— 사랑하는 일산호수교회 형제자매 여러분!

하나님의 은혜와 평강이 그리스도 예수 안에서 살아가는 우리 교회에 풍성하기를 원합니다. 또한 우리 주님의 은혜와 그 크신 사랑이 우리 안에서 넘쳐흘러 가까운 이웃과 북한 동포, 그리고 먼 나라에 살고 있는 가난하고 삶에 지친 사람들에게도 전해지기를 소원합니다.

저는 참 행복한 사람입니다. 하나님께서 주신 은혜가 얼마나 크고 놀라운지요. 특별히 교회로 인한 감사와 기쁨이 차고 넘칩니다. 이번 성탄절 칸타타에 함께한 성가대원들의 이름을 떠올리고 있습니다. 방선애 최지선 최지은 장신애 정경아 오지숙 김유리 임경애 정미경 김경순 김종덕 이미옥 사재훈 김종식 최성환 이상봉 최진규 김재홍 박희용 김대곤 그리고 지휘자 하해영 반주자 이미정 자매, 누가 뭐래도 이번 성탄절에는 이 세상에서 우리 성가대가 가장 잘했습니다. 최고입니다.

하해영 선생님의 팬클럽을 만들고 싶은 심정입니다. 참으로 훌륭하고 자랑스러운 지휘자입니다. 한 달 전에 성탄 칸타타 찬양집이 택배로 배달되었을 때, 저는 참 염려하였습니다. 반주자 김유미 자매가 출산으로 인해서 함께 할 수 없기에 예배 반주를 해줄 분을 찾고 있지만 구할 수가 없었기 때문이죠. 반주자가 있다 해도 바쁜 연말에 대원들이 많은 시간을 내어 처음 대하는 이 칸타타를 연습할 수 있을지 걱정인데, 반주자도 없이 어떻게 할 수 있을까.

노
루
목
편
지

좋은 찬양을 새 노래로 주님께 드리기 원하는 열정이 지휘자에게 있었고, 그 열정이 대원들 속에 흘렀음을 보았습니다. 엄청난 믿음이 있음을 저는 알게 되었습니다. 박은영 이건우 백인영 같은 어린 친구들을 연습 반주자로 발탁하여 시작한 연습은 W.C.F의 자원봉사자 김주영 자매, 박은영의 피아노 선생님 방지은 씨, 그리고 하룻밤 함께 연습하고 성탄절에 연주해주신 이미정 자매 등의 반주자로 바뀌며 결국 성공적으로 주께 드릴 찬양을 연주하였습니다. 제가 아는 한 이 세상에 이런 창조적인 지휘자는 없습니다. 또한 그 지휘자에 그 대원들이라고 이렇게 사랑스러운 대원들이 또 있을까요.

제 아내와 저는 우리 딸 백인영이 이 놀라운 성가대의 연습에 조금이나마 쓰임받았음에 감격하고 있습니다. 그 아이는 아주 오랜 세월이 지난 후에야 인정할 수 있게 될 엄청난 충격을 받았습니다. 힘들고 지루하더라도 긴 연습들을 안내하는 법을 배웠고 그 열매가 얼마나 단 것인지도 맛볼 수 있는 기회를 얻었던 것입니다. 이 모든 것은 하나님께서 우리 교회에 주신 아름다운 은혜입니다.

2003년 12월 26일 금요일
하루가 지나도 여전히 그 성탄 찬양에 젖어 있는 거북이 백경천

2004-2005년 노루목편지

일산호수교회와
백경천 목사가
함께 꿈꾸다

43

노루목편지

──── 사랑하는 일산호수교회 형제자매 여러분!

하나님의 은혜와 평강이 그리스도 예수 안에서 살아가는 우리 교회에 풍성하기를 원합니다. 또한 우리 주님의 은혜와 그 크신 사랑이 우리 안에서 넘쳐흘러 가까운 이웃과 북한 동포, 그리고 먼 나라에 살고 있는 가난하고 삶에 지친 사람들에게도 전해지기를 소원합니다.

상인이와 인영이와 저, 이렇게 셋이서 며칠째 지내고 있습니다. 함께 사시는 어머님이 아프셔서 병원에 입원하시고 아내가 병실을 지키기 때문이죠. 어제는 상인이가 잠자려고 제 옆에 누워서 "아빠, 꼭 수련회 가는 기분이죠!"라고 하는데 제 마음도 그러했습니다. 우리는 분명 집에 있지만 집에 있는 것 같지가 않았습니다.

저는 결혼한 후 15년 동안 언제나 장인 장모님과 함께 지냈습니다. 제가 경제적 능력이 부족했던 이유도 있었지만, 두 분 어른과 셋이서 몇 년간 살아온 아내가 함께 살고 싶어 하여서 그렇게 시작하였는데, 한 가족으로 산 지 이제 15년이 지났습니다. 그동안에 아버님은 한 번도 몸져누우신 적이 없게 건강하셨고, 어머님은 가끔 며칠씩 아프셨지만, 이렇게 병원에 며칠 입원하신 것은 처음입니다. 아내나 저, 그리고 아이들도 일 년에 여러 번 며칠 혹은 한 달 이상 집을 떠나기도 하였지만, 어머님이 집에 안 계신 적은 거의 없었습니다. 어머님은 우리 집의 안주인 또는 안방마님입니다.

사람들은 저에게 두 가지 말을 합니다. 그렇게 어른들의 도움을 받

2004-2005년

으며 살았으니 얼마나 큰 복이냐고 말하는 이가 있고, 어른들을 잘 모시고 살아왔으니 하나님이 복 주실 거라고도 합니다. 아마 이렇게 말하는 이유는 그분들이 저의 친부모가 아니라 제 아내의 친부모이기 때문이겠죠. 저에게는 별다른 생각이 없습니다. 귀한 어른들이 저에게 주신 사랑은 이루 말할 수가 없습니다. 그냥 가족입니다. 한 사람이라도 빠지면 맛있는 거 먹으러 가기 힘든 가족이죠. 가족은 사람이 인위적으로 만들 수 없습니다. 하나님이 만들어주신 은혜입니다.

어머님이 충분히 휴식하셔서 강건해지시기를 기도합니다. 아이들은 이번 기회에 부쩍 성장하는 느낌이 듭니다. 할머니가 아프시니 더욱 잘해야겠다고 다짐하며 지원하여 청소와 설거지하기에 열심입니다. 저의 여러 가지 실수를 얼마나 너그럽게 용서하는지 모릅니다. 어머님이 우리 아이들을 참 잘 키워주셔서 감사합니다.

사랑하는 형제자매 여러분!
이렇게 한 스물다섯 해쯤 산 후에, 상인이 인영이의 아이들을 저와 아내가 학교에서 데려올 때에 백세가 넘으신 두 어른이 아직도 건강하셔서 따스한 햇볕 아래로 손잡고 마중 나오실 그날을 생각합니다. 장수와 건강과 사랑스런 자녀들은 하나님의 특별한 은총인데, 우리는 그때를 꿈꾸며 살아갑니다.

2004년 2월 13일 금요일
어머님 머리에 손 얹어보고 싶은 거북이 백경천

44

사랑하는 일산호수교회 형제자매 여러분!

하나님의 은혜와 평강이 그리스도 예수 안에서 살아가는 우리 교회에 풍성하기를 원합니다. 또한 우리 주님의 은혜와 그 크신 사랑이 우리 안에서 넘쳐흘러 가까운 이웃과 북한 동포, 그리고 먼 나라에 살고 있는 가난하고 삶에 지친 사람들에게도 전해지기를 소원합니다.

저의 딸 인영이는 요즘에 "아빠! 나 심심해"라고 자주 말합니다. 아마도 저를 많이 좋아하는 것 같습니다. 이 말은 누구에게나 함부로 할 수 있는 말이 아닙니다. 함께 놀고 싶은 어떤 대상이 있을 때 하는 말이죠. 그래서 제 아이가 그렇게 말하면 얼마나 귀엽고 사랑스러운지 모릅니다. 저에게 '심심하다'고 말하는 사람은 이 세상에서 오직 그 아이뿐입니다.

예전에는 심심하다는 말이 제가 좋아하는 말이 아니었습니다. 사실 심심하다는 말은 맛이 싱겁거나 아무 재미가 없을 때 쓰는 말이죠. 그런데 이 말을 저의 딸이 저를 향해서 쓰니까 아주 정겹습니다. 정이 끈끈하게 느껴져요. 그래서 저는 이 말을 좋은 말로 생각하고자 합니다. 제 아내에게도 써먹어도 좋겠어요. "여보, 나 심심해" 건희에게 제가 이렇게 말하면, 그 친구가 뭐라고 할지 궁금합니다. 어쨌든 저는 제 딸을 '심심이'라고 부르겠습니다. 그래서 저는 심심이 아빠입니다.

2004-2005년

저는 심심한 제 아이에게 기대가 큽니다. 왜냐하면 심심한 사람들이 무언가 창의적인 일을 할 수 있기 때문이죠. 지금 하는 일과 해야 할 일이 너무 많아 항상 바쁜 사람들은 사실상 늘 그저 그렇게 살아갑니다. 그들은 늘 바쁘다고 말합니다. 바쁘다고 말할 때 자신이 무언가 중요한 일을 하고 있다고 생각하지만, 사실은 자신이 무엇을 하고 있는지도 모른 채 살고 있을 때가 많습니다. 그에게는 심심함이 필요합니다. 사실 우리는 억지로라도 자신을 심심하도록 해야 합니다.

사랑하는 형제자매 여러분!

요즘 아이들은, 그리고 어른들은 심심함을 잃어버리고 살아갑니다. 사람들은 심심해야 하는데, 심심해야 딴 생각을 하고, 딴 생각을 해야 더 상쾌한 삶을 살 수 있는데, 사람들은 점점 더 그 좋은 삶을 빼앗기고 살아갑니다. 아이들의 컴퓨터 게임과 어른들의 TV와 너무 많은 일이 우리의 삶에서 심심이를 가져갑니다. 컴퓨터와 TV를 켜지 않고 심심해지는 날을 일주일에 하루라도 정하면 어떨까요? 가족들이 서로서로에게 '나, 심심해'라고 얘기하면 참 좋겠습니다.

2004년 2월 17일 월요일
심심한 사람을 좋아하는 거북이 백경천

노루목편지

45

———— 일산호수교회 형제자매 여러분!

하나님의 은혜와 평강이 그리스도 예수 안에서 살아가는 우리 교회에 풍성하기를 원합니다. 또한 우리 주님의 은혜와 그 크신 사랑이 우리 안에서 넘쳐흘러 가까운 이웃과 북한 동포, 그리고 먼 나라에 살고 있는 가난하고 삶에 지친 사람들에게도 전해지기를 소원합니다.

이틀 전 4월 5일, 우리 교회는 참 아름다웠습니다. 모두가 주인이었고 서로를 위한 섬기는 종이었고, 그리고 아름다운 교회를 만들어가는 몸이신 그리스도 예수의 손과 발이었습니다. 스데반 남선교회는 잘 계획하였고, 정성껏 준비하였으며 좋은 모범을 보였습니다. 세상에서의 천 날보다 하나님의 거룩한 집에서의 하루가 더 귀하다고 하는 어느 시인의 노래에 공감한 하루였습니다.

함께 있었던 교우들을 생각하고 있습니다. 꽃과 나무들의 좋은 삶을 위해 자리를 지정해주고 말끔히 정돈해 주신 분들은 김용무 오태진 이상봉 권태원 장로님 집사님들, 예배당 안에서 부활절 행사를 위해 준비하고 앰프와 스피커의 기능을 잘 회복시키는 일은 이병식 김종식 김재홍 집사님들, 중고등부실의 꺼진 마루를 보수하여 멋지게 만드신 분들은 이상돈 김대곤 집사님이시고, 지붕 위의 정리와 외벽의 물청소는 최성환 사재훈 집사님이 담당하셨습니다. 그리고 여기저기 널려져 있던 잡쓰레기들을 깨끗하게 정리하여 처리하신 분은 박희용 장로님과 이복식 전도사님이셨고, 저와 장준환 목사님은 여기저기 기웃거리며 훈수를 놓았습니다. 유치부실에는 조은영 오지숙 하해영 방선애 집사님과 최지선 선생님이 즐겁게 일하셨고, 예배당 이곳저곳 청소와 유리창은 조순나 함영선 권정자 이영자 김동애 정미경 권사님과 김경순 집사님이 담당하여 봉사하였습니다. 우리는 참 자연스러웠죠. 아무도 지시하지 않아도 각각 하는 일이 조화롭게 어우러졌습니다. 자신이 하고 싶고 잘할 수 있는 일을 찾아서 움직였는데 아주 잘 어울렸습니다. 하나님께서는 무엇이든지 우리에게 필요한 것들을 귀한 헌신의 손길들을 통해서 채워주셨습니다.

사랑하는 형제자매 여러분!
우리는 함께 땀을 흘리며 씨를 부렸습니다. 어떤 씨를 뿌렸다고 말할 수는 없습니다. 사실은 우리 자신들도 무슨 씨를 심었는지 모르겠습니다. 기다려봐야겠습니다. 우리 안에서 무엇이 자라나고 있는지. 우리가 하나 알고 있는 것은 함께 일하면서 참 기쁘고 즐거웠다는 것입니다.

2004년 4월 7일 수요일
주님이 이루어 가시는 교회에 감격하는 거북이 백경천

노루목편지

46

―― 사랑하는 일산호수교회 형제자매 여러분!

하나님의 은혜와 평강이 그리스도 예수 안에서 살아가는 우리 교회에 풍성하기를 원합니다. 또한 우리 주님의 은혜와 그 크신 사랑이 우리 안에서 넘쳐흘러 가까운 이웃과 북한 동포, 그리고 먼 나라에 살고 있는 가난하고 삶에 지친 사람들에게도 전해지기를 소원합니다.

김이경 집사님이 딸 지우의 손을 잡고 들어오면서 "목사님, 지금 막 들은 아주 기쁜 소식이에요. 우리 아기 검사 결과가 아주 좋아요."라고 말하며 기뻐합니다. 뇌를 촬영한 MRI 검사결과도 좋고, 감염 여부를 알기 위한 혈액검사도 정상이랍니다. 축하의 악수를 하며 좋아했습니다. 사흘 전 아기의 상태에 대해서 절망적으로 침통하게 얘기했던 그 의사 선생님이 흥분하며 방금 이야기 해주었답니다. 엄마의 젖을 받아서 아기에게 먹이기 위해 갔다가 그 선생님을 만났겠죠. 저는 너무나 영광스럽게도 이 기쁜 소식을 들은 처음 사람들 중 하나가 되었습니다. 우리는 매일 성경의 오늘 본문 말씀을 펴서 한 절씩 돌아가며 읽고 감사기도를 드렸습니다. 하지만 아직 아기를 보지는 못했습니다.

상황은 이러했습니다. 예정일은 11일이었지만 8일(화)에 정기검진이 예약되어 있었습니다. 조은영 집사는 아직 아기가 나올 조짐이 없어서, 병원에 안 가고 머리나 하러 가려고 했는데, 그 오랜 친구 미용사가 없

2004-2005년

다고 하여서 그냥 병원에 갔답니다. 진료하신 선생님이 양수가 부족하다며 촉진제를 맞고 지금 아이를 낳자고 했습니다. 큰아이 때도 촉진제를 맞고 낳았기 때문에 자연스럽게 받아들였는데, 촉진제를 맞은 얼마 후에 큰 문제가 생겼습니다. 태반이 조기박리가 되었다나요? 제 아내의 설명으로는 간혹 자궁이 약한 분들에게서 일어날 수 있답니다. 급하게 수술실로 옮겨지는데 수술팀에서는 산모와 아이가 모두 위험하여 50%의 가능성을 두고 수술할 테니 각오하라고 남편인 김이경 집사에게 말해주었답니다. 제가 연락을 받고 도착했을 때는 산모가 괜찮다고 하였고, 아기가 아주 위험한 상태였습니다.

 아기의 체온이 뚝 떨어져 있고 자력으로 숨을 쉬지 못하고 혈압이 너무 낮아서 온갖 기구들을 인큐베이터 안에 달았는데, 앞으로 어떨지 알 수 없다는 것입니다. 좋아지기를 기다릴 수밖에 없는 상황이었죠. 설령 회복되어도 뇌에 손상이 있을 수 있는 안 좋은 상태였습니다. 산모와 어른들께도 아직 이 급박한 상황을 얘기할 수 없었기에 교우들에게 기도를 부탁하고 싶어도 연락할 수 없었습니다. 잠시 홀로 앉아 기도하는데, 제 자신도 깜짝 놀랄 기도가 나옵니다. "하나님 저를 좀 살려주세요." 지금까지 살면서 이렇게 기도한 적은 없습니다. 아마도 그 아기와

노
루
목
의 편
　 지
✉

저의 생명이 제 마음 안에서 연결되어 있었던 듯합니다.

  오늘 이 시간 저는 무조건 감사하고 있습니다. 그 아기로 인해서 저는 무척 행복합니다. 생명을 얻었는데 다른 무엇이 저의 이 감격을 가져갈 수 있겠어요. 조금 전에 부모에게 이야기하고 왔습니다. "지금 이 순간의 감격으로 일평생 감사하며 살라"고 했습니다. 그냥 함께 살아 있는 것만으로도 감격할 수 있다면 일평생 행복하지 않을 수가 없겠죠. 저도 그렇게 살렵니다.

2004년 6월 11일 금요일
"별"이와 함께 오늘 다시 살게 된 거북이 백경천

2004-2005년

47

---------- 사랑하는 일산호수교회 형제자매 여러분!

하나님의 은혜와 평강이 그리스도 예수 안에서 살아가는 우리 교회에 풍성하기를 원합니다. 또한 우리 주님의 은혜와 그 크신 사랑이 우리 안에서 넘쳐흘러 가까운 이웃과 북한 동포, 그리고 먼 나라에 살고 있는 가난하고 삶에 지친 사람들에게도 전해지기를 소원합니다.

변명을 좀 하겠습니다. 우리나라에서 변명이라는 말은 별로 좋은 말로 쓰이지 않는 것으로 느껴집니다. 대개 어른이나 선생님이나 높은 사람이 "변명하지 마!"라고 단호하게 말씀하시기 때문입니다. 오랜 세월 동안 우리나라는 이러한 일방통행적인 문화 속에서 살아왔습니다. 윗사람이 만들어놓은 틀인 단체 생활이 중요하기 때문에 개인의 사사로운 변명을 들어주다 보면 질서가 문란해지고 일을 추진하기 어렵게 된다고 생각하는 것이죠. 군대에서 삼 년간 생활한 남자 어른들과 이 땅의 정치 경제 문화의 우두머리가 되었던 군 지휘관 출신 지도자들의 생각이 이 나라 사람들의 생활 문화가 되어 있기 때문입니다.

그래서 변명을 하는 것이 참 힘듭니다. 사람들은 변명 따위에 별로 귀 기울이지 않기 때문입니다. 하지만 제 생각에 변명은 아주 중요합니다. 변명을 들어준다고 하는 것은 한 사람의 경험과 생각을 소중히 여긴다는 것이죠. 변명을 잘 들어주는 사람과 변명이 잘 받아들여지는 사람들

노
루
목
의

편
지

✉

의 모임을 우리는 '열려있다'고 말합니다. 어떤 사람의 변명이 받아들여지면, 그 사람은 그 관계 속에서 아주 적극적인 삶을 살아가게 됩니다. 그리고 또 그 변명이 받아들여지면, 보다 폭이 넓고 더 많은 사람들에게 유익한 변화가 그 모임 속에서 나타날 수 있게 됩니다.

특별히 우리는 아이들의 변명을 끝까지 들어주어야 합니다. 그 아이의 변명이 부모나 선생님에게 지금의 어려움을 모면하려는 단지 핑곗거리로만 여겨진다면, 그 아이는 다시는 변명하려 하지 않고 거짓말을 하게 될 것입니다. 아이들의 얼굴을 늘 정면으로 바라보며 마지막까지 들어주세요. 그러면 그 아이는 더 많이 생각해서 정확하게 설명하려는 노력을 하게 될 것이고 아주 긍정적이고 적극적인 사람으로 성장해 갈 것입니다.

변명을 좀 하겠습니다. 지난 주일 오후에 주일학교 선생님들이 여름성경학교 준비 기도회를 하는 시간에 저는 변명거리를 마음에 담고 농아인 형제들과 축구를 하고 있었습니다. 매월 마지막 주일에 우리교회 축구팀은 그들과 함께 축구를 했거든요. 그런데 교사강습회 일정을 좀 늦게 통보 받다보니 장함교회에 연락을 늦게 준 거예요. 그런데 이미 장함교회에는 광고가 나간 뒤였습니다.

주일 오후 예배 후에 상인이 엄마가 체했다고 해서 집에 데려다주고 오는데, 그 농아인 친구들이 제 차를 보고는 너무 좋아하며 달려오는 거예요. 우리 교회 외에는 그들을 이해하며 같이 놀아주는 교회가 없어서 그렇죠… 변명하는 사람은 마음이 떨리고 얼굴이 상기되고 말이 분명하지 않은 것이 특징입니다.

2004년 6월 28일 월요일
변명이 통하는 세상을 좋아하는 거북이 백경천

48

노루목편지 ✉

사랑하는 일산호수교회 형제자매 여러분!

하나님의 은혜와 평강이 그리스도 예수 안에서 살아가는 우리 교회에 풍성하기를 원합니다. 또한 우리 주님의 은혜와 그 크신 사랑이 우리 안에서 넘쳐흘러 가까운 이웃과 북한 동포, 그리고 먼 나라에 살고 있는 가난하고 삶에 지친 사람들에게도 전해지기를 소원합니다.

이상봉 장로님의 부친께서 하나님의 부르심을 받아 이 세상과 이별 하셨습니다. 참 감사하게도 우리는 삼 주 전에 최진규 집사님의 모친상에 참여코자 정읍에 내려갔다가, 한 시간 거리에 계신 그 어른을 찾아뵐 수 있었습니다. 거동은 불편하셨지만 반듯한 자세와 기품이 있는 말씀으로 우리를 반기셨죠. 참 유쾌하고 건강하신 분으로 생각했는데, 사실은 이미 기력이 많이 약해지셨던 것입니다. 참 평화롭고 편안하게 생을 마치셨답니다.

모든 교우들께 일일이 알려드리지 못했지만, 많은 분들이 장로님 가정을 위로하기 위해서 김제 장례식장을 다녀왔습니다. 금요일 밤에 출발하여 문상하고 새벽에 돌아오신 분들은 이복식 전도사님과 박희용 장로님, 정미경 권사님, 그리고 김종식 하해영 김대곤 이미옥 최성환 집사님입니다. 토요일 아침에 가서 발인예배에 참여하고 저녁 때에 돌아온 분들은 장준환 목사님과 저, 그리고 가순금, 권선례 권정자 김동애 함영선 김종덕 권사님과 오태진 최진규 사재훈 김재홍 집사님입니다.

2004-2005년

오태진 집사님은 몸이 많이 편찮으신데도 함께 다녀오셨다가 많이 힘드셔서 지난 주일 예배에 참여하지 못하셨습니다. 모든 분들께 담임목사로서 깊이 감사드립니다.

지난주 오후 예배 설교 중에 이복식 전도사님이 말씀하셨지만, 저 또한 깜짝 놀랐습니다. 여느 상가의 분위기와 사뭇 달랐기 때문입니다. 모든 가족들이 마치 어른의 칠순 잔치에 온 손님을 환영하는 듯한 미소로 반겨주었죠. 어떻게 이렇게 잔칫집 분위기냐고 조심스럽게 여쭈었더니, 장로님께서 가족들과 상의하여 복음에 합당한 장례식을 하자고 마음을 모았다더군요. 눈물이 흐르는 것을 어쩔 수는 없지만, 구원의 복음과 부활의 소망을 믿는 이들답게 기쁨과 감사로 아버님을 보내드리자고 했다는 것입니다. 모든 고인의 자녀손들이 같은 믿음과 마음을 가졌기 때문에 아주 자연스러웠습니다. 저도 큰 은혜 받았습니다.

사랑하는 형제자매 여러분!
모든 사람은 어린 아기로 이 세상에 태어납니다. 그리고 수많은 사람들과 사랑을 주고받으며 살다가 하늘나라로 돌아갑니다.

이 땅에서의 우리 삶의 핵심은 사랑입니다. 우리가 '산다는 것'은 '사랑한다'는 것과 같은 뜻입니다. 사랑한다는 말은 '사랑을 준다'와 '사랑

노
루
목
의 편
   지

을 받는다'가 합해진 말입니다.

   열심히 사랑합시다.
   시간이 많지 않습니다.
   사랑하지 않고 살 수는 없습니다.
   사랑이 없는 삶은 죽음입니다.
   하지만 사랑이 있는 죽음은 영생입니다.

2004년 7월 29일 나무요일
영생을 꿈꾸는 거북이 백경천

49

사랑하는 일산호수교회 형제자매 여러분!

하나님의 은혜와 평강이 그리스도 예수 안에서 살아가는 우리 교회에 풍성하기를 원합니다. 또한 우리 주님의 은혜와 그 크신 사랑이 우리 안에서 넘쳐흘러 가까운 이웃과 북한 동포, 그리고 먼 나라에 살고 있는 가난하고 삶에 지친 사람들에게도 전해지기를 소원합니다.

지난주 금요일 오후 우리 교회가 속한 평양노회 서시찰회에 참여했다가 그 모임의 서기라는 직분을 맡게 되었습니다. 어떤 목사님이 이 직을 담당할 적당한 사람이 저라고 추천하자 그 위원회에 참여한 분들이 박수를 쳐서 그렇게 하기로 한 것입니다. 언젠가는 한 번 해야 하는 역할이기에 그냥 가만히 있으니, 그 일이 저에게 맡겨진 것입니다. 박희용 장로님도 우리 교회를 대표하여 이 모임의 회계를 맡아보신 적이 있으시고, 우리 교회의 원로 목사님도 시찰회장을 감당하셨죠.

교우들에게는 조금 미안한 마음이 있습니다. 당장 지난 주일에 김유미 집사님의 남편 김진규 형제가 시작하는 사업의 개업예배를 부탁하실 때 화요일에는 시찰위원회 모임이 있어 안 되고 수요일에 할 수 있다고 말했었죠. 어쩌다 한두 번 이런 일이 있을 수 있으니 이해해주시기 바랍니다. 저는 피하고 싶은 직책이지만 우리 교회를 대표하는 사람으로서 순종하고 담당해야만 합니다.

노
루
목
편
지

　조금 전에 최무선 권사님을 만나서 함께 식사했습니다. 권사님은 우리 교회의 원로 목사님의 누님이시죠. 올해 84세이신데 혼자 사십니다. 딸이 모신다고 해도 불편하다고 싫다 하셨는데, 지난 한 달 동안 거의 못 드시다가 이번 주에는 아주 조금씩 자주 드시곤 하셨습니다. 이제는 많이 좋아지셔서 저에게 밭에 심은 땅콩을 캐놓았으니 한 번 들르라 하십니다. 점심에 할렐루야 식당에서 미역국에 밥 말아 드셨는데 아프신 후 처음으로 한 그릇 다 드셨답니다. 말씀도 많이 하셨습니다.

　처음에 제가 권사님을 뵈올 때는 원로 목사님의 누님이시고 우리 교회 예배당 건축 부지 마련과 건축을 위해서 많이 기도하시고 도우신 분이시기에 인사차 문안드렸었죠. 최 목사님이 미국에 가신 후에, 목사님의 후임으로 권사님을 돌아보는 것도 제가 꼭 해야 할 "일"로 생각하여 찾곤 했습니다. 만나고 만나면서 권사님과 저는 친구(저의 생각에)가 되었습니다. 저는 돌아가신 고모님처럼 느끼고, 권사님은 미국 가신 동생 목사님 대신 저를 사랑해주는 것이 자연스러웠습니다. 권사님의 요즘 하시는 말씀은 한마디 한마디가 유언처럼 들려옵니다.

　사랑하는 형제자매 여러분!
　하나님이 저에게 주시는 삶을 받아 살고 싶다는 것이 저의 소망입니다. 삶이 아주 느리고 너무 수동적이지 않느냐는 염려가 있을 수 있겠

2004-2005년

지만, 그래도 이 삶을 고집하며 살고 싶습니다. 오지숙 집사님과 황지현 자매가 몸 안에서 자리 잡는 아기로 인해서 힘들어하는 모습을 가슴에 담았다가 그 아이들과 대화할 때쯤 얘기해줄 수 있는 어른이 되고 싶습니다. 아주 나중에 최 권사님의 증손을 만나면 증조할머니 얘기도 해주고 싶습니다. 이것이 제가 기다리는 저의 삶의 클라이맥스입니다.

2004년 9월 16일 목요일
몸 안에 더 많은 사람의 삶을 담고 싶은 거북이 백경천

50

사랑하는 일산호수교회 형제자매 여러분!

하나님의 은혜와 평강이 그리스도 예수 안에서 살아가는 우리 교회에 풍성하기를 원합니다. 또한 우리 주님의 은혜와 그 크신 사랑이 우리 안에서 넘쳐흘러 가까운 이웃과 북한 동포, 그리고 먼 나라에 살고 있는 가난하고 삶에 지친 사람들에게도 전해지기를 소원합니다.

이성현, 이미옥 두 사람이 결혼했습니다. 미옥 자매를 시집보내기 싫었는데, 성현 형제가 장가온다고 해서 얼마나 기쁜지요. 모두들 성현 씨에 대한 칭찬이 대단합니다. 아주 오래 전부터 알고 지내던 사람처럼 편안하답니다. 참 좋은 분입니다.

두 사람은 좋겠어요. 지금쯤 이탈리아의 로마에 있을지. 사진작가 지망생인 미옥 자매는 눈을 반짝이며 고풍스럽고 아름다운 건물과 자연과 사람을 조금이라도 더 카메라에 담으려고 하고 성현 씨는 무거운 카메라 가방을 메고 따라다니며 조금만 쉬자고 조르는 것은 아닌지. 아니면 거꾸로, 성현 씨가 아내의 예쁜 모습 간직하려고 이렇게 해봐라 저렇게 해봐라 하며 자꾸 요구하고 미옥 씨는 지쳐서 음료수 한 잔 마시고 쉬자고 조르는 것은 아닌지. 지중해의 해변을 신발 벗어 들고 나란히 걷고 있을 모습도 생각하고 있습니다. 그들이 지금 행복하면 우리도 행복합니다.

2004-2005년

　성현 씨가 결혼식 때에 울었다는 얘기를 여기에 썼다고 본인들에게는 얘기하지 말아주세요. 너무나 신기한 눈물이기에 자꾸 생각이 납니다. 신부와 신부의 어머니, 가끔은 맏딸인 경우 신부의 아버지가 눈물짓는 것은 여러 번 보아왔지만 신랑의 눈물은 처음입니다. 정이 많고 순수한 젊은이입니다. 저는 늘 이런 분들과 어울려 사는 꿈을 꾸곤 하였습니다. 다음에 오면 우리 교회당 뒷마당에 있는 감을 하나씩 따서 주어야겠습니다. 우리 식구가 되어주어서 감사하다는 인사입니다.

　두 사람은 살림을 아주 잘할 것 같아요. 살림이란 말은 삶(생명)을 살린다는 뜻입니다. 옛날에는 엄마가 살림을 한다고 했지만, 사실은 부부가 함께 살림을 하는 것이죠. 우리는 어디에서 어떤 모양으로 살아가든 살림을 살아야 합니다. 가정을 살리고 교회를 살리고 직장과 사업을 살리고 나라를 살리는 사람이 되어야 합니다. 저는 이 새 가정이 살림둥지를 만들기를 원합니다. 내 새끼만이 아니라 남이 낳은 생명도 살리는 부부가 되기를 소원합니다. 그것이 하나님께서 우리에게 원하시는 삶이기 때문입니다.

노루목의 편지

사랑하는 형제자매 여러분!

우리가 이 가정을 위해서 기도합시다. 기도가 바로 살림입니다. 우리 하나님의 생명의 근원이시고 생명을 주시는 분이시고 생명을 새롭게 하시기에, 기도는 곧 살림인 것입니다. 우리가 이 가정을 위해 살림을 하면, 이 가정이 살리는 살림둥지가 될 것이 분명합니다.

2004년 10월 7일 목요일
살림을 잘하고 싶은 거북이 백경천

2004-2005년

#51

사랑하는 일산호수교회 형제자매 여러분!

하나님의 은혜와 평강이 그리스도 예수 안에서 살아가는 우리 교회에 풍성하기를 원합니다. 또한 우리 주님의 은혜와 그 크신 사랑이 우리 안에서 넘쳐흘러 가까운 이웃과 북한 동포, 그리고 먼 나라에 살고 있는 가난하고 삶에 지친 사람들에게도 전해지기를 소원합니다.

지난주 어느 날 참 오래간만에 저의 아들 백상인(중3)과 저녁식사 자리에 앉았습니다. 큰 기대감 없이 또 한 번 "너는 인생이 뭐라고 생각하니?"하고 물었습니다. 아마 한 2년 만에 물은 것 같습니다. 그전에는 아빠는 뭐 그런 것을 나에게 묻느냐고 대답하였던 이 친구가, "참 오랜만에 물으시네요"라고 받은 뒤 "인간관계라는 생각이 드네요"라고 진지하게 말했습니다. "아, 그래!"라고 성의 있는 답변에 고맙다는 듯이 끄덕이며 응답하고는 이내 다른 화제로 넘어갔습니다.

그런데 그 한마디에서 받은 즐거움의 여운이 오래 남아있습니다. 어떤 유명한 철학자의 한마디처럼, 어느 시인의 시구에 나오는 한 토막처럼 그 자리에서 따져 묻지 않고 그냥 제 마음에 담았습니다. 그 아이의 생각을 저의 생각 속으로 끌어들이든지, 저의 방식대로 그의 한마디를 해석하고 설명하려고도 하지 않았습니다. 그냥 오래 간직하려고 제 마음에 담았습니다. 한 10년이나 20년 후에 다시 곱씹고 싶어서인지 모르겠습니다. 어쨌든 참 소중합니다.

노루목편지

혹시 이 친구가 저의 생각과 저의 삶을 진지하게 바라보고 은연중에 따르고 있는 것은 아닌지, 좀 긴장이 됩니다. 왜냐하면 저 자신이 이 친구처럼 그렇게 인생을 바라보며 살고 있거든요. 인생은 다른 것이 아니라, 인간관계라고 생각해요. 물론 다른 단어나 문장에 이 내용을 담을 수는 있지만, 그가 말한 이 한 마디에 "그래, 맞아!"하며 공감하고 있습니다. 두려움도 조금 있습니다. 이 아이가 나를 좋아하고 존경할까?

그것이 중요한 만큼 우리 인생에서 가장 힘든 것 또한 인간관계일 것입니다.

그 여인에게 좋은 남편인지, 그 남자에게 좋은 아내인지, 그 분의 좋은 아들딸인지, 그리고 그들의 좋은 아비 어미인지, 그들의 좋은 친구인지, 좋은 동료인지, 이웃인지, 우리는 이 땅을 살아가며 가장 가깝고 자주 만나는 사람들을 두려워하는 마음이 있어야 합니다. 그들이 곧 나 자신이기 때문입니다. 제 인생의 절반은 제 아내의 것입니다. 그리고 또 제 삶의 절반은 제 아이들의 것입니다. 제 생각의 거의 모두는 하나님의 말씀에 의지합니다. 제 생명의 거의 전부는 예수 그리스도의 것입니다. 예수 그리스도는 이 세상의 것입니다. 하나님이 이 세상을 위해 자기 자신을 내놓은 삶이 바로 예수 그리스도입니다.

2004-2005년

예수님 안에 하나님이 있고 우리들이 있습니다. 예수님은 우리 안에서 세상을 만나시고 세상을 사랑하십니다. 우리는 이 세상에 있고 세상은 우리 안에서 주님을 만나야 합니다. 주님은 우리가 당신의 마음으로 세상을 위해 기도하며 이 세상의 연약한 것들을 사랑하시기를 원하십니다. 우리의 삶은 "관계"입니다. 좋은 관계를 이루어가는 삶이기를 간절히 소원합니다.

2004년 12월 21일 화요일
이 슬픈 땅에 오신 예수님을 생각하는 거북이 백경천

52

노루목편지

사랑하는 일산호수교회 형제자매 여러분!

하나님의 은혜와 평강이 그리스도 예수 안에서 살아가는 우리 교회에 풍성하기를 원합니다. 또한 우리 주님의 은혜와 그 크신 사랑이 우리 안에서 넘쳐 흘러 가까운 이웃과 북한 동포, 그리고 먼 나라에 사는 가난하고 삶에 지친 사람들에게도 전해지기를 소원합니다.

저는 걷고 있을 때 아주 행복합니다. 그리고, 다리가 불편하여 오래 걸을 수 없는 친구를 생각하며 미안한 마음을 갖습니다. 저는 발을 벗고 앉아 있을 때 무척 행복합니다. 그리고, 하루 종일 발을 쉬게 하지 못하고 이리 뛰고 저리 뛰는 친구들을 생각하며 미안해 합니다. 저는 차를 운전하고 있을 때도 말할 수 없이 행복합니다. 오늘이 바로 그러했습니다. 거북이, 이 친구가 얼마나 고마운지요. 한마디 불평없이 어디든지 저를 데려다줍니다. 이렇게 차가운 날 바람을 느끼며 걷는 것도 행복합니다. 조금 전에 그랬습니다. 차가움을 참고 견디는 재미가 있습니다. 너무 약해져서 집 밖에 나오지 못하시는 어른들에게는 미안합니다.

누군가와 많은 이야기를 나눌 때 행복합니다. 이렇게 좋은 대화의 상대자를 주신 분께 감사하죠. 주위에 아무도 없어서 홀로 있는 지금도 참 행복합니다. 저는 정말로 이런 시간을 기다려왔습니다. 얼마나 순수해지는지 모릅니다. 많은 사람들의 사이를 걷고 있을 때 행복하니

2004-2005년

다. 저렇게 많은 사람들이 같은 방향으로 가고 있는 것이 너무 신기하고 재미있습니다.

이성현 이미옥 부부가 아기를 가졌다는 얘기를 들을 때 얼마나 행복했는지요. 그 아이가 태어나는 날을 기다리는 것이 아주 좋아요.

아내를 보고 있으면 마냥 좋고, 못 보면 보고 싶어서 좋아요. 참 행복해요.

23년 전에 돌아가신 어머니를 생각하면 애절한 눈물이 나서 좋고, 그 후로 22년간 함께 살아온 지금의 어머니를 생각하면 든든해서 좋고, 두 아내와 함께 긴 세월을 살아오신 아버지를 생각하면 늘 푸근하고 넉넉해서 좋아요. 저는 참 행복한 사람입니다.

2005년 1월 12일 수요일
행복하지 않을 수 없는 거북이 백경천

53

사랑하는 일산호수교회 형제자매 여러분!

오늘 이 편지는 온천으로 유명한 유성에서 씁니다. 평양노회에 참석하여 어제는 저녁 늦게까지 회의를 하였습니다. 특별히 선교사님들을 만나 개개인의 사정을 듣고, 소그룹 회의인 세계선교분과에서 저의 생각을 얘기하고 논의사항을 정리하여 본회의에 보고하였죠. 그리고 제가 섬기는 서시찰회원들의 잠자리 배정과 연로하신 목사님들의 작은 심부름을 하는 것도 저의 일입니다.

사실 저는 어제 제가 살고 싶은 삶을 하나 잃었다는 기분입니다. 저는 대중교통으로, 혹은 걸어서 그 도시를 느끼는 것을 참 좋아합니다. 노회 때마다 대개는 주위의 목사님들과 함께 노회 장소로 가게 되지만, 이번에는 제가 맡은 일 때문에 일찍 가야 한다고 말씀드려서 특별한 기회를 얻었었죠. 무거운 가방 들고 혼자서 여행하는 맛을 느끼게 되었습니다.

서류 가방 하나, 여행 가방 하나를 양손에 들고 아침 8시 20분에 집에서 나와 화정의 시외버스터미널에서 대전에 가는 8시 50분 고속버스를 탔습니다. 월요일이라 그런지 많이 정체되어서 12시가 되어서야 대전터미널에 도착했습니다. 가방의 무게를 느끼는 여행 기분으로 시내버스를 찾아 한 5분 걸었습니다. 대전역까지 버스를 타고, 대전역 앞의 어느 의자에 앉아서 지나가는 사람들을 바라보며 20여 분 앉아서 이

2004-2005년

도시를 느끼다가 목적지로 가고 싶었습니다. 하지만 제 꿈은 사라졌습니다. 터미널에서 버스를 타려고 걷는데 저 쪽에서 "목사님"하고 부르는 소리가 들립니다. 그 지방의 목사님들이 멀리서 오는 분들의 편의를 위해서 차를 준비하여 기다리고 있었던 것입니다.

그래도 감사한 것은 대전까지 오는 길이 많이 막혀서 제가 읽고 싶은 책을 마음껏 음미하며 즐길 수 있었다는 것입니다. 차가 많이 막히는 것이 즐거우면, 그가 바로 진정한 여행자라는 생각이 듭니다. 여행을 즐기려면 최소한 두 시간 정도는 서둘러야 할 것입니다. 이 편지를 쓰는 즐거움을 위해서라도 한 시간은 일찍 일어나야 하는 것과 같습니다.

회의는 일이고, 회의 장소까지 이동하는 시간은 바로 저만의 여행입니다. 숙소에서 회의가 열리는 예배당으로 인도하는 버스가 기다리고 있답니다. 누군가에게 길을 묻는 여행을 하고 싶은데, 사람들은 너무 친절합니다.

2005년 4월 19일 화요일
소윤 지숙 집사님을 위해 기도하는 거북이 백경천

54

사랑하는 일산호수교회 형제자매 여러분!

하나님의 은혜와 평강이 그리스도 예수 안에서 살아가는 우리 교회에 풍성하기를 원합니다. 또한 우리 주님의 은혜와 그 크신 사랑이 우리 안에서 넘쳐 흘러 가까운 이웃과 북한 동포, 그리고 먼 나라에 사는 가난하고 삶에 지친 사람들에게 전해지기를 소원합니다.

올해 팔십 하나이신 아버님(장인어른)이 지금 설거지하고 계십니다. 칠십 다섯이신 어머님이 어제 넘어지셔서 발뼈에 금이 갔는데 부어오른 부분이 가라앉을 때까지 조심하며 기다렸다가 깁스를 해야 한답니다. 아침에 계란후라이는 상인이가 했고, 저는 휠체어를 빌려다가 닦아 놓았습니다. 딸들이 걱정되어 오겠다고 야단이니 어머님도 기분이 괜찮으십니다.

어제 오후 마침 제가 집에 막 들어올 때 그러셔서, 도울 수 있었던 것이 다행입니다. 병원에 모시고 다니며 휠체어도 밀어드리고 진료 신청하고 진단 사진도 찍고, 그리고 아픈 부위를 살짝 손으로 만져 드렸는데 기분이 참 좋았습니다. 어머님이 아프시면 늘 아내와 아버님이 돌봐 드렸는데 이번에는 저의 손길이 닿았으니 영광입니다. 어머님이 아프시면 그 핑계로 시모를 모시는 딸도 신나서 옵니다. 이것저것 맛있는 반찬을 많이 만들어 놓고 가니 저도 신납니다. 제가 철부지죠?

2004-2005년

김대곤 집사님은 어떻게 지내실지. 종은이가 갓 태어난 여동생 꽃님이를 시샘한답니다. 종은이 마음을 제가 이해한다고 얘기해 주고 싶은데… 아마 요즈음 꽃님이는 엄마 품에 안겨 잠들고 종은이는 아빠가 끼고 피곤하여 먼저 잠들 거예요. 저는 지금도 칠십 여덟이신 아버지 옆에 누워 잠자는 것을 좋아하는데, 동생에게 엄마 품을 빼앗겨서 그렇게 되었다더군요.

우리 인생의 여정에 잘못된 것은 없습니다. 그냥 그렇게 된 것뿐입니다. 오늘 주어지는 삶을 사랑하며 정성스럽게 살다 보면 이 삶이 하나님의 은혜임을 깨닫게 되는 것이죠. 발명왕 에디슨은 정말 학교 공부를 못했다고 해요. 천재 아인슈타인도 대학 입학시험에 여러 번 실패 했다죠? 다른 사람들이 뭐라고 하든, 깊이 사랑하면, 그 상처를 주는 돌이 진주가 된답니다.

2005년 6월 2일 토요일
다가오는 주일에 꽃님이를 품에 안는 꿈을 꾸는 거북이 백경천

노
루
목
편
지

55

사랑하는 일산호수교회 형제자매 여러분!

하나님의 은혜와 평강이 그리스도 예수 안에서 살아가는 우리 교회에 풍성하기를 원합니다. 또한 우리 주님의 은혜와 그 크신 사랑이 우리 안에서 넘쳐 흘러 가까운 이웃과 북한 동포, 그리고 먼 나라에 사는 가난하고 삶에 지친 사람들에게 전해지기를 소원합니다.

오늘 어떤 분의 장례예배에 참여했다가 벽제까지 다녀왔습니다. 요즘에는 매장하는 분보다 화장하는 분이 더 많다고 합니다. 90이 넘으신 시어머니보다 60이 조금 지난 며느리가 먼저 하늘나라로 가셨습니다. 암이 무섭더군요. 5년 전에 간에 있는 녀석을 잘라 내었는데, 폐로 옮겨 가서 생명을 앗아갔습니다. 사람들이 보통 전이가 되었다고 하더군요. 간에서 살던 그 녀석이 허파로 이사 갔다는 의미인가요? 그런 것보다는 몸 안의 세포들이 점점 더 많이 병들어 갔다는 뜻이겠지요.

하지만 우리가 암세포를 미워할 수는 없다고 생각됩니다. 암은 바깥에서 우리 몸 안으로 침투하여 들어온 것이 아니라, 우리 몸의 한 부분이기 때문입니다. 암세포도 내 자신이란 말이에요. 암세포는 본래 건강한 세포였는데 언제부터인가 암세포로 서서히 변해 갔을 것입니다. 그러니까, 다르게 표현하면 건강해야 할 세포가 건강하지 못하면 암세포가 되는 것이겠지요. 그렇다면, 숫자가 적은 암세포의 잘못이 아니라 나머지 건강한 세포들이 더욱 건강하지 못한 것이 문제였어요.

2004-2005년

암세포와 건강한 세포는 분리할 수 없는 하나의 몸입니다. 암세포 하나를 떼어내면 건강한 것만 남을 것 같지만, 그렇지 않아요. 어느 누군가가 반드시 암세포로 변합니다. 왜냐하면 그 몸이 전체적으로 건강하지 못하기 때문에 가장 연약한 무엇인가가 암으로 변할 수밖에 없는 것입니다. 열 중 하나의 암이 문제가 아니라, 열 중 아홉의 건강함이 건강함을 잃을 때 문제라는 것입니다.

우리 교회와 가정이 건강하기를 위해 기도합니다. 설령 암이 생긴다 해도 나머지가 너무 건강하여 그 암세포를 건강한 세포로 바꿀 수 있는 건강함이 우리 안에 있기를 원합니다. 요즘 우리 몸은 영양이 부족하여 병이 발생하는 것보다, 영양이 너무 과하여 몸이 다 소모하지 못하고 어딘 가에서 썩는다는 데 문제가 있답니다. 우리가 사는 이 세상도 그런 것 같습니다. 무언가 부족함이 있는 것을 오히려 감사하며 살고 싶습니다. 그것이 가장 건강한 삶이라는 생각이 드는군요.

2005년 7월 8일 금요일
가정 가정의 건강을 위해 기도하는 거북이 백경천

56

노루목편지

사랑하는 일산호수교회 형제자매 여러분!

하나님의 은혜와 평강이 그리스도 예수 안에서 살아가는 우리 교회에 풍성하기를 원합니다. 또한 우리 주님의 은혜와 그 크신 사랑이 우리 안에서 넘쳐 흘러 가까운 이웃과 북한 동포, 그리고 먼 나라에 사는 가난하고 삶에 지친 사람들에게 전해지기를 소원합니다.

저를 깜짝 놀라게 한 그 아이들의 이름은 민지, 연수, 은비, 혜지, 혜리입니다. 이 아이들은 아주 창의적이고 진지합니다. 결코 무례하지 않으면서 대단히 자유합니다. 이들은 지난 달에 연주팀을 만들어 주일 오후 예배의 찬양콘서트에 참여하기로 하였답니다. 이 친구들은 그 다음 주일이 되어도 흔들림 없이 자신들이 원하는 것을 이루기 위해 팀워크를 잘 유지하였고, 선배 언니들과 선생님들의 가르침도 겸손하게 받아들여 정성 어린 찬양을 드렸습니다.

은비가 피아노를 치고 혜리는 드럼을 맡았습니다. 그리고 연수와 혜지는 싱어의 역할을 감당하고 민지는 이들을 격려하고 함께 하는 매니저의 역할을 맡고 있더군요. 은비는 유치부 때부터 오빠를 따라서 우리 교회에 나오기 시작했는데, 장항분교의 그 또래 사내아이들의 사랑을 독차지하였기에, 우리 교회 초등부가 부흥한 아주 중요한 이유였다고 생각됩니다. 최근에 그 아이의 부모님은 열심히 연습하여 교회 예배 시간에 반주하라고 피아노를 사주었답니다.

2004-2005년

그런데 혜리가 드럼 앞에 앉는 것은 참으로 신기한 일이었습니다. 자신이 잘하지 못하는 것에 대한 두려움이 전혀 없습니다. 그의 한 손에는 30cm '자'도 하나 들려 있었습니다. 볼펜도 아니고 나뭇가지도 아닌 '자'로 드럼을 친 것입니다. 그 아이는 너무나 당당하였고 아주 멋졌습니다. 나중에 들으니 전도사님이 '자'를 사용할 것을 권했다는데, 그 아이는 이 제안을 기꺼이 수용한 것입니다.

연수와 혜지가 찬양을 연습할 때에, 옆에서 더 정확한 음과 박자를 내라고 도와준 분들이 여러분 있었죠. 이 아이들은 그 가르침을 잘 받아들였습니다. 그래서 이 아이들을 도와준 분들이 가장 적극적인 팬이 되었죠. 이 찬양팀은 많은 사람들의 마음에 큰 기쁨과 감동을 심어주었습니다. 저도 주님과 더불어 감격하였습니다. 그들은 서로 협력하여 찬양을 준비하였고 많은 사람들의 도움과 사랑을 수용하였으며 하나님과 사람들의 마음에 큰 기쁨을 나누어 주었습니다.

2005년 9월 7일 수요일
이렇게 멋진 아이들을 주신 분께 감사하는 거북이 백경천

57

―――― 사랑하는 일산호수교회 형제자매 여러분!

하나님의 은혜와 평강이 그리스도 예수 안에서 살아가는 우리 교회에 풍성하기를 원합니다. 또한 우리 주님의 은혜와 그 크신 사랑이 우리 안에서 넘쳐 흘러 가까운 이웃과 북한 동포, 그리고 먼 나라에 사는 가난하고 삶에 지친 사람들에게 전해지기를 소원합니다.

우리가 인생을 살아가는 데 있어서 가장 중요한 것이 무엇이냐고 누군가 저에게 물으면, 그것은 '기도'라고 대답하겠습니다. 기도는 하나님과의 '대화'입니다. 그러므로 기도는 우리 속에 있는 것을 하나님께 말하거나 침묵 속에서 전하는 것뿐만 아니라, 하나님으로부터 듣는 것입니다. 기도는 우리의 '호흡'이라고도 하는데, 생명을 받아들이고 우리 생명을 내보낸다는 의미에서 그렇습니다. 하나님이 '호'하고 세상에 생명을 쏟아내시면 우리가 그 생명을 '흡'하여 받아들입니다. 그리고 우리가 '호'하여 우리 안의 것들을 내어 보내면 하나님께서 그것들을 받으셔서 다시 생명으로 충만케 하시는 것입니다. 그러니까 기도는 사람들의 생명 활동이죠.

우리는 인생을 살기 위해서 기도합니다. 끊임없이 하나님과 더불어 호흡하며 살아야 하는 것입니다. 기도는 염려와 걱정이 아니라 기쁨과 감사로 하는 것입니다. 허황된 꿈을 버려야 합니다. 지금 내게 주신 것들을 기뻐하고 감사하며 이것들에 담겨진 하나님의 뜻을 묻고 그 뜻에 순종하여 살아가는 것입니다. 열흘이 조금 지났네요. 하해영 집사님의

2004-2005년

태 안에 있는 셋째 아이가 보통 아이들보다 머리와 목 부위에 물이 좀 많다고 의사 선생님이 진단했다는 것입니다. 우리는 하나님께 우리의 소원을 아뢰고 있습니다. 그 아기를 위한 기도이며 그 아이와 함께 살아갈 우리 자신을 위한 기도입니다. 아마도 우리 자신을 걱정하는 마음이 더 클 수도 있을 거예요.

우리가 건강한 인생을 살려면 하나님과 부지런히 대화해야 합니다. 의학적 지식을 무시해서는 안 됩니다. 그러나 그 지식이 상당히 불완전하다는 것을 생각해야 합니다. 생명을 잉태한 분이 가장 중요합니다. 예수님의 어머니 마리아가 그러했듯이, 세상의 엄마들은 성령님을 의지하여 하나님께로부터 오늘 생명을 호흡해야 하는 것입니다.

아주 특별한 아기를 하나님께서 주시는 것 같습니다. 예수님께서 마리아의 몸에 오실 때도 결코 평범하지 않았었죠. 그래서 우리는 기대감을 가지고 기쁨과 감사를 잃지 않고 기다립니다. 하나님께서 건강과 지혜를 가득 부어주시기를 기대하며 기다립니다. 그 아기는 이미 우리 모두에게 큰 선물을 주었습니다. 우리로 하여금 기도하는 삶을 살게 하는 것입니다.

2005년 10월 13일 목요일
기도하며 기다리게 하는 그 아이를 생각하는 거북이 백경천

노루목편지

58

사랑하는 일산호수교회 형제자매 여러분!

하나님의 은혜와 평강이 그리스도 예수 안에서 살아가는 우리 교회에 풍성하기를 원합니다. 또한 우리 주님의 은혜와 그 크신 사랑이 우리 안에서 넘쳐 흘러 가까운 이웃과 북한 동포, 그리고 먼 나라에 사는 가난하고 삶에 지친 사람들에게 전해지기를 소원합니다.

지난 주일 오전 예배 후 점심시간에 저는 이상돈 집사님과 마주 앉아 최진규 집사님이 농사지어 가져오신 배추쌈에 김종덕 권사님이 버무려 만든 김칫소를 얹어 밥을 먹었습니다. 사실 저는 너무 매워서 아삭아삭한 배추만 즐겼습니다. 아주 맛있었죠.

이상돈 집사님의 딸 희경 양이 아프리카 케냐에 가서 1년간 선교 활동에 참여하는 것에 대한 얘기를 나누었습니다. 12월 17일에 떠난다는데 섭섭하거나 걱정되지 않으시냐고 여쭈었습니다. 저는 내심 위로하여 드리고 싶은 생각이 있었습니다. 저렇게 활짝 핀 딸이 그곳에 가서 풍토병을 앓게 되면 어떻게 하나. 에이즈 환자들도 도와야 한다는데… 왜 염려가 없으시겠어요? 또 다른 한 편, 그 또래의 친구들은 그 시간에 자기 개발에 몰두하든지 직장에서 이리 뛰고 저리 뛰며 경력을 쌓아 가는데 한 해를 헛되게 보내는 것은 아닌지. 왜 생각이 없으시겠어요.

그런데 집사님은 이미 아주 분명하게 정리하고 계셨습니다. 이러한 경험은 앞으로 긴 인생을 살아가는 데 많은 도움이 될 것이라고 하셨

2004-2005년

습니다. 누구에게나 오지 않는 좋은 기회랍니다. 집사님은 딸을 자랑스러워하고 딸에게 기대하고 있었습니다. 저도 맞장구쳤습니다. 나중에 인생을 되돌아볼 때에, 희경 양이 두고두고 되씹으며 즐거워할 수 있는 시간이 바로 아프리카의 불쌍한 여인들을 돌본 그때일 것이라고 응답했습니다. 할머니가 되어 손녀딸에게도 즐겁게 나눌 수 있는 이야기를 삶에 간직하는 것이 무엇보다도 값비싼 소유일 것이라고 했습니다. 그래요, 누구에게나 오는 기회가 아니고, 누구나 가겠다고 결단할 수도 없는 것이죠.

저에게도 10년 전쯤에 케냐의 어느 도시에 있는 신학교에 가서 가르칠 수 있겠느냐는 제안이 왔습니다. 가고 싶었지만 저의 건강을 염려하는 아내를 이길 수는 없었죠. 희경이가 간다고 하니 제가 가는 것처럼 마음이 설렙니다. 이상돈 집사님과 저는 같은 마음입니다. 딸을 사랑하기에 그 딸이 인생을 보다 더 의미 있게 적극적으로 살아가기를 바라는 마음입니다.

모든 걱정과 염려는 하나님께 맡기고 그 큰 키보다 더 성장하여 돌아올 그 딸의 마음을 기대하며 기다려야죠. 아들 지형이를 2년간 기다렸듯이….

2005년 12월 1일 목요일
딸을 보낼 준비하는 부모를 생각하는 거북이 백경천

노루목편지

59

──── 사랑하는 일산호수교회 형제자매 여러분!

하나님의 은혜와 평강이 그리스도 예수 안에서 살아가는 우리 교회에 풍성하기를 원합니다. 또한 우리 주님의 은혜와 그 크신 사랑이 우리 안에서 넘쳐 흘러 가까운 이웃과 북한 동포, 그리고 먼 나라에 사는 가난하고 삶에 지친 사람들에게 전해지기를 소원합니다.

어떻게 살아가는 것이 가장 좋은 삶인지, 순간순간 선택하여 사는 것이 쉽지 않습니다. 자녀들을 잘 도와주는 것이 중요하고, 부부가 서로의 인격을 존중하며 잘 협력하는 것도 중요하고, 늙어가면서 여러 가지 질병에 시달리는 부모님을 편안하게 도와드리는 것도 중요합니다. 이러한 가정생활을 잘하면 잘 사는 것이라고 생각됩니다. 목회자가 너무 가정 생각만 하는 것이 아닌가 하는 우려도 있지만, 결국 목회는 최우선으로 가정들을 건강하게 세우는 일이라고 생각합니다. 사업은 번창하는 것 같은데 가정이 건강하지 못하면 아무것도 아닙니다. 교회는 부흥하는 듯 보이는데 가정들이 갈등과 고통 속에 있다면 큰 문제인 것입니다.

우리 교회의 아기들과 어린이들이 건강하게 잘 성장하는 것이 얼마나 감사한지 모릅니다. 유치부 대표로 첫 인사한 기경이와 혜주를 보며 감격했습니다. 혜주는 그 어머니가 우리 교회에서 함께 기도하는 중

2004-2005년

에 하나님께서 선물로 보내주신 아이입니다. 혜주로 인해서 그 가정에 얼마나 큰 기쁨과 감사는 있는지요. 그 아이의 할머니는 혜주로 인해서 10년은 더 건강하게 사시게 될 거예요. 기경이가 아주 작아 엄마에게 업혀서 수요예배에 처음 나오고 첫 돌 감사예배를 드리던 때가 엊그제 같은데 저렇게 자라났어요. 우리 교회 어린이 중에서 수요기도회를 제일 많이 참석한 아이가 바로 기경이입니다. 어떤 때는 할머니 문창선 집사님과 오기도 하였죠. 이 아이들을 축복하는 것은 저의 큰 행복입니다. 우리 교회의 모든 아이들이 잘 성장하여서 하나님의 나라와 대한민국의 큰 일꾼들이 되기를 기도합니다.

가정에서 부모의 사랑과 돌봄 속에서 생활하는 아이들이 주일에는 예배당에 옵니다. 모든 교회 식구들이 서로의 아이들을 제 아이처럼 환영하며 행복하게 주님의 날을 보냅니다. 그러다 보면 어느새 이 아이들이 성장하여 또 다른 아이들을 맞이하고 돌보는 형과 누나가 되기도 하고 선생님이 되어갑니다. 그래서 교회는 큰 가족이 되고 고향이 되어가는 것입니다. 각각의 가정에서 어려운 일들이 있기도 하지만 큰 가족 안에서 위로받고 서로를 더 깊이 사랑하게 되는 것은 우리의 간절한 소망입니다. 교회는 가정을 치유하는 더 큰 가정이기 때문입니다.

노루목
편지

어떻게 살아가는 것이 가장 좋은 삶인지. 그 대답을 하고 싶어졌습니다. 그 대답은, 어떻게 살아가는 것이 가장 좋은 삶인지 생각하기를 멈추지 않고 살아가는 것입니다. 가장 좋은 삶을 살고 싶어하는 열정적인 마음이 꼭 필요합니다. 우리 한 번 더 가장 좋은 삶을 살아 봅시다. 줄 수 있는 기회를 놓치지 말고 주면서 서로를 깊이 사랑합시다.

2005년 12월 29일 목요일
가장 좋은 삶을 살고 싶은 거북이 백경천

2006-2007년 노루목편지

일산호수교회와
백경천 목사가
함께 노래하다

60

사랑하는 일산호수교회 형제자매 여러분!

하나님의 은혜와 평강이 그리스도 예수 안에서 살아가는 우리 교회에 풍성하기를 원합니다. 또한 우리 주님의 은혜와 그 크신 사랑이 우리 안에서 넘쳐흘러 가까운 이웃과 북한 동포, 그리고 먼 나라에 사는 가난하고 삶에 지친 사람들에게 전해지기를 소원합니다.

요즈음 삼 대(代)가 함께 한 집에서 살아가는 가정은 많지 않습니다. 어쩔 수 없는 사정이 있는 것이 아니라면 어른들이 먼저 원치 않는 경우도 많아요. 제가 부모님과 함께 살아보니 이렇게 살아가는 삶도 참 좋습니다. 처음에 결혼할 때는 우리 부부가 부모님을 많이 의지하였습니다. 저는 몇 년을 더 공부해야 했고 아내는 직장생활을 계속해야 했습니다. 그러는 중에 우리 아들딸이 태어났죠. 이제 17년을 함께 살면서, 우리는 완전히 한 팀이 되었습니다. 어떤 사람들은 우리 부부가 어른들을 모신다고 얘기하기도 하지만, 우리는 지금도 어른들께 기대어 살아갑니다.

지금도 여전히 살림살이는 어머니가 하십니다. 식사 준비며, 먹이고 빨래하고 청소하는 것이 모두 일흔여섯 어머니의 일입니다. 여든둘 우리 집 할아버지는 어머니의 협력자입니다. 쓰레기 치우는 것을 전담하고 고장난 것들을 수리하고 뉴스를 너무 많이 본다고 아내에게 혼나

2006-2007년

는 것도 아버님의 몫입니다. 아이들은 할머니 할아버지의 친구 같은 손자 손녀입니다. 부모에게 혼나고는 어른들에게서 피난처를 찾죠. 할아버지 할머니가 되면 손자 손녀가 무얼 하든지 다 용납이 되는 것 같습니다. 긴 인생 살아보니 조금 기다리면 잘 되는 일이 많이 있다는 것을 아시는 것이죠.

지금 저는 아주 행복합니다. 지금의 이 생활이 아주 길면 좋겠습니다. 이제는 아이들도 많이 커서 할머니 할아버지를 더 많이 이해하고, 그분들의 실수를 사랑할 줄 알게 되었습니다. 시간이 흐를수록 어른들은 어린아이 같아지실 것입니다. 그러나 계속 이렇게 같이 살다 보면 그 모든 것이 생활의 일부가 되어 자연스럽겠죠. 저는 우리 부부뿐 아니라 우리 아이들도 자신들의 기저귀를 갈아주셨던 할아버지 할머니의 어려움을 도와주게 되기를 기대합니다.

우리 가정이 이루기를 원하는 성공은, 어른들이 아주 작은 어린 아기처럼 당신들을 스스로 돌보기가 어려워졌을 때 서로서로 즐거워하면서 시간과 정성을 들여 사랑하게 되는 것입니다. 갓 태어난 생명을 기뻐하며 사랑하듯이 이 세상에서의 마지막 시간들을 살아가는 생명에 대해서도 같은 마음을 갖는 것입니다. 저는 이 삶을 기대하고 있습니

노루목편지

다. 그 일이 얼마나 힘든 일인지, 아무것도 모르는 철부지처럼 그 시간을 기다리고 있습니다.

부모님과 함께 살며 누리는 복이 누구에게나 주어지는 것은 아닌 듯합니다. 아브라함이 그 자손들에게 그러하듯이 부모님은 우리가 누리는 복의 근원입니다.

2006년 2월 22일 수요일
부모님과 함께함이 행복한 거북이

61

사랑하는 일산호수교회 형제자매 여러분!

하나님의 은혜와 평강이 그리스도 예수 안에서 살아가는 우리 교회에 풍성하기를 원합니다. 또한 우리 주님의 은혜와 그 크신 사랑이 우리 안에서 넘쳐흘러 가까운 이웃과 북한 동포, 그리고 먼 나라에 사는 가난하고 삶에 지친 사람들에게 전해지기를 소원합니다.

사실 저의 의지나 저의 선택이 아니었습니다. 2월 20일(월) 오전에 권정자 권사님이 저에게 전화로 "오라버니(권영환씨, 89세)가 며칠째 못 드시고 많이 약해지셨는데 오늘 파주 교하의 시골집으로 가서 기도해 줄 수 있겠느냐?"고 말씀하셔서 순종한 것뿐입니다. 저는 그저 임종을 위한 기도를 가족과 함께 드림으로 그 어른의 따님인 권선례 권사님과 그분의 막냇동생인 권정자 권사님에게 위로가 되면 좋겠다는 마음으로 동행하였습니다.

하지만 그 어른의 정신은 아주 또렷하셨습니다. 그다지 크게 말하지 않아도 충분히 알아들으셨고, 마치 준비하여 기다리신 것처럼 제가 전하는 복음을 귀담아 들으셨습니다. 함께 앉은 분들이 '아멘' 하시라고 일러주니 확신에 찬 음성으로 여러 번 '아멘'으로 응답하셨죠. 저의 마음에 막 밀고 들어오는 생각이 있었으니, 지금이 세례 베풀 때라는 것이었습니다. 성령의 감동임을 느꼈습니다. 저는 또 한 번 순종하였습니다.

노루목 편지

꼭 1주일이 지난 27일(월) 오전에 그 어른은 하나님의 부름을 받았습니다. 다음 날 오전 입관하기 전에 말없이 편안하게 잠드신 그 얼굴을 보았고, 삼일절인 어제 재가 되어 흙 속에 거하게 됨도 보았습니다. 그래요. 우리는 그저 하나님이 우리 인생 가운데서 하시는 일을 보는 것뿐입니다.

우리는 모든 것을 우리가 하고 있는 것이라고 생각하며 살아가지만, 다시 잘 보니 하나님께서 하시는 것 안에서 우리가 살고 있는 것입니다. 이제는 좀 더 성숙하고 지혜롭게 살고 싶은 마음이 있습니다. 하나님께서 하시고자 하는 것을 깨달아 즐겁게 순종하여 살고 싶습니다. 주님께 순종하려면, 제게 보내어 주시는 사람들에게도 순종해야 할 것이라는 생각이 드는군요.

저는 언제쯤 약해질 수 있을까요? 지금도 너무 강하여 걱정입니다. 순종해야 될 텐데…

2006년 3월 2일 목요일
순종하고 싶은 거북이 백경천

62

사랑하는 일산호수교회 형제자매 여러분!

하나님의 은혜와 평강이 그리스도 예수 안에서 살아가는 우리 교회에 풍성하기를 원합니다. 또한 우리 주님의 은혜와 그 크신 사랑이 우리 안에서 넘쳐흘러 가까운 이웃과 북한 동포, 그리고 먼 나라에 사는 가난하고 삶에 지친 사람들에게 전해지기를 소원합니다.

제가 정말로 흥분하며 즐기는 것 중 하나가 '대화'입니다. 책을 읽거나 글을 쓰거나 기도하는 등 홀로 있는 것도 무척 좋아하지만 누군가와 둘이서 혹은 셋이 대화 나누는 것을 참 좋아합니다. '대화'는 '회의'와는 다르게 결론을 만들어 낼 필요가 없어서 참 좋습니다. 대화는 인격과 인격이 만나는 것입니다. 그냥 '잡담'이 될 수도 있지만, 자신을 잘 훈련하면 훌륭한 대화를 할 수가 있습니다.

좋은 대화를 하려면 상대방을 존중하고 사랑해야 합니다. 그러면 상대방의 얘기를 경청하게 됩니다. 대화에서는 말하기보다 듣는 것이 더 중요하죠. 상대방으로 하여금 나보다 더 말씀하실 수 있도록 하는 능력이 있으면 최고입니다. 쉽게 결론을 내리려 하지 말고 충고하려고도 애쓰지 말고 많이 들으면서 공감한다고 상대방에게 응답할 수 있으면 아주 좋죠. 가장 훌륭한 대화자는 상대가 누구이든 무슨 말을 하든 공감할 수 있는 사람입니다.

노루목편지 ✉

저는 특별히 연세 드신 분들과 대화하기를 좋아합니다. 그 어른의 긴 인생을 꾹꾹 눌러 진액을 만들어 저에게 나누어 주시는 것처럼 생각되어 아주 소중합니다. 사람들은 보통 어른들이 늘 똑같은 얘기를 한다고 피하기도 하지만, 내가 관심 있는 부분을 질문하면서 들으면 아주 값진 인생의 보약을 얻을 수가 있는 것입니다. 제가 볼 때에 어른들은 삶의 경험이 아주 풍부하여서 여러 가지 음료를 담고 있는 자판기처럼 생각되기도 합니다. 제가 오렌지 주스를 누르면 맛있는 그 친구가 나오고 콜라를 누르면 또 시원한 그 친구가 나오는 것처럼 어른들은 저에게 그렇게 응답해 주십니다.

장병환 집사님을 심방하여 좋은 대접을 잘 받고 대화도 나누었습니다. 집사님은 아주 맛이 있는 어른입니다. 살아오면서 많은 어려움을 겪어 오셨기에 그 말씀에 영양분이 아주 많습니다. 이상봉 장로님은 우리 교회에서 집사님을 위해서 장한 아버지상을 주어야 한다고 말씀하셔요. 막내아들이 군대에서 제대하는 내년 이맘때쯤이면 어떨까 하는 생각을 혼자서 합니다. 집사님의 좌우명은 "오른뺨을 누가 때리면 왼편을 돌려댄다"는 것으로 생각됩니다. 집사님 자신이 당신의 좌우명이라고 꼭 집어 말씀하시진 않았지만, 제가 대화 중에 생각하게 된 것입니다. 집사님은 이 주님의 말씀이 진하게 배어있는 인생을 살아오셨습니다. 어떤 황당한 사람들을 만나더라도 그 마음속에 있는 이 말씀을 통과하면 문제가 해결된다는 것입니다. 제가 본받고 싶은 믿음의 사람입니다. 저는 늘 집사님의 말씀을 듣고 싶은데, 언제나 제가 더 많은 말을 하게 되어 죄송한 마음입니다.

2006년 4월 7일 수요일
그분과 대화하기를 즐거워하는 거북이 백경천

63

사랑하는 일산호수교회 형제자매 여러분!

하나님의 은혜와 평강이 그리스도 예수 안에서 살아가는 우리 교회에 풍성하기를 원합니다. 또한 우리 주님의 은혜와 그 크신 사랑이 우리 안에서 넘쳐흘러 가까운 이웃과 북한 동포, 그리고 먼 나라에 사는 가난하고 삶에 지친 사람들에게 전해지기를 소원합니다.

제가 요즈음 가끔 딸아이 인영이가 들으라고 부르는 노래가 있습니다. "♪비가 오는데 어디 가세요 나는 유치원에 갑니다♪"란 노래입니다. 이게 전부예요. '비가 오는데' 대신에 '바람 부는데' '눈이 오는데'라고 가사를 바꾸어 가면서 인영이가 어렸을 때 많이 불렀었죠. 자꾸 비가 오니까, 저의 속에서 잠자던 노래가 깨어난 거예요. 제가 중학생 딸에게 '이건 너의 노래'라고 하니 재미있어 합니다. 그 아이는 전혀 생각이 나지 않는답니다.

제가 왜 자꾸 이 노래를 흥얼거리게 되는 걸까요? 비가 계속 내리더라도, 눈이 오고 바람이 심하게 불더라도 꾸준히 제가 할 일을 하고 그리고 제가 걸어가야 할 인생길을 가야겠다는 마음을 유지하고 싶은 것이겠죠. 그래요. 지금 이 노래는 바로 저의 노래입니다. 누가 만들었는지 모르지만 참 좋은 노래예요. 저의 발걸음을 가볍게 하고 저를 명랑하게 해 줍니다.

2006-2007년

지금 제가 제일 좋아하는 노래는 무엇인지 생각하고 있습니다. 저의 아버지는 "♬나의 갈 길 다 가도록 예수 인도하시니♪"를 제일 좋아하십니다. 저는 "♬사랑의 나눔 있는 곳에 하나님께서 계시도다♪"를 좋아합니다. 얼마나 많이 부르는지 모릅니다. 이번 여름 가족캠프에 가서도 교우들과 같이 부르고 싶습니다.

내가 지금 흥얼거리며 부르는 노래가 무엇인지가 정말 중요하다는 생각이 듭니다. 한 10년 전에 동네 노인들을 모시고 소풍가서 노래하는 시간이 되면 많은 분들이 "♬아니 노지는 못하리라 니나노♪" "♬노세 노세 젊어서 노세 늙어지면 못노나니♪"를 불렀어요. 가난하고 어려운 인생을 살아온 분들이 자연스럽게 부르는데, 그때 제가 참 슬펐던 기억이 있습니다. 자꾸 부르면 부를수록 망할 수밖에 없는 노래가 세상에는 많이 있는 것입니다.

요즘 우리 교회는 성령님을 초청하는 노래를 아주 많이 부릅니다. "♬주님의 성령 지금 이 곳에 임하소서 임하소서♪" 많이 부르는 노래가 우리의 삶을 결정한다고 볼 때에, 하나님께서 우리 믿음의 가정들을 어떻게 인도해 가실지 기대가 됩니다.

2006년 7월 27일 목요일
장마 중에도 비를 노래하는 거북이 백경천

64

노루목편지

사랑하는 일산호수교회 형제자매 여러분!

하나님의 은혜와 평강이 그리스도 예수 안에서 살아가는 우리 교회에 풍성하기를 원합니다. 또한 우리 주님의 은혜와 그 크신 사랑이 우리 안에서 넘쳐흘러 가까운 이웃과 북한 동포, 그리고 먼 나라에 사는 가난하고 삶에 지친 사람들에게 전해지기를 소원합니다.

김오달 형제를 위해서 기도합니다. 만 서른 살이 넘은 젊은이입니다. 모친이신 함영선 권사님은 늘 걱정하시며 "우리 오달이 우리 오달이"그러시지만, 자신뿐만 아니라 세상을 책임질 때가 되신 분입니다. 그이는 자신의 몸이 많이 불편한데도 불구하고 아주 열정적으로 살아갑니다. 저는 그 친구를 이 시대를 책임지며 살아가는 '독립군'이라고 부릅니다. 어찌 보면 예수님을 가장 닮았다고도 말할 수 있겠습니다. 예수님도 삼십 세쯤 되는 때부터 공생애를 사셨다고 하지 않습니까?

김오달 형제는 세상의 약자들에 대한 책임감이 강합니다. 어떤 사람들처럼 힘으로는 싸우지 못하지만 사진을 찍고 글을 써서 그 약자들의 어려움을 세상에 알리는 역할을 자신의 사명으로 생각하며 살아갑니다. 어제(9월 14일) 새벽이 아직 오기 전 깊은 밤, 그는 우리나라의 인권위원회에서 인터넷 시민기자들을 위하여 마련한 모임에 참여하고 나서 돌아오는 길에 너무 지쳐서 도로변에 앉아 쉬고 있었던 듯합니다. 주차해 있던 차가 미처 오달 씨를 보지 못하고 진행하다가 사고가 났

2006-2007년

습니다. 급하게 손가락 접합수술을 하였고 소식을 들은 우리들은 잘 회복되기를 간절히 기도하고 있습니다.

오달 형제는 이미 장애인들이 고통을 호소하는 현장에 달려가 그들과 함께 지내며 그들의 입장에서 글을 써서 기고하는 시민기자로 유명합니다. 그를 기자로서 고용하는 언론이 없기에 그는 오히려 가장 자유롭게 글을 쓸 수 있습니다. 자신의 양심에 따라서 말하며 거침없이 인생을 살아갑니다. 사람들은 왜 너 자신을 위해서 살지 않으며 가족들에게 도움을 주는 삶을 살지 않느냐고 말할 수 있지만, 이렇게 살아가는 그의 삶이 바로 자기 자신의 삶인 것을 저는 봅니다.

저는 이 친구에게서 윤동주도 보고 전태일도 보고 청년 예수도 봅니다. 그로 하여금 그의 삶을 살게 하고 싶습니다. 그를 사랑하고 아끼는 가족들의 아픔을 사랑합니다. 최소한 두 주일을 입원해야 한답니다. 그를 위하여 저의 책장에서 책을 한 권 고르는 중입니다. 제가 그를 사랑하는 길은 단지 그의 삶을 마음으로 이해하고 존중하는 것뿐입니다.

2006년 9월 15일 금요일
김오달 씨를 사랑하고 존경하는 거북이 백경천

65

사랑하는 일산호수교회 형제자매 여러분!

하나님의 은혜와 평강이 그리스도 예수 안에서 살아가는 우리 교회에 풍성하기를 원합니다. 또한 우리 주님의 은혜와 그 크신 사랑이 우리 안에서 넘쳐흘러 가까운 이웃과 북한 동포, 그리고 먼 나라에 사는 가난하고 삶에 지친 사람들에게 전해지기를 소원합니다.

김효순 집사님께 힘들지 않았냐고 물어보았더니 괜찮았답니다. 조금 전에 우리는 <제2기 호수 알파> 목요팀 첫날 모임을 마치고 헤어졌습니다. 꼬마 아이들을 돌보는 일이 가장 어려운데 책임을 맡으신 김효순 집사님이 빙그레 웃어주시니 안심이 됩니다. 오지숙 집사님 김대곤 집사님도 도우셨겠죠. 제가 모르는 어떤 분들도 누구든 도우셨을 것입니다. 사실 제가 가장 많이 의지한 친구들은 영인이 기민이 은결이 예령이 같은 어린아이들입니다. 이 아이들은 자신이 알파 도우미인줄 전혀 모르는 하나님이 보내 주신 알파 천사들입니다. 이 아이들이 익숙하게 움직이면 엄마 따라서 처음 여기에 온 아이들이 재미있게 이 친구들을 따라다니며 엄마를 찾지 않고 놀게 되는 것입니다. 저의 상상과 기대가 사실인지는 아직 확인하지 못했지만 그러할 것으로 믿습니다.

우리는 교회입니다. 교회를 움직이시는 분은 성령님이시죠. 그래서 우리는 부담을 느끼며 책임지려 하지 않고 성령께 맡겨 드립니다. 그리고 우리는 서로서로를 사랑하는 눈으로 바라봅니다. 우리 소그룹에 대해서 조금 말하고 싶습니다. 김웅기의 아빠 김사인 씨, 김희국 집사님, 오태진 집사님, 그리고 저 백경천이 구성원입니다. 우리는 서로서로를 의지하고 돕습니다. 사실은 김사인 씨가 못 오실 뻔했습니다. 지난 토요일에는 안 오시겠다고 말씀하셨죠. 저 자신이 얼마나 불쌍했는지 모릅니다. 한 번도 가보지 않았을 뿐만 아니라 교회에 대한 안 좋은 기억도 많으신 분이 교회당 안으로 발걸음을 옮기시는 것이 어렵겠지만 저의 간절한 부탁을 꼭 들어달라고 간청했죠. 성령님을 의지했습니다. 처음에는 제가 김사인 씨를 돕는 것이라고 생각했었는데, 이제 보니 성령님께서 그분을 통해서 저를 새롭게 하고 있었습니다.

우리의 만남은 일방적이지 않습니다. 서로를 사랑하는 만남 속에서 서로서로 감사하는 일들이 많이 나타날 것입니다. 김희국 집사님이 운전하여 김사인 씨를 모십니다. 저는 집사님을 도와 동행하며 대화하는 중에 제가 모르던 많은 것을 배우고 있습니다. 제가 볼 때, 김 집사님은 오늘 예수님을 모셨습니다. 우리 교회는 오늘 주님을 영접하였습니다.

2006년 9월 21일 금요일
내일도 오늘처럼 살고 싶은 거북이 백경천

노루목편지

66

———— 사랑하는 일산호수교회 형제자매 여러분!

하나님의 은혜와 평강이 그리스도 예수 안에서 살아가는 우리 교회에 풍성하기를 원합니다. 또한 우리 주님의 은혜와 그 크신 사랑이 우리 안에서 넘쳐흘러 가까운 이웃과 북한 동포, 그리고 먼 나라에 사는 가난하고 삶에 지친 사람들에게 전해지기를 소원합니다.

우리 집에는 침대가 하나 있습니다. 아들 백상인의 방에 있죠. 그래서 백상인이 '내 침대'라고 부르는 것에 대해서 아무도 이상하게 생각하지 않습니다. 아침 식탁에서 상인이는 너무 많은 사람들이 자신의 침대를 애용하기 때문에 침대 스프링이 늘어나 가운데가 움푹 들어갔다고 했습니다. 짜증이나 투정은 아니었죠. 그냥 담담하게 얘기했습니다.

아직 방바닥에 불을 넣기가 어렵고 이제는 한낮에 바닥이 차서 할머니가 낮에 누우시고 저도 가끔 그 침대에 눕기에 우리는 무언가 대답을 해야 했습니다. 그 침대는 8년 전 백상인이 초등학교 3학년 때 마련한 것이기에 너무 작기도 하고 낡기도 하였지만 새로 사야 한다는 말을 누구도 하지 않습니다. 우리 집에서 무언가를 새로 사는 일은 아주 힘들다는 것을 누구나 잘 알고 있고 또 그런 우리의 삶의 방식에 모두들 즐겁게 동의하는 것으로 여겨집니다. 이러한 생활 태도가 우리나라의 경제 활성화에 기여하지 못하는 것 같아 미안하지만 우리는 이렇게 사는 방식을 좋아하는 듯 합니다. (100퍼센트 자신할 수 없음)

2006-2007년

제가 어리석은 말을 시작했습니다. 이제 앞으로는 그 침대에 눕는 사람들이 한 번 누울 때마다 상인이에게 1,000원씩 내면 어떻겠느냐고 했습니다. (물론, 농담입니다) 그리고 상인이는 머리 감고 드라이할 때에 꼭 제 방의 거울 앞에서 하는데 그 사용료를 생각해 볼 수 있고, 할머니가 식사를 마련해서 제공할 때마다 봉사료를 지불하는 문제도 생각할 수 있고, 할아버지가 수고하여 고친 화장실을 사용할 때도 무언가 계산해야 할 필요가 있다고도 했습니다. (…) 식사 후 학교에 가는 아들이 제 동전 500원을 가져가겠답니다.

가정이 참 좋습니다. 모든 분들이 좋은 가정을 이루어 살면 좋겠습니다. 마음껏 게을러도 용납되고, 상처를 주지 않을 정도로 서로에게 투정도 하고, 참고 또 참으며 기다려 주기도 하는 가정에서 모든 분들이 살게 되기를 기도합니다. 가정은 모든 것이 사랑으로 용납되는 쉼터입니다. 교회는 가정 가정들을 참 좋은 가정되게 하는 하나님의 손길입니다.

2006년 10월 17일 화요일
아들 침대에서 자고 싶은 거북이 백경천

노루목편지

67

———— 사랑하는 일산호수교회 형제자매 여러분!

하나님의 은혜와 평강이 그리스도 예수 안에서 살아가는 우리 교회에 풍성하기를 원합니다. 또한 우리 주님의 은혜와 그 크신 사랑이 우리 안에서 넘쳐흘러 가까운 이웃과 북한 동포, 그리고 먼 나라에 사는 가난하고 삶에 지친 사람들에게 전해지기를 소원합니다.

화요일이 오면, 오전 10시 30분쯤 되면서 아이들의 소리가 들려옵니다. 오혜성 김종은 허은결 오예령 김서은, 엄마를 따라서 오는 아이들인데 마치 자기들의 모임을 위해서 엄마들이 따라오는 것처럼 그렇게 우렁차게 소리치고 분위기를 압도합니다. 엄마들을 따라서 부르는 찬양도 가끔은 엄마들의 소리보다 더 크게 들려옵니다. 저는 화요일을 기다립니다.

저는 이따금 그 어머니들에게 기도 부탁을 합니다. 그들의 기도소리는 예배당을 울리고 제 마음을 쿵쿵 두드립니다. 무슨 내용인지 그 의미가 잘 들려오지는 않지만 제 마음 속에 있는 바로 그 기도이겠기에 그냥 그 운율을 따라서 노래하듯이 제 마음의 파도가 일렁입니다. 기도는 꿈이고 간절한 바람이고 또 땀 흘리는 노동이기도 합니다. 저들의 기도는 그냥 몇 마디 말이 아니라 애씀이고 힘씀입니다. 저 젊은 엄마들의 기도는 밥을 짓는 것과도 같게 여겨집니다. 내 집밥을 다 지어서 식구들을 먹인 젊은 여인들이 모여서 또 다른 식구들의 밥을 협력하여 짓는 것과 같습니다.

　이들이 처녀 딸들일 때, 아니 더 어린아이일 때에 이들을 위해 뜨거운 밥을 짓듯이 금요일 저녁마다 모여 기도하던 어머니들은 모두 할머니가 되었습니다. 생각해보면 우리는 모두 예수님의 모친 마리아와 같은 어머니들의 기도에 의지하여 살아가고 있습니다. 기도는 천사들의 그릇에 담겨져 하늘로 올라 하나님 앞에 이르고, 하나님 앞에 서 있던 또 다른 천사들의 그릇에 따뜻한 어머니의 밥처럼 담겨져 군에 가 있는 아들에게와 멀리 외국에 있는 어느 딸들에게도 전해집니다. 어느 구석진 방에서 홀로 신음하는 바로 그 형제의 딱딱해진 가슴으로 파고 들어가는 생수가 되기도 하며, 그리고 그 기도는 누군가의 머리로부터 발끝까지 기름처럼 흘러내리는 위로의 성령님으로 임하기도 합니다.

　오늘 화요일은 불요일입니다. 불같은 성령님이 우리 교회에 임하셔서 여기저기 흩어져 살아가는 이들의 가슴을 뜨겁게 하고 상처입고 지친 영혼들을 건강하게 회복하시기를 간절히 기도합니다.

2007년 1월 23일 화요일
어머니의 기도를 못 잊는 거북이 백경천

68

노루목편지

―――― 사랑하는 일산호수교회 형제자매 여러분!

하나님의 은혜와 평강이 그리스도 예수 안에서 살아가는 우리 교회에 풍성하기를 원합니다. 또한 우리 주님의 은혜와 그 크신 사랑이 우리 안에서 넘쳐흘러 가까운 이웃과 북한 동포, 그리고 먼 나라에 사는 가난하고 삶에 지친 사람들에게 전해지기를 소원합니다.

아주 짙은 안개 속으로 그들이 떠나가는 것을 보았습니다. 걱정도 있고 섭섭함도 있고 믿음과 기대와 부러움도 있습니다. 지난 2년간 중고등부 학생들과 함께 떠났던 겨울캠프들을 생각하면 섭섭하고, 이 무겁게 누르는 안개에 저녁부터는 황사가 더해진다 하니 걱정스럽습니다.

신앙캠프를 떠난 친구들의 이름을 떠올려 보겠습니다. 김웅기 김장환 백상인 박은영 이민영 다섯 명은 고3입니다. 많이 고민했겠죠. 하지만 참 좋은 선택을 했다고 여겨집니다. 그리고 이건우 백인영 허지웅 허선웅 안지명 유성수 이건주가 참여했고 새 친구로서 김규현(김민경 집사님의 둘째 아들)과 채환빈이 같이 떠났습니다. 모두 14명이죠. 이들을 인도하고 돕는 분들은 조나단 전도사님 최성환 방선애 부부 교사와 딸 최영인, 이지형 선생님, 오태진 집사님과 이영자 권사님 권정자 권사님입니다. 또 합하면 22명이 되죠.

떠나보낸 분들의 이름도 불러볼까요? 김동애 권사님 이복식 목사님 내외분과 홍기준 집사님 이은영 집사님과 저 백경천입니다. 9시 30분에

2006-2007년

김동애 권사님이 먼저 직장으로 달려가시고, 얼마 후 홍기준 집사님은 이복식 목사님의 도움을 받아 장항동 클럽의 큰 언니인 조동순 집사님(이혜주의 엄마)을 만나기 위해 떠나고, 이은영 집사님과 류희자 사모님은 기경이 엄마 김민경 집사님을 기다려 토요일 초등부 예닮캠프 준비모임을 하기 위해 장민정 집사님의 집으로 향했습니다. 저는 홀로 남아 이 글을 씁니다.

  이왕 이름을 많이 불러 보는 김에 또 부르고 싶습니다. 요즘 수요기도회 때마다 앞으로 초청하여 세우고 부르는 이름입니다. 이제는 그 아이들도 그 시간을 기다리고 즐기는 듯합니다. 수요기도회에 부모를 따라서 우리 예배당에 오는 아이들이죠. 어제도 정경아 집사님과 김은정 집사님의 인도로 힘차게 찬송한 후에 이 아이들을 불러서 호명한 후 축복기도 하였습니다. 오예령 오혜성 김기민 김기경 허은결 허은석 김규진 나승석 나인우 그리고 땀을 흘리며 이들의 도우미가 되어주는 이하늘까지 10명입니다. 나인우는 이제 찬양팀을 도와 찬양가사를 영상으로 띄워주는 중요한 책임을 맡았습니다.

  소중한 분들의 이름을 부르면서 축복하는 것은 제게 맡겨주신 하나님의 크신 은혜입니다.

2007년 2월 22일 목요일
하나님께 맡기고 친구들과 즐거워하는 거북이 백경천

69

노루목편지 ✉

───── 사랑하는 일산호수교회 형제자매 여러분!

하나님의 은혜와 평강이 그리스도 예수 안에서 살아가는 우리 교회에 풍성하기를 원합니다. 또한 우리 주님의 은혜와 그 크신 사랑이 우리 안에서 넘쳐흘러 가까운 이웃과 북한 동포, 그리고 먼 나라에 사는 가난하고 삶에 지친 사람들에게 전해지기를 소원합니다.

지금 여기에서는 참 귀한 일들이 많이 진행되고 있습니다. 올챙이로 성장해가는 녀석들이 알집을 뚫고 나와서 막 꿈틀거리고, 향나무 위에서는 작년처럼 비둘기 한 마리가 꼼짝하지 않고 알을 품고 있습니다. 열 달 동안 아기를 잉태하고 살아오신 조승희 집사님은 아마도 내일 혹은 모레쯤 낳을 것 같습니다. 그 엄마는 주일날 예배드린 후에 낳고 싶어 하지만 의사 선생님은 그럴 수 있을 것 같지 않다고 했답니다.

지난 주일 점심 식사 중에 밖을 보니 여러 아이들이 뒷마당 흙더미 위에서 놀고 있는데 그 노는 것이 좀 어설프더군요. 막대기를 가져다가 쿡쿡 쑤셔보기도 하고 모래 삽이나 겨울눈을 치우는 큰 플라스틱 삽으로 흙을 떠보기도 합니다. 어떤 어른들은 저렇게 놀다가 다치지 않을까 걱정하시고, 또 다른 어른은 저 흙을 밟아 예배당으로 들어오면 청소가 힘들어진다고 염려하기도 하셨습니다. 저는 좀 저 아이들이 안쓰럽다는 생각을 했었죠. 흙을 가지고 더 재미있게 놀 수도 있는데, 왜 저렇게 놀고 있을까 하는 마음입니다. "두껍아, 두껍아, 새 집 줄게 헌 집 다오!"

2006-2007년

소리하며 왼손 위에 흙을 얹어 놓고 오른손으로 두드리는 아이들이 보고 싶어졌습니다. 그게 얼마나 재미있는 놀이인데….

요즘 아이들은 상당히 깨끗하게 성장합니다. 자신들은 실컷 흙장난 하면서 놀았을 듯한 엄마들이 플라스틱 장난감만 던져주고 흙은 못 만지게 하는 모습을 보이기도 합니다. 흙과 모래는 더럽고 병균이 많다고 아이들에게 말해줍니다. 하지만 더러운 것들에 오히려 생명이 있음을 우리는 압니다. 아기들의 똥은 그 아이의 처음 창작 작품인데, 그 작품을 자랑스럽게 만들고 만지며 기뻐하는 것을 억제당합니다. 흙도 마찬가지입니다. 그 부드러운 흙을 손으로 만져서 어떤 모양들을 만들고 그 감촉을 느끼는 것은 너무나 창조적이고 기분 좋은 일인데 그것도 부모로부터 억제당합니다.

우리가 좀 더 더러워지면 어떨까요? 4월과 5월의 따스한 주일 오후에는 아이들과 함께 "두껍아, 두껍아"를 부르며 놀고 있는 어른들을 보고 싶습니다. 지금 저는 빨래해야 하는 엄마와, 아이가 너무 많이 놀다가 밤에 열나면 병원에 데려가야 하는 아빠가 아닌 무책임하고 철없는 큰아빠처럼 말하고 있네요. 사랑으로 저를 용서하세요.

2007년 3월 28일 수요일
아이들과 흙장난 하는 자신을 꿈꾸는 거북이 백경천

70

노루목편지

사랑하는 일산호수교회 형제자매 여러분!

하나님의 은혜와 평강이 그리스도 예수 안에서 살아가는 우리 교회에 풍성하기를 원합니다. 또한 우리 주님의 은혜와 그 크신 사랑이 우리 안에서 넘쳐흘러 가까운 이웃과 북한 동포, 그리고 먼 나라에 사는 가난하고 삶에 지친 사람들에게 전해지기를 소원합니다.

'몽실 언니', '강아지똥' 같은 좋은 이야기들을 우리에게 들려주신 동화작가 권정생 선생님이 돌아가셨다는 소식을 신문을 통해 들었습니다. 월요일 오전마다 살림교회 김지호 목사님과 만나 함께 공부하는 시간을 오늘은 좀 줄이고, 후두암 치료를 받고 있는 자신의 남편 소식을 알려준 저의 어렸을 적 교회 선생님 송성숙 님과의 만남 시간도 조금 줄이고 백석동 도서관으로 갔습니다. 아직 읽지 않은 그분의 글을 읽으면서 또 한 번 가까이 만나고 싶은 마음이 솟구치기 때문입니다.

그분은 아주 가난하게, 그리고 폐결핵이라는 질병을 가지고 어린 시절과 젊은 때를 살았습니다. 어느 날 동생이 결혼해야 하는데 집에 폐병쟁이가 있는 것이 어려움을 줄 수 있다는 생각에 집을 떠나 유랑 걸식하다가 꺼져가는 생명을 부여잡고 안동시 일직면 조탑리의 작은 시골 예배당에 찾아듭니다. 함석 지붕의 그 조그만 예배당에 딸린 문간방에 몸을 누이고 그는 그때부터 70년의 삶을 마칠 때까지 그 예배당

2006-2007년

의 종지기로 살아갑니다. 예배시간을 알리는 종을 치고 예배당을 쓸고 닦으며 특별히 동네 아이들을 기다려 놀아주면서 어린이들에게 들려주고 싶은 이야기들을 만들었습니다.

저는 그분을 얼굴로 뵙지 못했습니다. 몸으로 만나려고 노력하지도 않았습니다. 그리고 그분의 책을 더 많이 읽겠다는 생각마저도 하지 않았습니다. 하지만 그분은 저의 안에 깊이 남아 있습니다. 예배당 종지기가 되어 살고 싶은 마음으로, 그리고 아이들에게 꿈과 진실과 진리에 대해 얘기해 주고 싶은 심정으로 남아 흐르고 있습니다. 그는 "이 세상 모든 것은 모두의 것이다. 아기 종달새의 것도 되고 아기 까마귀의 것도 되고 다람쥐의 것도 되고 한 마리 메뚜기의 것도 되고… 밭 한 뙈기 돌멩이 하나라도 그건 '내' 것이 아니라 온 세상 모두의 것"이라고 노래했습니다.

그가 일평생 짊어졌던 가난과 질병과 외로움은 그의 마음과 생각을 참으로 부요케 하며 수많은 아이들과 어른들에게 마르지 않는 이야기 샘이 되었습니다. 100편이 넘는 이야기책을 지었고 그 인세가 적지 않았는데도 마지막까지 다섯 평 흙집에 머물면서 모든 인세는 북한의 어린이들을 위해 써달라는 유언장 하나를 남겼습니다. 그리고 자신이 살

노루목편지

던 그 흙담집은 헐어 자연 상태로 돌아가게 해 달라는 부탁도 하였답니다. 아, 예수님을 닮은 사람. 권정생.

저도 꿈꾸고 있습니다. 다섯 평정도 흙으로 만든 집, 그 집에 살다가 그 흙에 묻혀서 또 한 줌의 흙이 되고 싶은 소망입니다. 이것이 제가 꿈꾸는 성공입니다.

2007년 5월 21일 월요일
지금, 윤정도 형제가 보고 싶은 거북이 백경천

2006-2007년

71

사랑하는 일산호수교회 형제자매 여러분!

하나님의 은혜와 평강이 그리스도 예수 안에서 살아가는 우리 교회에 풍성하기를 원합니다. 또한 우리 주님의 은혜와 그 크신 사랑이 우리 안에서 넘쳐흘러 가까운 이웃과 북한 동포, 그리고 먼 나라에 사는 가난하고 삶에 지친 사람들에게 전해지기를 소원합니다.

우리 교회의 아들 이동수 군이 오늘 군대에 갑니다. 그는 이병식 집사님 김경순 집사님의 아들이지만 제가 의지하는 우리의 아들이기도 합니다. 그 아들은 누구에게든지 '예'하는 사람입니다. 어른들뿐만 아니라 제일 작은 아이들에게도 늘 '예'라고 응답하며 도와주고 놀아주는 친구 같은 형입니다. 좋은 사람이고 친절한 사람이죠. 제가 예수님을 닮아 성장해가고 싶은 그 친절하고 좋은 사람의 성품을 그 친구는 아주 어렸을 때부터 가지고 있었습니다. 참 좋은 사람입니다.

그 친구가 돌아올 때까지 우리는 또 기다려야 합니다. 이지형 군을 기다리고 최성호 군을 기다렸는데 이제는 동수 군을 기다려야 합니다. 사람들은 기다리는 사람의 기대 속에서 살아간다는 생각이 드네요. 우리가 헤어져 있는 동안에 동수 형제도 기다리는 우리들도 많이 성장할 것으로 기대합니다. 함께 살면서 밥을 해서 먹여주고 잔소리로 돕지 못하지만 아무것도 해주지 못함을 아쉬워하며 기다릴 때에, 그 '기다림'이란 녀석이 사람을 키워 주는 것입니다. 우리는 그 기다림을 '하나님께

노루목편지

맡기는 기도'라고 부르렵니다.

  그 아들은 하나님이 우리에게 보내주신 천사였습니다. 우리 예배당의 구석구석에 그의 손길이 닿지 않은 곳이 없습니다. 그는 수많은 사람들의 마음도 만져 주었습니다. 저 또한 그의 말없는 친절함에 많이 기대어 살았습니다. 아마도 최근에 우리 교회에서 가장 많은 사람들이 전혀 어려워하지 않으면서 불렀던 이름이 '이동수'일 것이라 생각됩니다. 이제 그 누가 그 이름을 대신할는지요. 하나뿐인 자식을 멀리 보내는 두 분 집사님을 성령님께서 많이 위로해 주시기를 간절히 기도합니다.

  동수 군이 군대에서 생활하는 동안에 이 땅에 평화협정이 체결되면 좋겠습니다. 이제까지와는 달리 남과 북이 함께 전쟁이 아니라 평화를 위해서 최선의 노력을 경주하게 되기를 간절히 소원합니다. 우리들 아버지 세대에는 서로를 경계하며 철책 세우는 일을 열심히 하였지만 이제 우리의 아들들은 철책을 거두는 일에 서로서로 협력하면서 노래하며 만나고 축구 경기하며 서로를 어루만지기를 기대합니다. 사랑하는 아들이 몸 건강히 잘 다녀오기를 위해 기도합니다.

2007년 8월 28일 화요일
군인 아저씨 동수 군을 사랑하는 거북이 백경천

2006-2007년

72

사랑하는 일산호수교회 형제자매 여러분!

하나님의 은혜와 평강이 그리스도 예수 안에서 살아가는 우리 교회에 풍성하기를 원합니다. 또한 우리 주님의 은혜와 그 크신 사랑이 우리 안에서 넘쳐흘러 가까운 이웃과 북한 동포, 그리고 먼 나라에 사는 가난하고 삶에 지친 사람들에게 전해지기를 소원합니다.

지난 주일 오후에 방선애 자매가 어떤 필리핀에서 오신 미국인 선교사님을 통해 말씀의 은혜를 받았던 얘기를 저에게 하였습니다. 저도 한번 만나보고 싶다고 하였더니, 선애 자매가 다리를 놓아 오늘 오전에 우리 교회당을 방문해 주셨습니다. 그분은 지난 22년간 필리핀에서 복음적인 가정에 대해 가르쳐왔고, 지금도 어려운 가정생활을 하는 사람들을 실제적으로 상담하는 일을 하고 계시답니다. 한국에는 처음 오셨는데 한국에 대해서 조금이라도 더 알고자 하는 열정이 아주 강한 분이셨습니다. 같이 오신 분은 필리핀에서 <마라나타>라는 신학교를 운영하는 한국인 선교사이신데, 그 미국인 평신도 선교사에 대한 자신의 생각을 이렇게 말해주셨습니다. 한 6개월 교제해보니 깊이가 있거나 탁월한 사람은 아닌데 아주 진지하고 성실하신 분이랍니다. 그렇습니다. 아주 진지한 분입니다.

참 좋은 분을 만나는 것은 맛있는 음식이나 흥미로운 책을 만나는 것보다 더욱 즐겁습니다. 저는 불과 1시간 정도밖에 안 되는 짧은 시간에

노
루
목
편
지

한국과 북한의 사회와 기독교 현실에 대한 저의 생각을 얘기해주고 우리 교회에 대해서도 간략하게 소개하였습니다. 그리고 그분이 말씀하시는 가정에 대한 좋은 생각들도 많이 듣고 배웠습니다. 서로 대화를 나누다 보면 더 잘 정리하여 말하려고 노력하게 되면서 제가 가진 복잡한 생각들이 저 자신 안에서 잘 정돈되어지는 것을 경험하게 됩니다. 오늘, 그러한 기쁨이 저에게 있었습니다. 이 만남을 주선한 방선애 자매가 고맙습니다. 하나님의 선물이죠.

사실은 처음에 조금 이 만남이 부담스러웠던 것이 사실입니다. 여러 가지 해야 할 일들이 많이 있는데 갑자기 계획에 없던 것이 삶 속으로 들어오는 것 같은 어려움이죠. 하지만 전에도 이런 우연을 통하여 하나님은 늘 제 삶을 더 풍성케 해 주셨습니다. 지난주 중에 정경아 집사님은 갑자기 찾아와 고통을 주는 질병을 몸과 마음으로 담당해야 했습니다. 고통이 컸겠지만 하나님이 주시는 선물도 무언가 받았을 것으로 저는 생각합니다. 그저께 월요일에 퇴원한다는 전화를 받았는데 빨리 만나서 물어보고 싶습니다. 하나님이 무슨 선물을 주셨는지.

제가 의도하거나 계획하지 않았던 삶을 이제는 더 소중하게 받아 살고 싶습니다. 하나님이 보내 주시는 천사일 것이라 기대하면서 사람들

2006-2007년

을 환영하겠습니다. 하나님이 내려 주시는 선물이 그 안에 담겨 있을 것이라 생각하며 아픔과 고생스러움과 불편함도 받아들이겠습니다. 기뻐하고 즐거워함으로 오늘 하나님이 주시는 삶을 받아 살아가겠습니다.

2007년 9월 19일 수요일
눈이 맑고 깊은 천사를 만나 즐거운 거북이 백경천

노루목편지

73

―――― 사랑하는 일산호수교회 형제자매 여러분!

　하나님의 은혜와 평강이 그리스도 예수 안에서 살아가는 우리 교회에 풍성하기를 원합니다. 또한 우리 주님의 은혜와 그 크신 사랑이 우리 안에서 넘쳐흘러 가까운 이웃과 북한 동포, 그리고 먼 나라에 사는 가난하고 삶에 지친 사람들에게 전해지기를 소원합니다.

　지난 시간 하루가 마치 꿈을 꾼 것 같습니다. 제 아들 백상인과 단둘이 보낸 하루입니다. 원주에 있는 학교의 시험장에 아침 8시 30분까지 들어가야만 한다기에 어제 오후에 출발하였죠. 시험장소를 확인하고 전화로 예약한 인근의 여관을 찾아갔는데 분위기가 심상치 않습니다. 입구는 일명 러브호텔 같은 느낌인데 안에 들어가 보니 오래전에 묵은 적이 있는 시골 여관과 다르지 않아 괜찮았습니다. 어쨌든 저는 아들과 이 낯선 곳에서 하룻밤을 지내게 되었죠. 아주 좋았습니다. 행복했습니다.

　참 신기하게도, 제 아들과 단둘이 하룻밤을 지내는 것이 처음인 듯합니다. 그 아이가 태어나서 몇 년간은 방이 좁아서 우리 부부가 잠자는 방에서 그 아이를 재울 수 없었고, 그 이후로 그 아이는 할머니와 지내는 것에 익숙하여졌고, 그리고 미안하게도 늘 책을 읽거나 설교 준비하는 저에게 함부로 가까이 가서는 안 된다고 생각하며 성장한 듯합니다. 가끔 농구도 하고 롤러 블레이드도 타면서 같이 놀았지만 단둘이 무엇을 할 기회는 거의 없었습니다. 늘 여름휴가는 교회프로그램이나 청주 할아버지 집에 가는 것으로 끝나곤 했죠. 솔직히 아들과의 이러한 진지

2006-2007년

한 만남은 처음입니다.

며칠 전에 저는 제 아들에게 "네가 논술 쓴 것을 한 번 보고 좀 더 잘 쓸 수 있도록 도와주고 싶다."고 말한 적이 있습니다. 그 녀석의 대답은 아주 단호하게 그렇게 하고 싶지 않다는 것이었습니다. 제 마음이 아주 힘들어졌죠. 아무 말도 못하고 화도 내지 못하고 시무룩해졌습니다. 그냥 좀 돕고 싶은데 그게 잘 안되더군요. 제 아들도 홀로 많이 생각하는 듯 보였습니다. 어쨌든 우리가 아주 자연스럽게 어울리지 못했던 것은 사실입니다. 이것은 아주 오래된 삶의 결과입니다.

어젯밤에 저는 다시 한번 시도했습니다. 고맙게도 아들은 예상 문제를 저에게 보여주면서 그 자신이 어떻게 답할 것인지 말해주었고 저는 대학교수들이 좋아할 만한 몇 가지 중요한 개념들과 논리 전개 방식에 대해서 얘기해 주었습니다. 고맙게도 그 아들이 도움이 된다는 듯 고개를 끄덕여 주었고 저는 신이 나서 더 많은 얘기들을 이어갔습니다. 두 시간 반쯤 내일 있을 시험의 준비운동과 같은 대화를 한 후 제 아내가 좋아하는 배용준의 <태왕사신기>를 함께 보며 잠이 들었습니다.

아들 상인이가 시험 보는 동안 기다리면서, 지금 저는 참 행복합니다.

2007년 11월 23일 금요일
아들과 동행하며 많이 좋은 거북이 백경천

74

노루목편지 ✉

사랑하는 일산호수교회 형제자매 여러분!

하나님의 은혜와 평강이 그리스도 예수 안에서 살아가는 우리 교회에 풍성하기를 원합니다. 또한 우리 주님의 은혜와 그 크신 사랑이 우리 안에서 넘쳐흘러 가까운 이웃과 북한 동포, 그리고 먼 나라에 사는 가난하고 삶에 지친 사람들에게 전해지기를 소원합니다.

우리 딸 백인영이 지난 한 해 동안 준비해 왔던 고등학교 입학시험에 불합격했습니다. 그 녀석도 우리 식구들도 생각지 못한 결과입니다. 그 아이는 최선을 다해 공부하였고 시험을 마치고 와서도 이 정도면 문제없다고 생각했었죠. 학교에서 결과를 확인하고 집에 돌아와 제 품에 안겨 울기 시작하더니 엄마와 전화 통화하며 또 울었습니다. 한 30분을 펑펑 울었어요. 어렸을 때부터 잘 울었지만 이번의 경우는 아주 다른 눈물입니다. 자기 자신이 목표를 정하고 열심히 노력했지만 누군가로부터 '너는 안 돼'라고 거절당함에서 받은 아픈 충격을 혼자서 감당해야 하는 고통의 눈물입니다. 그의 인생에서 처음 맛본 쓴맛인 것 같습니다.

그 아이 자신과 그리고 우리 식구들은 학교 공부에 있어서만큼은 그 아이가 대단히 뛰어나다고 생각했습니다. 지금도 얼떨떨합니다. 제 아내도 너무 이상하다며 처음에는 저에게 "당신이 거꾸로 하나님께 기도한 게 분명하다"고 하더니만 조금 후에는 "우리 딸을 몰라 본 그 학교

2006-2007년

가 참 안되었다"고 하며 웃었어요. 제 딸도 금방 자신의 생각을 정리하더군요. "아빠, 나 고양시 고등학교 배치고사 시험 열심히 볼 거야!" 그 녀석이 참 좋습니다. 건강한 아이입니다.

저는 사실 기쁩니다. 제 딸이 그 학교에 합격해도 많이 즐거웠겠지만 지금은 다른 것들을 생각하며 기뻐합니다. 아주 어린아이 같은 천진난만한 즐거움이죠. 그 아이의 여고시절의 예쁨을 더 많이 즐길 수 있다는 기대입니다. 인영이가 그 학교에 다니게 되면 우리 아이를 그 학교에 빼앗길 것 같은 위기감과 섭섭함이 있었습니다. 기숙사 생활을 할 수도 있고, 집에서 다닌다고 해도 새벽에 나갔다가 밤 12시가 다 되어 축 처져 들어오는 녀석만 보면서 살게 될까 봐 두려웠었죠. 우리 집 할머니와 할아버지가 아주 행복하실 것이고 저와 제 아내도 그 딸을 보면서 최소한 3년은 힘든 순간들을 수월하게 살아갈 것입니다. 하나님께 감사해요.

저는 우리 딸 인영이가 이번 일로 인해서 많이 성장하기를 기대합니다. 세상이 자신에게 어떻게 하든 별로 개의치 않고 자기 자신이 기뻐하고 원하는 것을 하나하나 천천히 즐기며 살아가게 되기를 바랍니다. 그것이 무엇이든, 그것 아니면 안 될 이유가 우리에게는 없습니다. 하나

노
루
목
편
지

님은 우리가 누릴 참 좋은 것들을 많이 준비하셨다가 시시때때로 우리에게 선물로 주시는 분이시기 때문입니다. 이번에도 주님은 우리 가정에 참 좋은 선물을 주셨습니다.

우리 딸 인영이는 이 세상에 하나밖에 없는 소중한 사람입니다. 온 세상을 다 합해 놓아도 그 아이를 대신할 수는 없습니다. 저는 우리들에게 맡겨주신 하나님의 아들딸들이 모두 이 땅에서 많은 사랑을 받으며 살아가기를 간절히 기도합니다.

2007년 12월 12일 수요일
딸을 사랑하는 거북이 백경천

2008-2009년 노루목편지

일산호수교회와
백경천 목사가
함께 웃다

75

노루목편지 ✉

———— 사랑하는 일산호수교회 형제자매 여러분!

하나님의 은혜와 평강이 그리스도 예수 안에서 살아가는 우리 교회에 풍성하기를 원합니다. 또한 우리 주님의 은혜와 그 크신 사랑이 우리 안에서 넘쳐흘러 가까운 이웃과 북한 동포, 그리고 먼 나라에 사는 가난하고 삶에 지친 사람들에게 전해지기를 소원합니다.

최영인은 이제 여섯 살입니다. 엄마 방선애 자매가 동생을 낳은 지 아직 한 달이 못 되었죠. 주일 아침 일찍 아빠와 둘이서 예배당에 와서는 아빠와 헤어져 친구들과 함께 유치부에서 지낸 후에 10시 30분쯤에는 친구들과 함께 제가 있는 방으로 찾아옵니다. 깜짝 놀랄 정도의 큰 소리로 "목사님, 안녕하세요!!"라고 소리치죠. 제가 깜짝 놀라는 시늉하면서 그러지 말라고 하면 그것이 재미있는지 같이 온 아이들도 합세하여 또 소리치죠. 한 서너 번 한 후에 5분쯤 놀다가 다른 즐거움을 찾아 나갑니다.

저를 찾아와서 제 시간 속에 갑자기 들어오는 것이 고맙습니다. 대개 여섯 살쯤 되면 아이들이 저를 잘 찾아주지 않습니다. 보통 그때쯤 되면 아이들은 자신과 놀이방식이 비슷한 친구들을 교회에서 만나죠. 여섯 살 은결이와 기민이는 지난해 어느 때부턴가 제 방에 잘 오지 않는데, 영인이도 아마 그럴 거예요. 지금은 한지수와 김지수가 좀 오래 제 방에 머물며 제 안으로 들어오는 편입니다. 저는 제 멋대로 다가와 자기의 생각과 말에 응답해달라고 요구하는 이 아이들과 만나면서 순종을 훈련합니다. 저에게 있어서 순종이란 그들에게 저 자신을 종으로 보

2008-2009년

내주는 것입니다.

요즘 저에게 순종을 요구하는 분들은 많지 않습니다. 대개의 어른들은, 그리고 초등학생만 되어도 이미 예의 바른 사람으로 변해서 자신의 생각보다 저의 생각을 존중해 줍니다. 특별히 교회 공동체 안에서는 많은 분들이 저에게 순종하고자 준비하고 계십니다. 그래서 어느 사이엔가 목사인 저는 순종하는 삶을 점점 잃어버리게 되었죠. 요즘에 와서는 그동안 유일하게 우리 집에서 저에게 무언가를 제멋대로 요구하던 딸 인영이도 제 사정을 봐주고 있습니다. 많이 성장한 것이죠. 하지만 이러한 상황이 저에게는 위기입니다.

우리의 삶에 있어서 가장 마음을 쏟아야 할 목표는 우리 자신이 누구보다 유능하여 더욱 높아져 가는 것이 아니라, 그래서 우리 마음대로 누군가를 종처럼 부리는 것이 아니라, 우리가 더욱더 많은 사람의 종이 되어 더 많은 사람에게 쓰임 받는 것입니다. 우리는 늘 누군가에게 순종할 준비를 해야 합니다.

순종이 가장 귀한 것인데, 겸손히 "예" 하는 것이 참 좋은 삶인데 여전히 잘 되지 않습니다. 가장 약한 사람, 가장 어리석은 사람이 되는 것이 너무나 어렵습니다. 그렇게만 된다면 가장 위대한 사람이 되는 것이라고 주님이 말씀하셨는데 그 일이 그렇게 어렵습니다.

2008년 1월 29일 화요일
어린아이들이 많이 보고 싶은 거북이 백경천

노루목편지

76

사랑하는 일산호수교회 형제자매 여러분!

하나님의 은혜와 평강이 그리스도 예수 안에서 살아가는 우리 교회에 풍성하기를 원합니다. 또한 우리 주님의 은혜와 그 크신 사랑이 우리 안에서 넘쳐흘러 가까운 이웃과 북한 동포, 그리고 먼 나라에 사는 가난하고 삶에 지친 사람들에게 전해지기를 소원합니다.

저는 지금 제주도에 와 있습니다. 우리 교회 예배당 맞은편에 있는 평화유통 주식회사 고문중 집사님의 고향 집에서 아침을 기다리고 있습니다. 어른들이 편안하게 주무신 듯하여 감사합니다. 제 아내를 처음 만나서 결혼하기 위해 열심히 기도하고 노력한 지 20년이 되었습니다. 내년이 결혼 20주년이지만 지금 가족 여행을 합니다. 저는 결혼하면서 책가방 하나 들고 장인어른 집에 들어가 함께 살기 시작하였고 두 아이를 모두 어른들이 길러주시게 되면서 지금까지 함께 살아왔습니다.

제 아내와 신혼여행을 와서 나중에 아이들과 함께 다시 오자고 얘기한 것이 엊그제 같은데, 참 신기하게도 생긴 녀석들 둘이 저렇게 멀쩡하게 누워서 늦잠을 자는 것을 이곳 제주도에서 보고 있습니다. 아들 상인이는 고등학교를 마쳤고 딸 인영이는 중학교를 졸업하였습니다. 처음 이런 여행을 하는데 앞으로 또 기회가 있을지는 모르겠습니다. 어른들은 점점 더 약해지시고 아이들은 제 나름대로 바빠서 시간이 없다고 하겠지요. 저와 아내 두 사람이 시간을 맞추는 것도 언제나

2008-2009년

어려운 일입니다.

    생각해 보니 얼마나 감사한지요. 우리 여섯 식구가 이렇게 서로를 사랑하고 즐거워하며 살아온 세월과, 이제 또 앞으로 살아갈 삶에 대한 기대로 인해서 가슴이 벅차오릅니다. 누군가 아플 수도 있고 먼 길을 떠날 수도 있고 살아온 세월의 무게를 견디기 어려워 모든 짐을 벗고 하늘로 올라갈 수도 있겠지만 우리는 그 모든 삶에 대해서 감사할 수 있을 것입니다.

    참 감사하게도 하나님께서는 우리 가족에게 함께 살아가며 서로를 즐거워하고 감사할 수 있는 능력을 주셨습니다. 언제 어디에서든 새벽 4시에는 일어나서 화장실을 1시간 이상 사용하고 왜 빨리 일어나지 않느냐고 말씀하시는 할아버지와, 쉬지 않고 자상하게 말씀(간섭)하시지만 하루에 20분 이상은 걷기 힘드신 할머니와, 그리고 이리 뛰고 저리 뛰며 찬바람 속을 부지런히 다니는 우리 아이들은 지금 환상의 콤비입니다.

2008년 2월 19일 화요일
오늘 중국으로 떠날 한솔이네를 위해 기도하는 거북이 백경천

노루목편지

77

사랑하는 일산호수교회 형제자매 여러분!

하나님의 은혜와 평강이 그리스도 예수 안에서 살아가는 우리 교회에 풍성하기를 원합니다. 또한 우리 주님의 은혜와 그 크신 사랑이 우리 안에서 넘쳐흘러 가까운 이웃과 북한 동포, 그리고 먼 나라에 사는 가난하고 삶에 지친 사람들에게 전해지기를 소원합니다.

지난 주일에 성찬 예식을 마치고 비워진 잔의 숫자를 세어보니 83명의 형제자매가 참여하였음을 알게 되었습니다. 깜짝 놀랐죠. 저는 늘 적으면 60여명, 많다 싶으면 70명이 조금 넘는 분이 우리 교회 성인 예배에 참여한다고 생각했는데 이렇게 많다니요. 감격했습니다. "야, 우리 교회 예배에 80명도 넘게 참여하는구나!" 아주 행복해요.

더욱 감사한 것은 아직 세례를 받지 못하여 예배에는 참석하였지만 성찬식에는 참여하지 못한 분들이 여러분 계시는 것입니다. 하나님께서 귀한 분들을 우리 교회에 많이 보내주셔서 얼마나 감사한지요. 교회는 하나님이 세상 속에서 불러내신 사람들의 모임인데 '거룩한 교제'라고도 말합니다. 그들은 예수님의 살과 피를 상징하는 떡(빵)과 포도주를 나누면서 자신들이 예수의 몸이 되었음을 고백합니다. 우리가 바로 그러한 사람들인 교회죠.

그래요. 우리는 교회입니다. 예수님의 생명을 받은 사람들입니다. 그 생명은 사람들을 살리기 위하여 자기 자신을 죽게 하는 생명이죠. 우리

2008-2009년

는 반드시 누군가를 살리기 위해 살아야 하고 생명을 주어야 합니다. 이것이 바로 예수님의 생명이 우리 안에 살아 있다는 증거입니다. 예수님이 우리를 위해서 살과 피를 주신 것처럼 우리도 우리의 살과 피를 주어서 우리의 가정을 살리고 이 세상을 살려야 합니다. 예수님은 우리에게 "내가 너희를 사랑한 것같이 너희도 서로 사랑하라"고 말씀하셨습니다. 사랑은 생명을 주는 것입니다.

거룩한 교제, 곧 서로에게 생명을 주는 사랑은 우리가 살아가야 할 인생입니다. 그런데 이러한 인생길을 함께 살아갈 사람들이 팔십 명도 넘게 있습니다. 우리의 아이들도 앞으로 그렇게 살기 위해 성장해갈 것이니 더 많은 사람들이 여기에 있는 것이죠. 모두가 예수님께로부터 생명을 받았습니다. 그 생명은 이 세상이 어찌할 수 없는 생명입니다. 그 생명은 죽도록 사랑하는 생명입니다. 죽기 위해 사는 생명이고 죽음을 살아가는 생명입니다. 하나님은 예수님을 다시 살리시듯이 이 예수님의 생명을 받아 가진 사람들을 다시 살리시는 분입니다. 이 생명을 예수님의 제자 요한은 '영생'이라고 불렀습니다. 우리가 결코 상상할 수 없는 신비한 생명이 우리 안에 있습니다.

2008년 3월 28일 금요일
지금 영생을 살고 있는 거북이 백경천

78

노루목편지

사랑하는 일산호수교회 형제자매 여러분!

하나님의 은혜와 평강이 그리스도 예수 안에서 살아가는 우리 교회에 풍성하기를 원합니다. 또한 우리 주님의 은혜와 그 크신 사랑이 우리 안에서 넘쳐흘러 가까운 이웃과 북한 동포, 그리고 먼 나라에 사는 가난하고 삶에 지친 사람들에게 전해지기를 소원합니다.

저는 지금 벽제에서 권선례 권사님의 동생 권오찬 님의 몸이 한 줌의 재가 되기를 기다리고 있습니다. 이 땅에서 50년을 살았습니다. 스물한 살에 결혼하여 세 딸을 두었는데, 지난 해 11월에 맏사위를 본 후 몸에 이상이 있음을 알게 되었다고 합니다. 저는 권오찬 님을 그분이 병원에 있을 때에 두 번 방문하였지만, 그 전에 그분의 아버지가 돌아가셨던 때와 모친이 돌아가셨던 작년에도 만났었습니다. 비록 크리스천이 아니기에 여러 번의 장례예배에는 불참하였지만 저를 볼 때마다 정성을 다하여 영접해 주셨죠.

몇 개월 전 큰 수술을 앞두고 있을 때, 그분의 누이인 권선례 권사님이 한 번 가서 기도해 주기를 원하셔서 병문안하였는데 그 부부가 저를 반갑게 맞아 주셨습니다. 아주 건강해 보이셨고 능히 그 질병을 이길 것으로 생각되었지만 수술 후의 상황은 아주 나빠졌습니다. 제 마음이 얼마나 아팠는지 모릅니다. 찾아가지는 못하고 계속적으로 기도하였는

2008-2009년

데 결국 하나님은 그 생명을 데려가셨습니다.

고인과 그 아내는 그 힘든 투병 생활을 함께 감당하며 하나님을 믿고 의지하게 되었답니다. 암센터 병실을 돌면서 환자를 위해 기도해주시는 전도사님이 자꾸 기다려졌답니다. 고인의 아내와 딸들은 아이들의 아빠가 하나님의 품으로 돌아가셨다고 믿게 되었습니다. 권오찬 님이 돌아가시고 장례에 대해서 집안 어른들과 함께 의논할 때에 아내와 딸들은 주저 없이 교회가 장례예식을 인도해 주기를 원했습니다. 그래서 저와 우리 교회는 이 가정의 요청을 받아들여 기쁨으로 이 장례예식에 동참하게 된 것입니다.

저는 어제 오전에 입관예배, 저녁에 위로예배, 그리고 오늘 점심에 발인예배를 인도하였고 이제 한두 시간 후에는 재가 된 몸을 땅 속에 내려놓으며 마지막 예배를 인도할 것입니다. 함께 있으며 같이 걸으며 마지막 시간을 주님께 드리는 것입니다. 고인의 아내와 딸들에게 너무 슬퍼하지 말라고 권면합니다. 이곳보다는 하늘나라가 훨씬 좋으니 고인에 대해서는 걱정하지 말고 남겨진 사람들이 서로서로 어루만지며 위로하라고 말합니다. 그리고 하나님께로 올라간 아빠가 하늘나라에서 두고 온 가족들을 위해서 하늘에서 내려다보며 주님께 기도할 것이라

노루목 편지

고도 말했습니다. 밤하늘의 별들을 볼 때마다 저 별 중의 하나가 아빠 별이라고 생각해 보라고 하였습니다. 어린아이의 생각 같지만 이것이 저의 믿음입니다.

저는 제 안에 있는 어린아이를 소중하게 여기며 어린아이처럼 생각하고 믿으며 살겠습니다. 그리고 더 많은 사람들에게 스스로 똑똑하다고 여기는 어른처럼 생각하며 절망하지 말고 어린아이처럼 별과 하늘의 위로를 받으라고 말하겠습니다. 권오찬 님의 아내와 딸들이 오늘 밤 또는 얼마 후 꿈속에서 하늘나라의 푸른 초원을 기쁨으로 걸어가는 분을 만나게 되기를 기도합니다.

2008년 4월 18일 금요일
한 가정을 위로하고 싶어하는 거북이 백경천

79

사랑하는 일산호수교회 형제자매 여러분!

하나님의 은혜와 평강이 그리스도 예수 안에서 살아가는 우리 교회에 풍성하기를 원합니다. 또한 우리 주님의 은혜와 그 크신 사랑이 우리 안에서 넘쳐흘러 가까운 이웃과 북한 동포, 그리고 먼 나라에 사는 가난하고 삶에 지친 사람들에게 전해지기를 소원합니다.

지난 주일은 유치부 허은결이 여자 친구를 처음 데려온 날입니다. 그 이름을 물어보지 못하고, 한마디 말도 걸어보지 못하고 그냥 좀 떨어져서 바라보기만 했습니다. 아마 제 아들 상인이가 어느 날 교회에 여자 친구를 데려왔다고 해도 저는 그렇게 했을 것 같습니다. 너무나 관심이 있기에, 오히려 무관심한 듯 조금 떨어져서 다른 분들이 그 아이와 무슨 얘기하는지 그 아이는 다른 친구들과 어떻게 어울리는지 그리고 사람들에게 가끔씩 웃어주는지 슬그머니 보겠죠. 예, 제가 좀 그래요.

은결이의 외할머니이신 이영자 권사님이 그 아이의 손을 잡고 우리가 앉아 있는 나무 그늘 아래로 오셨습니다. "은결이, 저 녀석은 여자 친구를 데려왔으면 책임을 지고 같이 놀아야지 저렇게 혼자 달아난다"고 한 소리 하시며 그 아이를 보시더니, 그 아이의 샌들 바닥이 떨어진 것을 발견하셨어요. 저는 이러한 때 "신발이 입을 벌렸다"고 얘기하곤 했었죠. 권사님이 걱정하셨어요. 아이는 신발이 그 모양이니 자꾸 집에 가고 싶다고 하고요. 저와 김민경 집사님 그리고 김희국 집사님이 같이

노
루
목
편
지
✉

앉아 있었는데, 김희국 집사님이 벌떡 일어나시며 순간접착제를 사다가 붙여줘야겠다고 하십니다. 그리고는 슈퍼로 막 가시는 거예요. 저는 가만히 앉아서 '야, 집사님이 참 훌륭하시구나'하고 생각하면서도 '슈퍼에서는 안 팔고 철물점에서 팔 텐데, 지금 문을 연 철물점이 있겠나?' 하며 헛걸음하시겠다고 속으로 단정했죠. 김민경 집사님도 저처럼 미안한 마음으로 하신다는 말씀이 "신발 코가 고장났으니 코 전문인 이비인후과 의사 선생님이 고쳐주시는 것이 맞다"고 하셔서 함께 웃었습니다.

얼마 후에 김희국 집사님이 <순간접착제>를 손에 들고 오셨어요. 김민경 집사님과 두 분이 그 아이의 신발을 정성껏 만져서 붙여 주셨죠. 슈퍼에 갔더니 그런 것 없다고 주인이 말했는데, 그 옆에 물건 사러 오셨던 분이 자신이 철물점을 하는 사람인데 함께 가서 찾아보자고 하셔서 닫힌 가게 문을 열고 사왔다는 것입니다. 그 아이는 밑바닥이 잘 붙은 신발을 신더니 얼른 아이들이 노는 곳으로 달려가 함께 어울렸습니다. 얼마나 우리의 마음이 행복했던지요. 우리는 이렇게 주일 오후를 한바탕 놀았습니다.

몇 주 전에 어떤 어른 한 분이 주일 식사 후 오후 예배 때까지 무엇을 하면 좋을지 모르겠다고 말씀하셨습니다. 대개 많은 교회들이 성경공부를 하든지 기도회를 하든지 아니면 어떤 소그룹 모임을 하는데 우

2008-2009년

리는 아무 프로그램도 없다는 것이죠. 그래요. 아무것도 없습니다. 이 교회의 목사인 저는 '심심함'을 좋아합니다. 그리고 모든 우리 교우들이 '심심함'을 즐기게 되기를 소망합니다. 혼자서 책을 읽든 둘이서 대화를 하든 여럿이서 게임을 하든 이동훈 형제님처럼 아이들과 함께 어떤 창의적인 놀이를 하든, 우리 안에 예수가 있고 우리 안에 사랑이 있다면 무엇을 해도 좋습니다. 우리는 우리 자신을 사랑하고 즐기게 될 것이고, 오늘처럼 하나님이 우리에게 보내어 주신 사람들을 소중히 여기며 하나님이 우리에게 은혜로 주신 것들을 가지고 최선을 다해 나눌 수 있을 것입니다. 이러한 사람들이 바로 제가 알고 있는 교회입니다.

우리는 이러한 교회, 그가 누구든 서로를 치유하고 돕는 교회를 사랑합니다.

2008년 6월 24일 화요일
예쁜 여자 친구를 우리에게 보여준
그 아이를 사랑하는 거북이 백경천

80

노루목편지

사랑하는 일산호수교회 형제자매 여러분!

하나님의 은혜와 평강이 그리스도 예수 안에서 살아가는 우리 교회에 풍성하기를 원합니다. 또한 우리 주님의 은혜와 그 크신 사랑이 우리 안에서 넘쳐흘러 가까운 이웃과 북한 동포, 그리고 먼 나라에 사는 가난하고 삶에 지친 사람들에게 전해지기를 소원합니다.

지난 주일에 대한민국 육군 상병 이동수 군이 잠시 휴가로 왔었는데 저는 제대로 안부 인사를 나누지도 못하고 떠나보냈습니다. 중국 상해로 다시 떠나는 한솔이네 가정과 대화를 나누고 기도하다 보니 그렇게 되었죠. 우리 집 할머니께서 지난 주일에 누군가로부터 듣고 말씀해 주셨는데, 동수 군이 점점 더 높은 사람들의 차를 운전하게 되면서 이제는 군단장(별 셋)의 운전병이 될 것 같답니다. 어휴! 대단한 거예요.

저는 25년 전 전방의 포병대대 안에서 군대 생활을 하였는데 우리 부대에서 제일 높은 분이신 대대장은 무궁화 두 개(중령)였어요. 그 대대장 중령의 운전을 고참 병장이 맡았었는데, 그때 그 병장님이 얼마나 높아 보이던지요. 그 위세가 대단했습니다. 그때 그 병장님에게는 전담 졸병이 있었는데, 늘 그의 옷을 깨끗하게 세탁하여 다려놓고 새 구두를 보급과에서 가져다가 반짝반짝하게 닦아 놓는 것이 그 졸병의 일이었습니다. 제가 볼 때 그 시절 대대장의 운전병은 이 세상 모든 병사 중에서 가장 높아 보였습니다.

2008-2009년

그런데 우리 교회의 아들 동수가 별 셋 장군님의 운전병님이 되다니요. 물론 노는 동네가 다르기 때문에 그 위세가 제가 살던 최전방 시골구석의 대대장 운전병만 못할 수도 있겠지만 그냥 단순하게 생각해 볼 때에 제 마음에는 우리 동수가 마치 금메달 딴 것처럼 여겨집니다. 동수 군은 어디에 가든지 누구를 만나든지 사랑 받을 거라고 생각했지만 실상 그렇게 높은 사람을 모시고 다닌다니 제 어깨가 으쓱해집니다.

제가 군대 생활할 때 우리 부대 앞길로 사단장(별 두 개)이 차를 타고 지나간 적이 있었는데, 그분이 지나가신다고 예고된 그 날의 전날 밤에 밤새 눈이 내려서 우리 모든 병사들은 밤새도록 잠도 못 자고 그분과 운전병이 지나갈 그 길에 눈이 쌓이지 못하도록 눈을 쓸었던 일도 있었습니다. 이제 동수는 수많은 사람들, 심지어는 장교들에게까지 경례를 받아가면서 이 세상을 살아가겠죠. 우리 동수가 착각에 빠지거나 교만해지지 않도록 기도해야겠네요. 참 재미있고 감사한 일입니다.

2008년 8월 26일 화요일
동수 생각하며 빙그레 웃는 거북이 백경천

81

노루목편지

사랑하는 일산호수교회 형제자매 여러분!

하나님의 은혜와 평강이 그리스도 예수 안에서 살아가는 우리 교회에 풍성하기를 원합니다. 또한 우리 주님의 은혜와 그 크신 사랑이 우리 안에서 넘쳐흘러 가까운 이웃과 북한 동포, 그리고 먼 나라에 사는 가난하고 삶에 지친 사람들에게 전해지기를 소원합니다.

지난 주일 점심 식사 후에 한 젊은 부부와 함께 앉았습니다. 몇 주 후 세례받기를 위해 마음으로 준비하는 시간입니다. 아들 형우는 어디서 노는지, 큰 딸 1학년 재원이와 이제 막 장난 꽃이 피는 막내 빛나도 같이 앉아 있었죠. 저는 둘밖에 받지 못했는데 이 분들은 하나님께로부터 귀한 생명을 셋이나 받았습니다. 큰 복을 받은 것이죠. 이런저런 얘기 나눈 후에, 남편 유창현 형제가 저에게 "어떻게 감사할 수 있느냐"고 묻습니다.

모든 대화가 쉽지 않지만 그러한 물음에 대해서 답하기는 참 어렵습니다. 제가 뭘 알겠어요. 그것은 삶인데, 어떻게 그렇게 삶을 빨리 쉽게 말할 수 있겠어요. 그냥, "예, 저도 감사하며 살기가 쉽지 않아서 많이 노력하고 있습니다"라고 말하면 더 좋았을 것을 좀 엉뚱한 답을 하고 말았습니다. "감사하면 감사할 수 있다"고 뭘 많이 아는 듯이, 나 자신은 이미 잘하고 있다는 듯이 말했습니다. 그래서 미안합니다. 자꾸 생각이 나요.

2008-2009년

그때그때 감사가 잘 되지는 않지만, 제 안에 늘 흐르고 있는 감사가 하나 있습니다. '오늘, 숨 쉬는 것이 잘 되는 것'에 대한 감사입니다. 16년 전에 숨 쉬는 것이 너무 힘들었던 때가 있었거든요. 그 고통의 시간 후에 저에게는 이 감사가 찾아왔습니다. 감사가 이런 식으로 찾아오는 것이라면, 오늘의 고통이 내일의 감사를 빚어내는 아주 귀한 하나님의 선물이 될 수 있음을 생각하게 됩니다. 그래서 우리에게 고통이 찾아오면 피해가지 말고 그 고통을 잘 살아야겠다는 생각도 합니다.

다시 대답해 볼게요. 감사할 수 있냐고요? 감사할 수 없습니다. 저에게는 그럴 수 있는 능력이 없습니다. 그러므로 비결을 가르쳐 드릴 수가 없죠. 단지 제가 말씀드릴 수 있는 것은 어느 날 주님은 저에게 감사의 마음을 주셨다는 것입니다. 감사의 마음 전에는 고통의 삶을 주셨고요. 감사도 하나님의 은혜이고, 오늘의 고통도 하나님이 주시는 또 하나의 선물로 우리가 생각할 수 있다면 우리 삶이 어떻게 될까요? 저도 궁금합니다.

그냥 우리 같이 살아보죠. 서로서로 격려하면서, 그러고 위로하면서. 고통과 책임을 피하지 말고 아주 조금씩 살아보아요. 고통도 사랑하면서, 질병과 늙어감(약하여짐)도 품에 꼭 껴안고.

2008년 10월 3일 금요일
진실 씨 때문에 슬픈 거북이 백경천

82

노루목편지 ✉

사랑하는 일산호수교회 형제자매 여러분!

하나님의 은혜와 평강이 그리스도 예수 안에서 살아가는 우리 교회에 풍성하기를 원합니다. 또한 우리 주님의 은혜와 그 크신 사랑이 우리 안에서 넘쳐흘러 가까운 이웃과 북한 동포, 그리고 먼 나라에 사는 가난하고 삶에 지친 사람들에게 전해지기를 소원합니다.

어제 주일은 많이 힘들고 어려웠습니다. 모두가 힘들었죠. 우리 교우들의 마음은 누구든 누가 선출되든 괜찮고 잘 협력할 수 있는데 한 명을 택하라고 하니 그것이 힘든 것이죠. 모두 좋은 분들이고 잘할 수 있는데 한 분을 택해야 하는 일은 매우 힘들고 정말로 하고 싶지 않은 것인데, 그렇게 해야만 된다니 얼마나 어려운가요. 지난 주일 우리 교회는 거의 15년 만에 교인들의 대표인 장로를 선출하는 투표를 하였습니다. 앞으로 시간이 흐를수록 더 어려워질 것 같아서, 지금 힘들더라도 우리가 이 일을 감당하면 이후에 오실 새로운 식구들이 이러한 곤란을 감당하지 않아도 되겠다 싶어서, 지금 우리가 이렇게 하는 것입니다.

한 사람을 택하는 일은 참으로 어렵습니다. 우리나라 장로교의 장로직은 5년이나 7년 임기로 감당하는 미국이나 유럽과는 달리 70세 은퇴할 때까지 감당해야 합니다. 그 짐이 대단히 무겁습니다. 무슨 일에든지 모범을 보여야 하죠. 그리고 조금이라도 헌신이 부족하게 보이거나 무언가 하나라도 실수를 하게 되면 어떻게 장로가 그럴 수 있느냐고 견디기 힘든 비난을 받는 대상이 되기도 합니다. 믿음 생활하는 가정의 영

2008-2009년

광이기도 하지만, 그 이름의 무거움이 자녀에게까지 미치는 아주 힘든 직분이죠. 그러므로 어떤 분에게 장로의 직을 맡기기 위해 한 표를 던지는 것은 그의 삶에 일평생 감당해야 할 무거운 짐을 지우는 일인 것이기에 투표하는 마음이 더욱 무겁습니다.

요즈음에는 여기저기에서 장로의 직을 수행하던 어떤 분이 그 직을 사임했다는 얘기가 들려오고, 또 선출되신 어떤 분이 극구 사양하여 교회 공동체가 큰 어려움에 처했다는 사례도 들려옵니다. 제가 볼 때에 그 이유 중 하나는 교회와 사회 속에 흘러온 가부장적 문화(직책이 있는 사람이나 어른에게는 무조건 존경하고 복종하는 문화)가 깨졌기 때문입니다. 장로의 일(어른 노릇) 하기가 너무너무 힘들어진 것이죠. 과거에는 그 직의 권위가 존중되고 그 앞에 머리를 숙였는데, 이제는 실제로 모든 사람의 종이 되어 버렸습니다.

참으로 종이 되어, 주님을 섬기는 마음으로 하나님의 양들을 섬기겠다는 마음이 있지 않으면 감당할 수 없는 고난의 직이 곧 오늘날 교회 장로의 직인 것입니다. 교회를 대표한다는 명예가 10분의 1이라면 나머지 아홉은 수고의 땀입니다. 십자가의 길인 것이죠. (…) 저는 이 세상을 살면서 참 좋은 장로님들을 많이 만났습니다.

2008년 10월 27일 월요일
교회의 장로님들을 존경하는 거북이 백경천

83

노루목편지

사랑하는 일산호수교회 형제자매 여러분!

하나님의 은혜와 평강이 그리스도 예수 안에서 살아가는 우리 교회에 풍성하기를 원합니다. 또한 우리 주님의 은혜와 그 크신 사랑이 우리 안에서 넘쳐흘러 가까운 이웃과 북한 동포, 그리고 먼 나라에 사는 가난하고 삶에 지친 사람들에게 전해지기를 소원합니다.

우리는 인생을 살아가면서 참 많은 사람들을 만납니다. 그런데 실제로 우리의 삶 속으로 들어와 함께 살아가는 사람들은 많지 않아요. 모든 사람들을 귀하게 여기며 친절하게 대하려고 노력하지만 소수의 사람들만이 우리의 삶 속으로 쏙 들어옵니다.

2000년 9월 추석이 오기 전 어느 날 듣지도 못하고 말하지도 못하는 윤병학 씨를 만났는데 하나님은 그분을 제 삶 속으로 영접하게 해 주셨습니다. 그런데 그분 한 사람은 결코 한 사람이 아니더군요. 그분의 어머님을 만나서 사랑하게 되고, 그분으로 인해서 수많은 사람들을 만나야 했습니다. 마치 어떤 여인을 아내로 맞아들이면 그 아내가 살아온 모든 삶을 내 삶 속으로 받아들이고 그의 친구들과 가족들 그리고 더 많은 사람들과 함께 살아가게 되는 것처럼 누군가를 영접한다는 것은 참 놀라운 일입니다.

미얀마에서 오신 리안(Thang Van Lian) 목사님을 우리 교회에서 처음 만났을 때 저는 그분이 저의 삶 속으로 걸어 들어오는 것을 느꼈습니다. 무슨 첫인상에 대해서 말하는 것이 아닙니다. '하나님의 인도하심'에 대해서 생각하는 것입니다. 내가 무언가를 선택하는 것이 아니라 내 삶 속으로 막 밀려들어오는 '그 무엇'이 있다는 것입니다. 제가 앞으로 어떻게 하겠다는 생각은 없습니다. "하나님께서 인도하여 주시겠지!"하는 마음뿐 입니다.

리안 목사님께서 자신의 종족이 '친(Chin)'이라고 말하며 그 종족이 인도, 미얀마, 방글라데시 세 나라에서 살아간다고 했기에 몇 번 지도를 찾아보았는데 잘 이해할 수 없었습니다. 하지만 오늘 아들 상인이의 고등학교 지리부도 책에서 정확하게 보고 이해했습니다. 얼마나 좋았는지요. 제가 리안을 사랑하고 있는 것입니다. 사랑하면 조금씩 더 알고 싶어지잖아요. 우리가 서로 사랑하게 되면 앞으로 무슨 일이 있게 될지 저는 모릅니다. 하지만 하나님은 우리에게 서로 사랑하라고 말씀하셨고 우리가 서로 사랑하면 하나님을 알게 된다고도 말씀해 주셨습니다. 우리는 다만 부지런히 게으르지 말고 사랑하다가 어느 날 우리 안에 찾아오신 하나님을 알게 되기를 간절히 원합니다.

2008년 11월 28일 금요일
리안을 사랑하게 돼서 기쁜 거북이 백경천

84

노루목편지

사랑하는 일산호수교회 형제자매 여러분!

하나님의 은혜와 평강이 그리스도 예수 안에서 살아가는 우리 교회에 풍성하기를 원합니다. 또한 우리 주님의 은혜와 그 크신 사랑이 우리 안에서 넘쳐흘러 가까운 이웃과 북한 동포, 그리고 먼 나라에 사는 가난하고 삶에 지친 사람들에게 전해지기를 소원합니다.

제가 일산호수교회에 속하여 함께 믿음 생활한 세월이 이제 10년을 넘어갑니다. 우리 집 아이 백인영은 여기에 온 이듬해에 초등학교 1학년에 입학하였는데 고등학교 2학년을 준비하고 있습니다. 그래요. 우리는 함께 교회로서 살아왔습니다. 저는 스스로에게 '하나님의 교회'가 되기 위해서 한 10년간 교회 공동체로서 함께 살아본 후에 우리가 과연 주님이 원하시는 교회인지 물어보자고 다짐하면서 오늘까지 왔습니다. 하나님의 교회는 사랑과 기쁨과 평화와 희생과 용서와 같은 재목으로 만들어져야 하는데, 지금 우리가 서로서로 기대어 이룬 교회가 과연 그러한지 반성하여 봅니다.

저는 별로 잘하지 못하였습니다. 제가 이곳에 오기 전에 이미 땅과 건물이 다 마련되어 있었습니다. 저는 목회하면서 한 평의 땅도 더하지 못하였고 예배당 건물도 증축은 커녕 보강하거나 변변한 수리 한 번 제대로 하지도 못하였습니다. 이러한 면을 발전이라고 말한다면 저는 전

2008-2009년

혀 교회를 발전시키지 못한 목회자입니다. 그뿐만 아니라 앞으로도 발전을 기대하기 힘든, 발전성이 별로 없는 사람임이 분명합니다.

앞으로 10년의 목표와 계획이 무엇이냐고 누군가 물으면, 저는 또 '하나님이 기뻐하시는 교회'가 되고 싶다고만 말하고 싶습니다. 무엇을 하겠다든지 무엇을 하지 않겠다든지 말할 수 없습니다. 저는 그냥 하나님이 우리와 함께 하심을 믿고 우리 교회가 어떻게 가게 되는지 보고 싶을 뿐입니다. 다만 간절한 한 가지 소망이 있다면 우리의 자녀들이 믿음으로 살아가는 우리들의 삶을 좋아하며 함께 믿음의 길을 가게 되는 것입니다. 남편과 아내가 믿음으로 대화를 나누고, 부모와 자녀가 서로를 존경하고 신뢰하며 하나님의 뜻이 무엇인지 함께 고민하며 살아가는 것입니다. 10년 후에 지금의 주일학교 자녀들이 성장하여 같이 예배 찬송을 부르게 된다면 한 150명 정도의 어른들이 함께 예배하겠죠. 우리의 꿈은 다음 세대와 함께 지금처럼 '주님의 교회'가 되기 위해서 늘 기도에 힘쓰는 것입니다.

우리 교회의 아들 김웅기는 2009년 1월 16일에 해군사관학교로 들어가야 합니다. 제 아들 백상인은 그날까지 웅기와 열심히 노는 것이 새해 계획이랍니다. 우리의 기도는 웅기가 해군사관학교를 졸업하고 나

노
루
목
편
지

서 5년 후 또는 10년 후, 해군 장교로 복무하다가 가끔 함께 예배하기 위해 우리에게로 찾아올 때, 이곳에서 그와 함께 예배하기 위해 기다리는 것입니다. 우리 교회는 웅기와 같은 아들딸들이 믿음으로 성장할 수 있도록 잘 도와서 이 나라와 이 세상에 건강하게 성장한 그들을 보내어 주고, 그들이 가끔씩 돌아와 쉬기를 원할 때 언제든 여기 있으면서 따뜻한 사랑으로 충만한 많은 사람들의 고향이 되어갈 것입니다.

2008년 12월 26일 금요일
하나님이 기뻐하시는 교회가 되고 싶은 거북이 백경천

85

사랑하는 일산호수교회 형제자매 여러분!

하나님의 은혜와 평강이 그리스도 예수 안에서 살아가는 우리 교회에 풍성하기를 원합니다. 또한 우리 주님의 은혜와 그 크신 사랑이 우리 안에서 넘쳐흘러 가까운 이웃과 북한 동포, 그리고 먼 나라에 사는 가난하고 삶에 지친 사람들에게 전해지기를 소원합니다.

중고등부 겨울 캠프로 최진규 집사님의 본가 정읍 태인에 와서 아침을 맞이합니다. 일곱 시 조금 지났습니다. 탕 목사님은 조용히 세면하시고, 88세이신 최성열 장로님은 옆방에서 은은한 저음으로 "내 주의 보혈은 정하고 정하다 ♬" 찬송하십니다. 저는 지난 밤 12시에 기도함으로 마무리하고 탕 목사님과 소곤소곤 얘기하며 잠들었는데. 아이들은 두 시가 넘어서야 잠들었답니다.

집주인이며 주방장이고 큰아버지이신 최집사님이 아이들을 깨우십니다. 저 잠 많고, 그런데 잠이 부족한 아이들을 데리고 밥 짓기 전에 동네 한 바퀴 돌자고 하십니다. 아이들이 하나 둘 말하는 소리가 들려오네요. 이 집에는 오래된 정통 괘종시계가 하나 있는데 아이들은 특히 밤에 울리는 그 소리가 아주 신기하고 낯선가 봅니다. 저는 참 오래간만에 군불 때는 방에서 푹 잤습니다. 지난밤에는 이 뜨거운 방에서 어떻게 잤는지, 엉덩이가 너무 뜨거워 잠시도 앉아 있기도 어렵습니다. 한번 불 때면 이 뜨거움이 이틀은 간답니다.

안지명 백인영 김윤 이건주는 아침 식사를 준비하고 나머지 이건우 이하늘 전지영 이건희 엄현지 김규현 송창봉 그리고 저와 최집사님 탕

노루목편지

목사님은 동네 한 바퀴 아침 산책을 나갔습니다. 뽀드득 뽀드득 기분 좋게 살짝 얼은 눈밭을 걸었죠. 최 집사님의 어머님이 잠드신 묘가 저기 제일 높이 있는데 그 옆의 봉분은 90세가 가까우신 아버님의 자리랍니다. 당신이 들어갈 자리를 가끔 바라보실 어른을 잠시 생각해 보았습니다. 성숙을 넘어 평안이라는 삶의 여정을 걷고 계신 어르신.

최성열 장로님을 낳아 주신 부친은 아홉 살 때 돌아가셨답니다. 그 후에 여러 자녀를 두신 어머니가 홀로 자녀들을 먹일 수 없어서 충청도 사람인 그분, 참 좋은 크리스천을 만나 김제에서 모두 함께 살게 되었답니다. 장로님은 새로 결혼하신 어머니와 아버지에게서 태어난 남동생(지금은 72세)하고 함께 살아가는 삶을 아주 즐거워하십니다. 15년이 차이 나는 그 동생과 함께 화목하게 살아온 인생이 자랑스러우시겠죠. 새 아버지가 만들어준 크리스천 가정의 삶을 잘 키워서 이번 명절에도 50여 명의 식구들이 오손도손 모였답니다. 이 가정의 이름은 화평입니다.

저는 이 가정이 살아가는 이 집을 성지(聖地)라고 생각하며 지금 여기에 있습니다. 여기 있는 청소년들이 모두 최성열 장로님 같은 믿음의 조상이 되기를 간절히 원하는 기도가 저에게 있습니다.

2009년 1월 29일 목요일
오늘 아침 유상철 집사님을 위해 기도하는 거북이 백경천

86

사랑하는 일산호수교회 형제자매 여러분!

하나님의 은혜와 평강이 그리스도 예수 안에서 살아가는 우리 교회에 풍성하기를 원합니다. 또한 우리 주님의 은혜와 그 크신 사랑이 우리 안에서 넘쳐흘러 가까운 이웃과 북한 동포, 그리고 먼 나라에 사는 가난하고 삶에 지친 사람들에게 전해지기를 소원합니다.

2009년의 첫 달을 저는 하나님의 천사들과 함께 마무리하며 보낼 수 있었습니다. 참으로 감사한 일입니다. 이쪽으로 저쪽으로 고개를 돌려 보아도 온통 제 주위엔 천사들뿐이네요. 그럼, '예닮캠프'라 불렀던 좋으신 하나님의 잔치 가운데 만난 천사들을 소개해 볼까요?

초등부에 대한 낯섬과 설렘, 기대가 가득한 눈동자로 해맑게 웃고 있는 서빈, 종은, 소정. 이제 막내표를 떼어 낸 막둥이 형님들인 유진, 재원, 영서, 지현, 영진, 혜성, 은석, 주용. 드디어 같은 학년 친구를 만나 너무 즐거워하는 명진이와 혜원이. 초등부의 찬양 트리오 승석, 학진, 기경. 4학년의 홍일점임에도 불구하고 씩씩함을 잃지 않는 지우와 개구쟁이의 절정을 그대로 보여주는 진우, 영준, 현욱, 규진. 초등부의 숨겨 있던 진주들 명언, 현혜, 용찬. 언제 봐도 듬직한 맏형, 맏언니 학민, 민이, 인우. 여름성경학교 때 만났던 반가운 얼굴, 경렬이와 경태 형제. 그리고 예닮의 깍두기이지만 가장 용감(?)했던 7살 혜민이… 이들에게 사랑 가득 맛있는 식사로 채워주신 이영자 권사님, 김동애 권사님, 엄경아

노루목편지 ✉

집사님. 반주하며, 너무 용감한 혜민이 달래가며 바빴던 류희자 사모님.

"못 해도 열심히!!"를 외치며 나이, 체면이라는 거추장스런 옷은 모두 벗어놓고 그저 열심히, 아이가 되어버린 이복식 목사님, 김민경 부장쌤, 김종식쌤, 이은영쌤, 이동훈쌤, 박소윤쌤, 김은정쌤, 최지윤쌤, 백상인쌤…

하나님의 천사들은 초등부실 작은 공간 속에서 떠들고, 장난치고, 간혹 다투기도 하며 그렇게 하늘나라 잔치를 시작하였답니다. 시계도 거꾸로 돌려놓고 아무도 시간의 흐름을 못 느낀 채, 목이 터져라 찬양하고, 기도하고, 용기 내어 하나님께 자신의 잘못을 고백하며 하나님을 예배했습니다. 그 긴 시간이 힘들기도 했지만 재미있었다고 얘기해주는 이 아이들이 고맙고 참 대견합니다.

그동안 늘 장난만 치고 조금만 틈을 주면 떠들고 흐트러지는 아이들을 보며 도대체 이 녀석들은 언제나 경건하게 하나님을 예배할 수 있을까? 이 예배 태도를 어떻게 가르쳐야 할까? 고민하던 제가 참으로 부끄러웠습니다. 오늘도 여전히 장난치고 여기저기서 웅성웅성, 키득 키득거리며 예배하고 있지만, 그 모습 그대로를 참으로 사랑스럽게 바라보시는 하늘아빠의 모습이 그 녀석들 속에서 발견되어진 것입니다.

2008-2009년

나의 기준과 욕심이 아닌, 10살배기 꼬마의 모습으로 함께하니 한없이 부족하다 여겼던 그 모습이 바로 '아이' 그 자체였던 것입니다. 이젠 녀석들의 장난스런 행동과 개구진 웃음 속에서 하나님의 미소와 은혜를 발견합니다. 그리고 그 은혜가 (너무 이성적이기만 하고 멋없는) 저에게 끼쳐짐을 느낍니다.

2009년 2월 1일 주일
눈부시도록 아름다운 그 녀석들과 함께여서 기쁜 사람 백경천

87

노루목편지 ✉

―― 사랑하는 일산호수교회 형제자매 여러분!

하나님의 은혜와 평강이 그리스도 예수 안에서 살아가는 우리 교회에 풍성하기를 원합니다. 또한 우리 주님의 은혜와 그 크신 사랑이 우리 안에서 넘쳐흘러 가까운 이웃과 북한 동포, 그리고 먼 나라에 사는 가난하고 삶에 지친 사람들에게 전해지기를 소원합니다.

서울 안국동에는 <안동교회>가 있습니다. 그 교회가 처음 창립되던 1909년, 지금으로부터 100년 전에 그 교회는 양반들의 교회라는 별명을 얻으며 시작되었습니다. 어떤 이들은 신분이 낮은 사람들과 어울리지 못하는 양반 크리스천들이라고 비난하기도 했었겠죠. 실제로 숭동교회에서 분립할 때 그러한 경향이 있었습니다. 하지만 <안동>은 조선의 양반들이 교회에 가까이 다가올 수 있는 열린 공간을 제공하였던 것도 사실입니다. 한국교회 전체를 볼 때는 그 시대에 꼭 필요한 교회공동체였을 것이라고 저는 생각합니다.

1908년에 기호학교(지금, 중앙중·고교)를 설립한, 그 시대로서는 보기 드문 양반 크리스천들인 박승봉 유성준 두 분이 중심이 되어 새로운 교회 모임을 시작하였는데, 이분들은 나중에 1919년 삼일운동을 준비하는 비밀장소로 자신들의 집을 사용하도록 내주기도 하였습니다. 그들은 양반의 신분이면서 또한 그 시대의 개혁적인 인물들이었습니다.

2008-2009년

이 교회는 서양 선교사들의 도움과 간섭으로부터 독립한 교회였고, 한국교회의 남자석 여자석을 구분하는 가림막을 걷어치우는 새로움도 이 교회에서 시작되었습니다. 많은 사람이 모이는 교회 공동체는 아니었지만 한국교회의 흐름에 많은 영향을 준 교회로서 지금까지 100년을 지내왔습니다.

윤보선 전 대통령도 안동교회의 신자였습니다. 지금도 본 예배당의 제일 앞자리에는 '윤보선 전대통령이 앉던 자리'라는 푯말이 있다고 합니다. 그분이 주일 예배에 참석해서는 간혹 뒤를 돌아보면서 아들과 손자들까지 모두 참석했는지 출석을 체크했다고도 합니다. 많지 않은 교인들이기에 세상의 뉴스거리가 될 만한 큰 사업을 하지는 못하지만 무엇이든 꾸준히 10년, 20년을 계속하는 전통이 있답니다. 지난해에는 불교국가인 미얀마 양곤 외곽에 크리스천 문화센터(2층 건물)를 하나 지었는데, '안동'이라는 이름은 숨겼답니다. 저하고 함께 신학을 공부한 분이 지금 안동교회를 담임하고 있습니다.

저는 우리 일산호수교회가 안동교회처럼 100년 정도 시간이 흐른 후에 무언가를 간증하게 되기를 간절히 바랍니다. 교회는 이 세상에서 스스로 바르게 살아가면서 이 세상의 빛과 소금이 되어야 합니다. 교회

노루목편지

는 한 생명 한 생명을 깊이 사랑하여, 그들이 예수의 마음을 가지고 세상을 선도하는 인물로서 성장하도록 도와야 합니다. 우리에게는 긴 시간이 필요합니다. 많은 시간을 아주 좋은 주님의 교회로서 함께 살아가야만, 주님께서 그 교회를 당신의 몸으로 사용하시어 무언가를 이루어 주실 것이 분명합니다.

2009년 3월 3일 수요일
100년을 바라보며 교회로 살고 싶은 거북이 백경천

사랑하는 일산호수교회 형제자매 여러분!

하나님의 은혜와 평강이 그리스도 예수 안에서 살아가는 우리 교회에 풍성하기를 원합니다. 또한 우리 주님의 은혜와 그 크신 사랑이 우리 안에서 넘쳐흘러 가까운 이웃과 북한 동포, 그리고 먼 나라에 사는 가난하고 삶에 지친 사람들에게 전해지기를 소원합니다.

지금 시간은 23일(목) 새벽 4시입니다. 저는 오늘 아침 미얀마로 향하는 비행기에 올라 태국의 방콕에서 다른 비행기로 옮겨 타고 저녁 일곱 시쯤 양곤이라는 낯선 도시에 있게 될 것입니다. 지금 저는 우리 교회의 중고등부에서 설교를 담당하시는 탕 목사님이 어떤 마음으로 그곳을 떠나 이곳으로 오셨을지 생각합니다. 하나님께서는 그분을 우리들에게로 인도해 주셨죠. 저도 지금 하나님의 인도하심을 구하고 있습니다.

탕 목사님과 우리들은 연합하여 하나님의 교회입니다. 과거에는 그분과 우리가 함께 예수 그리스도의 몸을 이루는 하나의 교회인 줄 모르고 살았지만, 이제는 알고 있습니다. 저는 오늘 저녁에 그분의 부인을 만날 것이고, 또 이틀 혹은 사흘 후에는 탕 목사님이 공부한 작은 신학교에서 어떤 이들과 영어로 대화하고, 그리고 제가 도저히 이해할 수 없는 언어로 서로 대화하는 사람들 속에 앉아 하나님을 예배하겠죠. 그래요, 탕 목사님이 우리에게 오셨듯이 우리들 중의 하나인 제가 탕 목사님의 그들에게 찾아가는 것입니다. 저는 우리 주 예수 안에 있

노루목편지

는 은혜와 사랑과 평화가 서로 먼 곳에 있는 그들과 우리들에게 충만하기를 축복하며 만날 것입니다.

우리가 만나게 될 때에 무슨 일이 있을지 알 수 없습니다. 물론 저는 몇 가지 생각하며 마음의 준비를 하고 있지만 우리를 인도하시는 하나님이 무엇을 이루어 가실지는 아직 모릅니다. 지금까지도 그렇게 살아왔죠. 제 아내와 그의 부모 형제들을 만난 것이 그러하고 일산호수교회의 성도를 한 분 한 분을 만나게 된 것도 그러하였습니다. 농아인 윤병학씨를 만나서 9년 동안 수많은 농아인들과 만나 함께 교회가 되어 살아온 것도 하나님의 인도하심이죠. 우리는 사람이 마음으로 무언가를 계획할지라도 그 걸음걸음을 인도하시며 일을 이루어 가시는 분이 하나님이신 것을 믿는 사람들입니다.

미얀마에서 10년 혹은 1년간 머무르며 일하시는 한국인 선교사님들은 그 종족의 지도자들을 조심해야 한다고 저에게 충고해 주었습니다. 그렇게 말씀하시면서도 은근히 저에게서 무언가를 기대하는 듯합니다. 그 이유는 제가 여느 선교사들처럼 무언가를 그들에게 일방적으로 주기 위해 가는 사람이 아니라 그들의 사람 탕의 친구로 방문하기 때문입니다. 우리가 설령 무언가를 줄 수 있게 되더라도, 그것은 어떤 사업(선교)이 아니라 교제로 생각되어질 것입니다. 우리 안에서 좋은 일을

2008-2009년

시작하신 하나님이 앞으로 우리의 사귐을 어떻게 인도해 가실지 기대가 됩니다.

우리 교회가 지금까지 그렇게 나아왔듯이 우리는 그들과 함께 아주 천천히 걸으면서 서로를 기뻐하고 즐거워할 것입니다. 우리는 어떤 성과를 빨리 만들어 누군가에게 보여주고 자랑할 필요가 없습니다. 단지 우리는 서로서로를 제 몸처럼 어루만지며 사랑할 수 있게 되기를 바랄 뿐입니다. 단지 우리는 사랑하고 믿고 소망할 뿐입니다. 그뿐입니다.

2009년 4월 23일 목요일
하나님을 믿고 미얀마로 가는 일산호수의 거북이 백경천

89

사랑하는 일산호수교회 형제자매 여러분!

하나님의 은혜와 평강이 그리스도 예수 안에서 살아가는 우리 교회에 풍성하기를 원합니다. 또한 우리 주님의 은혜와 그 크신 사랑이 우리 안에서 넘쳐흘러 가까운 이웃과 북한 동포, 그리고 먼 나라에 사는 가난하고 삶에 지친 사람들에게 전해지기를 소원합니다.

2003년 6월에 우리 교회는 총회법에 따라 투표를 한 후 임직식을 가졌는데, 백경천 목사의 위임/최진규 최지호 이병식 씨의 집사 안수/권정자 김종덕 이영자 임경애 정미경 씨의 권사 안수, 그리고 몇 달이 지난 10월에 조순나 권사님의 은퇴식에 맞추어 다른 교회에서 이미 권사가 되어 우리 교회에서 함께 생활하여 오신 김동애 권사님의 권사 취임이 있었습니다. 엊그제 일 같은데 6년이 흘렀습니다.

이제 또 한 번 집사와 권사를 뽑아 안수하여 일꾼으로 세우는 일을 우리 교회가 하고자 합니다. 우선 다른 형제교회에서 이미 안수를 받으신 이상돈 김민경 집사님과 장동숙 권사님을 우리 교회가 공식적으로 그 직에 세우는 절차로서 시무투표를 하게 되죠. 저는 특별히 이상돈 집사님께 많이 미안합니다. 이미 우리 교회에서 같이 지낸 지 7년 이상이 되었습니다. 그동안에 참으로 수많은 봉사를 하여 왔고 또 해마다 다른 안수 받은 집사님들과 똑같이 어떤 부서를 책임지거나 교회의 감사직도 감당하였는데 이제 와서 무슨 교인들의 신임을 받는 투표를 한다는 말입니까? 참 죄송한 일입니다. 그래도 겸손하게 목회적인 전후 사정을 이해하여 주시고 잘 협력해 주시니 얼마나 감사한지요. 사실 이 세상의 모든 교회는 하나의 교회입니다. 오직 주님의 교회일 뿐이죠. 그래서 여러 가지 사정에 의해서 하나님의 일꾼들이 다른 교회 공동체로 옮겨 생활하는 일이 발생할 때에 교회는 두 팔을 활짝 벌려 "오! 형제님 자매님. 오셨으니 잘 하셨습니다. 여기서도 주님을 위해 함께 봉사합시다"라고 말하며 환영해야 하는 것입니다. 우리는 이미 그러한 교회 공동체가 되어 함께 살아왔고, 이제도 총회가 정한 공식절차를 따라 우리 교회가 시행하게 되는 것입니다. 자주 이런 절차와 행사를 마련하기 어려워 몇 년 만에 한 번 행하게 되니 어떤 분에게는 대단히 죄송한 일이 되는 것이죠.

집사 다섯 분 권사 다섯 분을 뽑아 안수하여 일꾼으로 세우고자 합니다. 우리가 보통 교회에서 '집사님'하고 부르는 분들은 대개 서리집사입니다. 안수 받은 집사가 되기 위한 훈련과정의 직분이라고 볼 수 있죠. 저는 우리 교회의 모든 집사님들이 어느 때가 되면 모두 안수 받은 집사와 권사로 살아가게 되기를 간절히 바랍니다. 집사(권사)는 교회 안에서 공인된 봉사자입니다. 비행기의 승무원(남자: 스튜어드, 여자: 스튜어디스)과 같죠. 그들은 때때로 어린아이들이나 승객의 이야

노루목편지

기를 잘 듣기 위해 사람들에게 무릎을 꿇기도 하고, 승객의 안정과 편의를 위해 모든 수고를 아끼지 않습니다. 겸손하게 하겠죠. 사람들이 평안하도록 잘 돕는 사람이어야 할 것입니다. 그래서 승객들(교인들)이 투표하여 뽑는 것입니다. 집사와 권사에게는 아무런 특권이 없습니다. 오직 봉사자일 뿐입니다. 그렇기 때문에 교회에서 가장 아름다운 직분입니다. 목사와 장로에게는 한 나라의 국회의원들처럼 많은 권한과 특별한 권리가 교회 안에서 교회 법적으로 주어지지만 집사(권사)에게는 아무런 권한이 없습니다. 그래서 저는 집사와 권사가 부럽습니다. 하나님이 더 기뻐하시겠다 싶어요. 우리 교회는 지난 2003년에 새롭게 집사와 권사로 세워지는 분들에게 한 것과 똑같이 오직 성경책 하나를 선물하며 그 책의 안에 집사(권사)됨을 인정하는 글을 적어 주고자 합니다. 그것이 전부입니다. 가끔은 목회자에게로부터 좀 더 열심을 내어 봉사하라는 말을 듣곤 하겠죠. 누가 이 어려운 일을 맡아 감당하겠어요?

하지만 저는 앞으로 우리 교회의 모든 분들이, 그리고 우리들의 자녀들이 집사와 권사가 되기 위한 꿈을 갖고 교회의 사람으로 살아가게 되기를 간절히 소망합니다. 참으로 복된 삶입니다.

2009년 6월 19일 금요일
주일을 기다리며 간절히 기도하는 거북이 백경천

2008-2009년

90

―――― 사랑하는 일산호수교회 형제자매 여러분!

하나님의 은혜와 평강이 그리스도 예수 안에서 살아가는 우리 교회에 풍성하기를 원합니다. 또한 우리 주님의 은혜와 그 크신 사랑이 우리 안에서 넘쳐흘러 가까운 이웃과 북한 동포, 그리고 먼 나라에 사는 가난하고 삶에 지친 사람들에게 전해지기를 소원합니다.

제가 참 잘했어요. 어제 혈당검사를 하고 오늘 담당 의사 선생님을 만났는데 아주 잘했다고 칭찬 들었습니다. 당뇨병에 걸린 것이 뭐 그리 공개적으로 할 말이며, 무슨 그런 일을 자랑하느냐고 생각하실 수도 있지만 이미 두 달 전에 저의 잘못을 고백했기에 제 가족들에게 말하듯이 예수 안에서 형제자매인 분들에게 제 얘기를 이렇게 하는 것입니다.

저는 제 몸에 어떤 약함이 있다는 것이 결코 부끄럽지 않습니다. 물론 저 자신이 몸 관리를 잘 못하고 스트레스를 잘 감당하지 못하여 이렇게 된 것이 부끄러운 일이겠지만 이제는 어쩔 수 없잖아요. 문제가 있음을 인정하고 그 문제를 잘 끌어안고 살아가야죠. 그렇습니다. 저는 당뇨인입니다. 제 아내가 가끔 저를 꾸짖을 때 '당뇨환자'라고 하는데, 저는 그냥 '당나라 사람'이라 부르라고 요청합니다. 혈당치가 좀 불안정한 특징을 가진 사람이니 환자라고 말하지 말아달라는 것이죠.

2개월 전에 저의 상태는 아주 안 좋았습니다. 의사 선생님이 매우 난감해 하시며 "목사님 어떻게 이렇게까지 되셨습니까?"하고 매우 안타

노루목 편지

까워하셨죠. 120정도이던 식전혈당이 228이었고 지난 몇 개월간의 지속적인 상태를 보여주는 당화혈색소 수치는 10.5였습니다. 우리 당나라 사람들과 의사 선생님들은 이 수치가 얼마나 나쁜 것이지 알죠. 그런데 2개월만인 오늘 제가 받은 점수는 식전 혈당 96에 당화혈색소 7.5입니다. 물론 이것이 건강한 수치가 결코 아니며 게다가 혈당을 떨어뜨리는 약을 사용한 결과이니 만족해서는 안 되지만, 의사 선생님은 대단히 기뻐하셨고 저도 매우 행복하였습니다. 마치 20년 전 큰아이 상인이가 태어날 때쯤 어떤 중요한 시험에 합격했던 때의 기분입니다.

저는 지난 2개월 동안 하루에 1시간 반 내지 2시간을 매일 걸었습니다. 설탕이나 소금을 최소한으로 사용한 그야말로 맛없는 식사를 하였고 의사 선생님의 권고에 따라서 과일이나 간식을 일체 먹지 않았습니다. 가족들이나 우리 교우들에게 아주 미안한 일이 많았죠. 저 때문에 얼마나 조심하시고 신경 쓰셨는지요. 이제 4개월 후에 다시 의사 선생님을 만날 때에 저는 당화혈색소 6.5에 이르고자 합니다. 그리고 약의 도움 받는 것을 조금 줄이고 싶습니다. 조금씩 더 건강해지고 싶습니다. 살다 보니 이런 삶의 목표도 저에게 주어지네요. 파이팅!

2009년 7월 16일 목요일
김용무 집사님을 많이 생각하는 거북이 백경천

2008-2009년

91

사랑하는 일산호수교회 형제자매 여러분!

하나님의 은혜와 평강이 그리스도 예수 안에서 살아가는 우리 교회에 풍성하기를 원합니다. 또한 우리 주님의 은혜와 그 크신 사랑이 우리 안에서 넘쳐흘러 가까운 이웃과 북한 동포, 그리고 먼 나라에 사는 가난하고 삶에 지친 사람들에게 전해지기를 소원합니다.

저는 지금 우리 예배당 식당에 홀로 앉아 있습니다. 대추나무 옆 전봇대에는 나팔꽃이 잎 하나 꽃 하나 드문드문 한가롭게 피어있고, 그 옆의 이웃 창고 건물 외벽에는 붉게 누렇게 푸름을 잃어가는 담쟁이가 빼곡히 살아가고 있습니다. 저 나팔꽃이 처음 이곳에 올 때는, 뒷마당 쪽 식당 창밖 아래에 서너 개, 제가 매준 굵은 나일론 줄을 타는 녀석들뿐이었습니다. 하지만 지금은 우리 눈이 닿는 곳 어디에나 있네요. 담쟁이도 그래요. 9년 전 건희 하늘이 이슬이 태우러 자유로 선교원 거북이를 운전하다가 어느 집 담 밑에 작게 나오는 녀석들을 보고는 두 아이 데려다가 우리 교회당 담 밑에 심어 두었었죠. 그런데 세 해쯤 지나자 우리 얕은 담을 다 덮었을 뿐 아니라 포도밭 채소밭까지 그 뿌리가 차지했었죠. 누군가 싹 뽑아주었어요. 좀 아쉽지만 어쩔 수 없다고 생각했는데, 모르는 사이에 예배당 창밖의 이웃집 창고 벽에 몇 줄기 다시 보이기 시작하더니만 그 건물 외벽을 오늘처럼 보기 좋게 덮어 버린 것입니다. 헤헤. 그놈들!

우리 식당 냉장고 옆에 정수기, 그 정수기 옆에 커피포트가 있는데,

노루목편지

그 위에 붙은 종이쪽지에는 이렇게 적혀 있네요. "맛있는 커피 한 잔에 200원입니다. 이 가을 구수한 커피 한 잔 어떠세요? 블랙도 200원, 녹차 100원, 에스더 일동" 저 놈이 작년부터 거기에 있는지 재작년인지는 잘 모르겠습니다. 어쨌든 저는 저 쪽지 광고 때문에 참 행복합니다. 겨울과 봄과 여름을 지나도 '이 가을이라고 써진' 저 녀석을 그대로 놔두고 또 한 번의 가을을 맞이하니 말입니다. 연두색 형광펜으로 '200원'을 강조하였는데 누구의 솜씨인지 내년 이맘때쯤 물어보고 싶습니다. 우리가 참 느리죠?

예배당 뒷문 위의 <꾸러기 학당>이란 글씨와 세 아이 그림은 한승훈 형제 작품입니다. 10년 되었어요. 이 동네 사는 첫 교우 홍기준 집사님의 쌍둥이가 백마초등학교 장항분교에 입학하면서, 그 집 아이들과 학교 친구들을 교회당으로 데려와 영어와 산수를 배워주며 주일 날 오라고 살살 꼬시던 시절에 붙여 놓은 거예요. 6개월쯤하고 학당은 문을 닫았는데, 누구도 저 작품을 떼 내야 한다고 얘기하지 않았어요. 작품이 워낙 탁월해서인지, 한승훈 형제가 다시 와서 같이 믿음 생활하기를 바라서인지, 백목사가 저 친구를 얼마나 좋아하는지 느껴서인지…. 어쨌든 저는 여기가 참 좋습니다.

홍윤혜 집사님이 그러시는데 돌아오는 주일에는 최지수 형제가 온답니다.

2009년 10월 5일 월요일 오후
지수 형제가 많이 보고 싶은 거북이 백경천

사랑하는 일산호수교회 형제자매 여러분!

하나님의 은혜와 평강이 그리스도 예수 안에서 살아가는 우리 교회에 풍성하기를 원합니다. 또한 우리 주님의 은혜와 그 크신 사랑이 우리 안에서 넘쳐흘러 가까운 이웃과 북한 동포, 그리고 먼 나라에 사는 가난하고 삶에 지친 사람들에게 전해지기를 소원합니다.

지난 주일을 생각하면 마치 꿈을 꾼 것 같습니다. 많은 분들이 오셨어요. 대부분 우리 교회 식구들의 가족입니다. 그들 또한 거의 모두 자신들이 속한 교회공동체에서 예배한 후 여기에 오신 것이죠. 축하하는 마음과 꽃다발을 가져왔습니다. 자녀와 손자들이 찾아왔는가 하면 부모와 형제들도 왔습니다. 믿음 생활을 하지 않는 분들도 있었겠죠. 도대체 장로는 무엇이고 집사와 권사는 무엇인지. 그것이 되면 교회에서 월급을 주는 것인지 뭐 하는 것인지, 아무것도 아니라면 왜 그렇게 열심히 축하를 하는 것인지. 듣기로는 그냥 교회의 심부름꾼/일꾼이라던데, 그렇다면 '머슴'이 된다는 것인데 왜 그것이 축하받을 일인지 많이 궁금했을 거예요.

저는 좀 걱정이 됩니다. 우리 교회는 별로 할 일이 없는데, 저분들이 왜 직분을 만들어 사람들을 세워 놓고 일을 맡겨 주지 않느냐고 물으면 뭐라고 응답해야 하나. 교회는 예수님 안에서 쉼을 얻고 새 힘을 얻는 샘터와 같은 것인데, '자꾸 일하고 싶다고 하면 어떻게 하나'하는 걱정이 있습니다. 그래요, 교회는 일하는 곳이라기보다는 쉬는 곳입니다.

노루목편지

그래서 교회의 일이란 서로서로를 위로하고 격려하면서 쉼터를 만들어 가는 것이죠. 그래서 이 세상의 사람들이 교회의 모임에 참여하고 교회당에 들어오며 위로받고 쉬면서 새 힘을 얻어야 하는 것입니다.

전도를 해야 하고 봉사를 해야 하지 않느냐구요? 그래요. 해야죠. 하지만 욕심이 많고 죄 많은 내가 해서 될 일이 아니기 때문에 내 안에서 주님이 무언가 하실 때까지 기다려야 합니다. 일을 안 하고 언제까지 기다려야 하냐고요? 내 안에 기쁨과 감사가 충만해질 때까지 기다려야 합니다. 나의 모든 삶이 감격스럽고 하나님의 은혜가 너무 감사하여 주체할 수 없을 때 전도가 되어지고 봉사로 나타나겠죠. 우리 교회에도 그런 분들이 있는 것이 보입니다. 모든 분들이 늘 그러면 얼마나 좋겠어요? 하지만 어느 날 나의 삶에 그러한 깨달음과 감사가 찾아왔을 때 우리는 주님의 부르심에 순종해야죠.

저는 17년 전에 목사로서 안수받았고 우리 교회의 어떤 분들은 지난 주일에 장로 집사 권사로 안수받았습니다. 우리는 모두 우리의 중심에 거하시는 예수 그리스도와 하나가 되어 그분의 입이 되고 손이 되고 발이 되는 삶을 살아가게 될 것입니다. 그렇습니다. 우리는 주님의 몸 된 교회입니다.

2009년 10월 16일 금요일
오늘도 주님을 간절히 구하는 거북이 백경천

2008-2009년

\# 93

―――― 사랑하는 일산호수교회 형제자매 여러분!

하나님의 은혜와 평강이 그리스도 예수 안에서 살아가는 우리 교회에 풍성하기를 원합니다. 또한 우리 주님의 은혜와 그 크신 사랑이 우리 안에서 넘쳐흘러 가까운 이웃과 북한 동포, 그리고 먼 나라에 사는 가난하고 삶에 지친 사람들에게 전해지기를 소원합니다.

어제는 저의 형제들과 청주 아버지 집에서 만났습니다. 이제는 아버지가 계시지 않은 아버지 집입니다. 하지만 아직도 아버지가 계신 것처럼 느껴집니다. 어머니를 모시고 우리 형제와 누님 부부가 함께 아버님의 장지에 다녀와서 함께 앉았습니다. 홀로 남겨지신 어머니가 앞으로 어떻게 살아가면 좋을지, 자녀들이 어떻게 어머니의 생활비를 감당해야 할지, 매우 구체적이고 현실적인 문제에 대해서 대화를 나누었습니다. 모두가 서로를 깊이 사랑하며 각자 어려움이 있지만 기쁘게 협력하기로 약속하였습니다.

아버지가 입으시던 옷과 신발을 어떻게 하면 좋을지 모르겠다고 어머니가 말씀하셨어요. 우리가 모두 나누어 보자고 했습니다. 형은 아버지보다 키가 조금 크고 뚱뚱하니까, 아버지의 목사 가운과 한복 두루마기를 가져가겠다고 하고 신발도 하나 선택하였습니다. 제가 우리 형제 중에서 제일 크기 때문에 잘 맞을 리 없지만 그래도 남방 몇 개와 콤비 한 벌을 택하고, 혹시나 아버지와 체격이 비슷하게 느껴지는 이복

노루목편지
✉

식 목사님이 입어주실까 하여 양복 두 벌을 가져왔습니다. 나머지는 모두 문산에서 목회하는 저의 동생이 가져갔습니다. 꼭 맞지는 않지만 그래도 그이가 우리 형제 중에서는 가장 아버지의 몸 크기에 가깝기에 입을 수 있겠답니다. 모두가 적극적으로 아버지의 옷을 물려받고 싶어 하였습니다. 저도 그래요. 하나라도 꼭 간직하며 가끔 입고 싶었어요. 아버지를 가까이 느끼고 싶은 마음이겠죠

어머니가 참 좋아하셨습니다. 우리가 어머니께 생활비를 드리겠다고 말씀드리는 것보다도, 우리가 아버지의 옷을 열심히 입어보고 그분의 신을 신어보며 가져가서 소중하게 입고 신고 더불어 살겠다고 하는 것이 어머니를 신나게 해 드렸어요. 저도 우리 형제들이 참 좋습니다. 누가 누구에게 가르치거나 권유할 필요 없이 모두가 자연스럽게 같은 마음이 되어 서로를 기뻐하고 즐거워하였습니다.

우리 어머니는 이제 홀로 가셔야 합니다. 저를 낳아주신 어머니를 이어서 27년 전에 우리 가정의 두 번째 어머니가 되어 주신 후로 한 번도 아버지와 떨어져 있지 않으신 어머니가 이제는 홀로 살아가셔야 합니다. 우리의 어머니를 위해 날마다 기도하겠습니다.

2009년 12월 1일 화요일
어머니의 생각을 많이 하는 거북이 백경천

2010-2011년 노루목편지

일산호수교회와
백경천 목사가
함께 성장하다

노루목편지

94

———— 사랑하는 일산호수교회 형제자매 여러분!

하나님의 은혜와 평강이 그리스도 예수 안에서 살아가는 우리 교회에 풍성하기를 원합니다. 또한 우리 주님의 은혜와 그 크신 사랑이 우리 안에서 넘쳐흘러 가까운 이웃과 북한 동포, 그리고 먼 나라에 사는 가난하고 삶에 지친 사람들에게 전해지기를 소원합니다.

오늘은 비가 옵니다. 아주 조금씩 내리지만 그칠 듯 그칠 듯 그치지 않고 계속 우리 땅을 촉촉하게 적십니다. 시멘트 위나 아스팔트 위에 내리는 비와는 다릅니다. 저 살아있는 땅 위에 내려오는 비는, 그래요, 우리들의 몸처럼 느껴지는 저 땅속으로 스며들어 옵니다. 언 땅을 녹이며, 우리의 딱딱함을 부드럽게 녹이며 우리들의 안으로 들어옵니다. 이대로 봄을 맞이하면 참 좋겠습니다. 그럴 수는 없을 거예요. 한 번 더 추위가 오겠죠. 하지만 오늘 내린 저 빗물이 녹여준 우리들 땅을 저 깊은 속까지 다시 얼게 할 수는 없을 거예요.

아쉬움도 있네요. 지난 주일 낮에 보니 우리 교회의 꼬맹이들이 우리들 마당에 높이 쌓아 두었던 눈이 녹으며 만들어진 얼음판 위에서 신나게 팽이 돌리며 놀았는데, 그 놀이를 이번 겨울에는 더 이상 할 수 없을 것 같습니다. 아직 학교에 들어가지 않은 지난주의 그 아이들에게는 미안하게 되었지만 이제는 이곳에 조금씩 봄이 찾아오는 것을 막

2010-2011년

.

을 수가 없습니다. 아직은 분명히 이르지만, 오늘 보니 이미 시작된 듯합니다. 겨울은 아직 물러가지 않았지만 봄은 이미 우리 속으로 들어오고 있습니다.

저는 이번에 아주 이상한 겨울을 지냈습니다. 꿈같은 열흘입니다. 30도가 넘어 40도가 되기도 하는 지독한 여름이 저의 겨울 속으로 들어왔다가 감쪽같이 사라졌습니다. 아니 실제로는 제가 겨울을 안고 여름 속으로 들어갔다가 다시 겨울로 돌아온 것이죠. 참 희한한 경험입니다. 솔직히 재미있다기보다는 좀 걱정스런 삶이었죠. 다행스럽게도 오늘 제 몸과 마음은 대단히 편안합니다. 이제는 제 생각 속에서 미얀마가 거의 지워지고 있습니다. 생각이 아주 단순해지고 있는 것이죠. 미얀마의 일은 미얀마에 있는 사람들에게 맡겨두고 저는 지금 여기에서 저에게 요청되는 삶 곳으로 빠져 들어가야 하는 것입니다.

빨리 잊을수록 좋겠죠. 특별히 우리가 누군가에게 무엇을 주었다는 기억은 더 빨리 잊을수록 좋습니다. 낮에 놀다가 두고 온 시냇가의 종이배처럼 물 위로 떠나보내고, 어딘가 누군가에게 흘러갔겠지 하는 마음으로 살아야죠. 본래 그 친구들은 우리의 소유가 아니었습니다. 우리에게 잠시 머물며 우리를 행복하게 하다가 또 누군가에게 기쁨 주려고

노루목편지 ✉

우리를 떠난 것이죠. 그들이 말하기를 하나님의 은혜가 우리를 통하여 그들에게 임하였답니다. 저를 보면서 하나님이 자신들에게 보내어준 사람이라고 하더군요. 저는 바깥 출입을 못하는 노인들과 장애인들의 집으로도 인도되었습니다. 참으로 꿈같은 시간이었습니다.

2010년 2월 9일 화요일
서서히 꿈에서 깨어나고 있는 거북이 백경천

95

사랑하는 일산호수교회 형제자매 여러분!

하나님의 은혜와 평강이 그리스도 예수 안에서 살아가는 우리 교회에 풍성하기를 원합니다. 또한 우리 주님의 은혜와 그 크신 사랑이 우리 안에서 넘쳐흘러 가까운 이웃과 북한 동포, 그리고 먼 나라에 사는 가난하고 삶에 지친 사람들에게 전해지기를 소원합니다.

지난 주일에는 아침 일찍 주일학교에 온 4학년 나승석과 김기경이 각각 페트병을 들고 제 방에 찾아왔습니다. 가만히 보니 그 안에는 개구리 알이 담겨 있었습니다. 우리들은 금방 알아요. 왜냐하면 거의 해마다 제가 감악산 계곡에 가서 개구리 알을 가져왔기 때문이죠. 특별히 이 두 개구쟁이들은 아주 어렸을 때부터 알에서 깨어난 올챙이들이 성장하여 개구리가 되어가는 과정을 정말 재미있게 즐겼습니다. 어떤 어른들은 이 아이들이 그 올챙이들을 가장 괴롭힌다고 걱정하며 저에게 일러주기도 하였지만 사실 그것이 그들 나름의 사랑표현이었음을 저는 알고 있었죠. 저는 우리 교회의 아이들이 좀 장난스럽고 모험심이 강할 뿐 아니라 자연을 즐거워하며 성장하기를 간절히 원했습니다.

올해에는 여러 가지 사정이 겹쳐서 제가 개구리 알을 구하지 못했습니다. 아쉽지만 이제는 산속의 그 알들을 그만 가져와야 하는가 보다 하고 생각을 정리했죠. 저에게는 늘 두 마음이 있었어요. 우리 아이들이 자연과 매우 가깝게 지내기를 원하는 마음과, 그 알들이 그 깊은 계

노루목편지

곡에서 올챙이가 되어 성장하면 여기에서 보다 더 행복한 삶을 살 텐데 하는 마음입니다.

그런데 승석이와 기경이가 개구리 알을 가져온 것입니다. 아마 아빠들이 국민대학교에서 축구경기가 있어 따라갔다가, 이 아이들은 우리 교회에서 야성적으로 성장한 아이들답게 학교 뒷산인 북한산의 계곡을 뛰어 다녔을 것이고, 그러는 중에 어렸을 때부터 보아온 개구리 알이 무지하게 많은 현장을 보았겠죠. 실제로 그 현장을 보면 놀라실 거예요. 엄청난 양의 알이 한 곳에 가득하게 모여 있어요. 우리 아이들이 그 현장을 발견한 것이죠. 그 아이들은 아주 조금 그 자연에서 가져왔어요. 그들의 말이 그래요. 자연을 보호하기 위해 '아주 조금' 가져왔답니다. (헤헤)

그 아이들은 매우 용감하였고 저는 몹시 기뻤습니다. 우리는 매우 의미심장한 미소를 주고받으며 '아주 조금'이라는 말을 자꾸 하면서 우리의 죄의식을 다독거렸습니다. 우리 아이들이 어려서부터 생명의 소중함에 대해 고민하면서 그 자연 생명을 충분히 이해하고 그 생명들이 잘 살아가도록 돕는 사람들로 성장해 가기를 간절히 소망합니다.

2010년 3월 17일 수요일
제 친구 나승석 김기경이 참 좋은 거북이 백경천

#96

사랑하는 일산호수교회 형제자매 여러분!

하나님의 은혜와 평강이 그리스도 예수 안에서 살아가는 우리 교회에 풍성하기를 원합니다. 또한 우리 주님의 은혜와 그 크신 사랑이 우리 안에서 넘쳐흘러 가까운 이웃과 북한 동포, 그리고 먼 나라에 사는 가난하고 삶에 지친 사람들에게 전해지기를 소원합니다.

요즘 저는 이사하는 중입니다. 지난 수요일에는 아들 상인이와 함께 김웅기의 도움도 받아 세 시간 정도 일하였고 어제는 팔십 세이신 어머님께 하나씩 물어가면서 하루 종일 하였죠. 저는 사실 일할 줄 모릅니다. 군대에 가서도 삽질을 잘하지 못한다고 고참들이 저에게는 동료들이 일하는 동안에 노래를 부르게 한 적도 있습니다. 교회에서도 저는 늘 일하는 분들 옆에서 잔심부름을 하죠. 우리 집에서도 마찬가지입니다. 그래서 식구들은 저에게 별로 기대하지 않아요.

그런데 이번에는 제가 혼자 알아서 이사를 해보겠다고 했으니 우리 집에서 누가 찬성을 하겠습니까? 저의 아내와 어머님, 그리고 아이들까지도 모두 절대로 안 된다고 하였죠. 하지만 저는 하루에 한 시간 정도 운동 삼아서 한 달간 하겠으니 그런 줄 알라고 하였습니다. 우리가 이사 갈 집이 아주 가까이에 있고, 또 그 집이 비어 있으며, 집주인이 동안교회 집사님인데 적은 돈으로 계약만 하였는데도 아무 때나 이사하여 살라고 하시니 생각해 볼 만한 일이었죠. 가장 큰 문제는 가족들이 저를 신뢰하지 않는다는 것입니다. 그리고 제가 혹시 무리하여 건강에

노
루
목
편
지
✉

이상이 오지 않을까 걱정하는 마음이 큰 것이죠.

어제 저는 도전하였습니다. 처음에는 두 시간 정도 하려고 했는데 어머님의 신뢰를 조금 얻은 듯하자 뭔가 더 보여주려고 좀 더 좀 더 하다 보니 하루 종일 한 것입니다. 창틀도 닦고 타일 바닥 청소까지 하였습니다. 어젯밤에 그 집을 돌아본 두 여인(아내와 어머니)은 저에게 살짝 웃어주며 처음으로 수고했다고 말해 주었습니다. 절대로 하지 말라고 경고도 하고 협박도 하던 여인들이 이제는 좀 안심하는 듯합니다. '대따'(은석이 같은 아이들이 쓰는 말인데 글로는 어떻게 쓰는지…), 행복합니다.

아버지 생각이 납니다. 제가 어렸을 때, 그때는 어느 집이나 이사를 참 많이 하였었죠. 가끔 리어카를 밀며 돕기도 하였지만, 대개는 우리가 학교에 가 있는 동안 아버지 혼자 하셨어요. 그래서 아버지 생각하면서 이번 이사를 꼭 제 힘으로 하고 싶었을지도 모르겠네요. 제 기억에 아버지는 참 대단하셨는데, 저는 상당히 걱정스런 남편과 아버지로 살아온 것 같아서 늘 미안합니다.

제가 혼자서 잘할 수 있는 것이 별로 없지만, 거북이처럼 아주 천천히 끝까지 가보는 그런 면은 좀 있다고 생각합니다. (헤헤)

2010년 3월 30일 화요일
어제 일을 생각하며 빙그레 웃는 거북이 백경천

사랑하는 일산호수교회 형제자매 여러분!

하나님의 은혜와 평강이 그리스도 예수 안에서 살아가는 우리 교회에 풍성하기를 원합니다. 또한 우리 주님의 은혜와 그 크신 사랑이 우리 안에서 넘쳐흘러 가까운 이웃과 북한 동포, 그리고 먼 나라에 사는 가난하고 삶에 지친 사람들에게 전해지기를 소원합니다.

지금 저는 참 행복합니다. 방선애 자매의 어머니를 병문안하며 함께 나누었던 대화가 참 좋았습니다. 선애 자매와는 조금 얘기하고, 그의 엄마와 동생 선미 씨와는 더 많이 얘기하였죠. 참 좋은 분입니다. 얼마 전부터 그 어머니의 목 부위가 많이 아팠는데 디스크에 문제가 생겼답니다. 지난 주일에 선애 자매가 엄마가 아프시다는 얘기를 해주었는데, 왠지 모르게 저는 참 좋았습니다. 살다가 아픔이 찾아오는 것은 어쩔 수 없는 것이고, 제가 아무 때나 여유를 갖고 찾아뵐 수 있는 가까운 병원에 계시다 하니 내심 좋았던 것이지요. 사실 많이 뵙고 싶었습니다. 딱히 무슨 할 말이 있었던 것은 아닌데, 제가 많이 사랑하는 사람들의 어머니이시고 할머니이시니 그 자녀들을 잘 돌보시고 예쁘게 길러주셔서 참 감사하다는 표현을 하고 싶었던 것입니다.

어떤 분들은 몹시 이상하게 여기실지 모르지만, 저는 진정 제가 사랑하며 살아가는 사람들의 부모님이나 형제들이 많이 보고 싶고, 또 만날 기회가 되면 제가 먼저 "이렇게 좋은 사람들을 저에게 보내주셔서 감사하다"는 표현을 하고 싶습니다. 그래요, 그렇습니다. 선애 씨와 그의 남

노루목편지

편 성환 씨, 저는 이 귀한 분들이 결혼할 때에 주례목사가 되는 영광을 얻었습니다. 큰아이 영인이, 둘째 신희(새 기쁨)가 태어날 때, 들에서 양을 치다가 기쁜 소식 듣고 달려간 베들레헴의 어느 목동처럼, 그때 제가 함께 즐거워하였었죠. 지난 주일에는 그 식구들이 함께 노래하는 소리를 들었습니다. 그분들의 인생 중에 한 열 번쯤 가족찬양을 할 수 있을지, 어떨지…. 그런데 저는 영광스럽게도 또 한 번 그들의 가족찬양 발표를 들은 것입니다. 많은 얘기를 즐겁게 나누었습니다.

이렇게 기쁨과 감사로 대화하는 중에 그 어머니의 몸이 건강해지기를 간절히 바랐습니다. 몸이 회복되어가면서 기쁨과 감사가 찾아올 수도 있지만, 저는 오히려 그 몸과 맘의 깊은 곳에서부터 기쁨의 샘이 터져서 그 기쁨이 몸을 건강케 하기를 간구한 것입니다. 제가 먼저 감사한 마음을 표현하였고 그 어머님도 기쁨의 이야기들을 풀어놓았죠. 아픔과 병을 걱정하는 대화는 없었어요. 아픔과 질병은 오직 기쁨과 감사로 치유되는 것이기 때문입니다. 또 아픔이 있겠지요. 질병도 다시 찾아올 것입니다. 하지만 그것이 우리의 기쁨과 감사를 빼앗아 가지 못한다면 그것은 더 이상 우리에게 아픔이 될 수 없겠지요.

2010년 5월 31일 화요일
이 좋은 햇빛 아래서 많은 분들이 건강해지기를 기도하는 백경천

2010-2011년

98

사랑하는 일산호수교회 형제자매 여러분!

하나님의 은혜와 평강이 그리스도 예수 안에서 살아가는 우리 교회에 풍성하기를 원합니다. 또한 우리 주님의 은혜와 그 크신 사랑이 우리 안에서 넘쳐흘러 가까운 이웃과 북한 동포, 그리고 먼 나라에 사는 가난하고 삶에 지친 사람들에게 전해지기를 소원합니다.

우리 교회에서 '거북이'라고 불리어지는 노란색 자동차가 있습니다. 그래요, 그 아이의 이름은 거북이입니다. 현대자동차 회사는 이 차를 만들어 팔면서 '그레이스(은혜)'라는 이름을 붙였지만, 우리는 어느 때부터인지 이 녀석을 거북이라고 부르며 좋아하였습니다. 제가 처음 그렇게 불렀죠. 다섯 살, 여섯 살 아이들이 타는 차였기에 동물 이름을 생각하였고, 아주 천천히 안전하게 움직이는 차가 되면 좋겠다는 생각에 그 이름을 붙였죠. 저의 별명은 거북이인데, 제가 먼저 거북이인지 이 녀석이 먼저 거북이가 되었는지 가물가물합니다.

참 고마운 것은 10년간 아무런 아픔도 사고도 없었다는 것입니다. 하지만 지난 겨울에 시름시름 앓더니 여기저기 고장이 났었죠. 자동차 병원에서는 다들 그럴 때가 되었다고 하였습니다. 사람의 몸도 오래 사용하다 보면 병이 나듯이 이 녀석도 그럴 때가 왔다는 것이죠. 어떤 분들은 기계는 기계일 뿐이니 괜히 고생하지 말고 새 차를 바꾸는 것이 좋지 않겠느냐고 하고 또 결과적으로도 그것이 이익일 것이라고 말해

노
루
목
편
지
✉

주셨죠. 지난겨울 많은 돈을 들여서 수리하였는데도 자꾸 열이 나고 이따금 뜨거운 물이 넘쳐흐르며 연기가 올라올 때는 참 많은 생각이 들더군요.

  웃으실지 모르지만, 저는 어느 날 이 거북이를 잘 고쳐줄 좋은 의사 선생님을 만나게 해달라고 기도도 하였습니다. 심하게 열이 올라서 길가에 세우고 견인차를 불렀습니다. 제가 좋아하는 목사님이 추천해 준 카 센터(자동차 병원)로 가서 꼼꼼하게 잘 살펴달라고 부탁하였죠. 고맙게도 다음 날 원인을 찾아서 적은 비용으로 치료해 주었는데 이제는 아무 탈이 없습니다. 최소한 몇 년간은 건강한 것으로 느껴집니다. 기도 응답이라고 생각해요. (헤헤)

  이 녀석이 아프게 되면서, 불편을 감수하며 애태우기도 하면서, 우리의 사랑은 더욱더 깊어졌습니다. 동물도 식물도 아닌 자동차를 사랑하냐구요? 글쎄요. 이런 마음이 드네요. 우리를 위해 참 많이 수고한 것에 대한 고마운 마음도 있고, 이 친구가 할 동안 많이 아팠던 것에 대한 애처로운 마음도 있습니다. 그리고 제가 좀 불편했을 때 잠시 잠깐 딴 마음 먹었던 것에 대한 미안함도 있습니다.

2010년 7월 1일 목요일
거북이를 사랑하는 거북이 백경천

2010-2011년

99

사랑하는 일산호수교회 형제자매 여러분!

하나님의 은혜와 평강이 그리스도 예수 안에서 살아가는 우리 교회에 풍성하기를 원합니다. 또한 우리 주님의 은혜와 그 크신 사랑이 우리 안에서 넘쳐흘러 가까운 이웃과 북한 동포, 그리고 먼 나라에 사는 가난하고 삶에 지친 사람들에게 전해지기를 소원합니다.

저는 이제 막 서울의 <종로 5가>에서 집으로 돌아왔습니다. 종로 5가에는 우리가 속한 교단의 총회 본부인 한국선교 100주년 기념관이 있는데, 저는 평양노회의 역사위원회를 대표하여 그곳에서 모이는 총회 역사위원회 작은 모임에 참여하였던 것입니다. 참 복잡하고 거창하죠? 일산호수교회의 목사로 살아가다 보니, 교회를 대표하여 노회에 참여하고 노회를 대표하여 총회의 모임에도 참여해야 했던 것이죠. 이해해 주시기를 바랄 뿐입니다.

사실 지금 제 마음속에 흐르고 있는 기도는 내일모레 시작되는 우리 일산호수교회 어린이 여름성경학교입니다. 아이들을 생각하고 있어요. 요즘에는 가끔 얼굴이 익숙지 않은 친구들이 보이고, 미안하게도 제가 이름을 알지 못하는 아이들이 많아요. 물론 그 아이들을 담당하는 목회자 한제응 전도사님이 계시지만, 그래도 그 작은 아이들의 이름을 알아야 하는데, 요즘 제 생각과 마음이 너무 복잡해져 있는 것이 사실입니다. 좀 더 단순하고 소박하게 살아야 하는데, 이제는 제가 별로 원하

노
루
목
편
지
✉

지 않는 모임에 어쩔 수 없이 가야 할 일이 자꾸 많아지는 것입니다. 제 머릿속에 어떤 신학교의 교수님, 어느 어느 교회 목사님의 이름들이 점점 더 많이 자리 잡게 되면서 우리 교회 아이들 이름이 덜 중요해지는 듯하여 큰일입니다.

아주 작은 아이들까지 모두의 이름을 부르며 목회하는 목사가 되기를 간절히 원했는데, 이 무슨 부끄러운 모양입니까? 반성! 반성! 이번 여름 성경학교가 열리는 시간에 할 수 있는 한 더 많은 시간을 예배당에 머물면서 잠깐잠깐 그 귀한 아이들의 얼굴과 이름을 외우고 축복해야 하겠습니다. 링컨이나 이순신처럼 소중한 이름들이기에, 이 세상에 오직 하나뿐인 그 얼굴 그 마음이기에, 미래의 이 나라 대통령을 미리 만나듯 정성을 기울여 대화해 보겠습니다.

지난 주일 점심시간에 우리 교회 선생님들이 함께 모여 의논하며 성경학교를 준비하던 모습이 지금 제 눈에 선합니다. 이 시간 우리 교회의 유치부 초등부 선생님들을 축복합니다. 선생님들의 예수 그리스도 안에서 누리는 행복이 저 소중한 아이들의 삶 속으로 흘러가기를 간절히 바랍니다.

2010년 7월 21일 수요일
어린이 여름성경학교를 기다리는 거북이 백경천

2010-2011년

100

사랑하는 일산호수교회 형제자매 여러분!

하나님의 은혜와 평강이 그리스도 예수 안에서 살아가는 우리 교회에 풍성하기를 원합니다. 또한 우리 주님의 은혜와 그 크신 사랑이 우리 안에서 넘쳐흘러 가까운 이웃과 북한 동포, 그리고 먼 나라에 사는 가난하고 삶에 지친 사람들에게 전해지기를 소원합니다.

2010년 8월 3일 화요일, 한 시간쯤 낮잠을 자고 일어났습니다. 오후 4시 25분이네요. 앞마당에서는 피구하는 사람들이 보입니다. 저분들이 한 팀을 이룬다는 것은 기적입니다. 일평생 오직 한 번 있을 듯. 박진우(초5) 이건희(중2) 이기수(청년) 강명이(루디아) 조은영(루디아) 이학진(초4) 김규진(초5)이 한 팀이고, 조윤희(마리아) 김규호(청년) 전지영(고등부), 이건주(고등부) 정경아(루디아) 백인영(고등부) 송창봉(중등부) 이하늘(중등부)이 상대팀입니다. 무지하게 재미있는가 봅니다. 주변에 있는 사람들도 하나둘 모여 들면서 게임의 분위기가 더욱더 달아오르고 있습니다. 권사님들은 주방에서 열심히 오징어 호박이 들어있는 전을 부치고, 작은 수영 풀 옆 식탁에서는 많은 사람들이 오가며 그 맛있는 것을 부지런히 집어 먹습니다. 지금은 오지숙 자매와 박주호 형제 그리고 유재원 이영자 권사님이 드시고 계시네요.

이번 호수가족캠프에는 90명 정도의 성도들이 참여했습니다. 혹시 한두 사람의 이름이 빠질 수도 있어서 조심스럽지만 그래도 저 사랑스런 이들의 이름을 남녀노소, 혈연관계 구분 없이 막 적어 보겠습니다.

노루목편지

오태진 백경천 김이경 김유신 유창현 대니얼 함영선 박명규 이영자 지정례 김동애 장동숙 강성심 조은영 조윤희 이은영 최지윤 정경아 장민정 김민경 김경희 김명진 김지우 김하준 김지수 허은석 허은결 김기민 김기경 유빛나 유재원 유형우 이학진 김규진 백인영 이하늘 안지명 조경렬 송창봉 이학민 김유리 한제응 김웅기 김규호 최진규 임경애 권정자 김종덕 이혜림 정태범 조나단 이병식 박희용 사재훈 나영목 박주호 김종윤 김대곤 김종식 이동훈 김민경 허동기 최성환 김성호 장동숙 정미경 전영신 강명이 김은정 엄경아 박소윤 오지숙 하해영 방선애 나승석 박진우 박소영 최영인 최신희 전지영 이건주 이건우 이건희 나인우 김경태 김상호 우지강 이기수 김장환 입니다.

모든 이들이 아주 자유롭고 자연스럽습니다. 저 멀리서는 유창현 형제와 조나단 전도사님이 책을 읽으며 흘끔흘끔 놀이하는 사람들을 바라봅니다. 처음 보는 이들은 누가 누구의 아들이고 딸인지 오해할 정도로 모든 이들이 이리저리 섞여서 서로서로 놀아주고 안아주고 부벼댑니다. 21개월 정태범은 저뿐 아니라 모든 이들을 안아주고 뽀뽀해줌으로 이 아이가 하나님이 보내주신 천사임을 우리 모두로 하여금 알아차리게 하네요.

2010년 8월 3일 화요일
하늘나라를 살고 있는 거북이 백경천

2010-2011년

사랑하는 일산호수교회 형제자매 여러분!

하나님의 은혜와 평강이 그리스도 예수 안에서 살아가는 우리 교회에 풍성하기를 원합니다. 또한 우리 주님의 은혜와 그 크신 사랑이 우리 안에서 넘쳐흘러 가까운 이웃과 북한 동포, 그리고 먼 나라에 살고 있는 가난하고 삶에 지친 사람들에게도 전해지기를 소원합니다.

우리가 하나님의 뜻을 어떻게 알 수 있을까요? 목회자는 다른 성도들보다 훨씬 더 하나님의 뜻을 잘 알 수 있을까요? 그래야만 할 것 같은데, 또 많은 교우들이 그럴 것이라고 기대하면서 교회 생활을 하는데, 제가 저 자신을 볼 때는 별로 그렇지가 못합니다. 그래서 저는 오히려 모든 교우들이 저와 함께 성령 충만하기를 간절히 원하면서, 조금이라도 더 교우들의 얘기를 들으려 합니다.

요즘 저는 <농아인의 친구들>이란 모임을 섬기면서 많은 고민을 하였습니다. 10년이 넘게 이 모임을 해 왔는데, 과연 열한 번째 음악회를 또 할 수 있겠는지, 망설임이 있었습니다. 무엇보다도 지금까지 이 음악회는 농인들이 자신들의 힘과 지식은 부족하지만 열심히 해 보겠다는 열심을 내어놓았기 때문에 친구들이 도우면서 한 해 한 해 이루어져 왔는데, 지금 상황은 그렇지가 못한 형편입니다. 앞장서서 농인들을 이끌던 몇 사람이 여러 가지 사정으로 주저앉아 있는 것입니다. 이런 현실을 알고 있으면서도, 저는 농인들에게 힘들더라도 음악회를 준비하면 새

노루목편지

로운 리더십도 생기고 우리가 생각지 못했던 귀한 일들이 있을 것이라고 독려하여 왔지만, 어제 아침 시간에는 저 자신도 힘들어하는 그들을 쉬게 해주는 것이 더 좋겠다는 생각을 하게 되었던 것입니다.

그런데 어제 저녁 농아인의 친구들 화요 모임 시간에 특별한 손님들이 찾아와서 빨리 음악회 계획을 알려주어야 지금 준비하는 팀들이 일정을 맞출 수 있다는 얘기를 하였습니다. 대한항공 여승무원 출신 합창단이 참여하려고 기다리고 있고, 은혜교회와 장함교회에서도 이미 팀이 구성되어 남성중창단과 수화찬양을 준비하고 있다는 것입니다. 주님이 원하시는 것으로 받아들일 수밖에 없었습니다. 하나님께서 원하시는 것이 무엇인지 깨닫게 된 것입니다.

하나님께서 원하시는 것이 무엇인지 알게 되면 삶이 참 단순하고 쉬워집니다. 그 뜻에 순종하면 기쁨과 감사와 평화가 제 삶에 넘치는 것을 경험하여 이미 알고 있기에, 저는 지금 참 편안합니다. 사람들은 가끔 어떻게 그렇게 10년이나 그 특별한 모임을 이어가느냐고 묻곤 하는데, 저는 저 자신도 알 수 없다고 얘기할 수밖에 없습니다. 몇 번을 도망가고 싶었지만, 그렇게 할 수 없었습니다.

2010년 9월 15일 수요일
독일의 딸에게 가는 박 장로님을 생각하며 즐거운 거북이 백경천

102

──── 사랑하는 일산호수교회 형제자매 여러분!

하나님의 은혜와 평강이 그리스도 예수 안에서 살아가는 우리 교회에 풍성하기를 원합니다. 또한 우리 주님의 은혜와 그 크신 사랑이 우리 안에서 넘쳐흘러 가까운 이웃과 북한 동포, 그리고 먼 나라에 살고 있는 가난하고 삶에 지친 사람들에게도 전해지기를 소원합니다.

다가오는 주일은 우리 일산호수 교회 창립 30주년 기념주일입니다. 저 자신이 그렇지만 우리 장로님들이나 교우들도 그냥 차분합니다. 지난해 연말에는 이때쯤 미얀마에 기념 예배당 하나를 짓고, 또 우리 교회 30년 역사책도 하나 만들어보자고 얘기했었지만 아무것도 이루어내지 못했습니다. 변명이든 해명이든 좀 해보겠습니다. 미얀마의 인도 국경 쪽 그 가난한 지역의 교회에 우리가 돈을 보내 예배당을 지어줄 수 있었지만, 그리고 이 일로 인해서 우리 스스로가 우리 자신을 대견스럽게 생각할 수 있었겠지만, 막상 그곳에 가서 교회 지도자를 만나며 대화해보니 아직은 그러지 않는 것이 좋겠다는 판단을 하게 되었었죠.

교회는 건물이 아니라 사람인데, 우리가 예배당을 덜렁 지어주면 그 사람들, 바로 그 교회를 오히려 약하게 만들겠더라고요. 500만원이면 탕 목사님 고향마을에 어울리는 예배당을 뚝딱 짓겠지만, 우리 교회를 만나기 전에 그들이 몇 년 전부터 5년 혹은 10년 걸려서 짓고 싶다는

노루목편지

그 계획과 소망과 열정을 허물겠더군요. 또한 탕 목사님이 그토록 간절히 원했던 도시인 <태딤의 예배당> 건축 계획은 탕 목사님 스스로 거절했습니다. 아직은 그 지역 교회 지도자들이 스스로 자신의 탐욕을 억제하지 못할 가능성이 크다는 우려였습니다. 한국에 공부하러 오기 전에는 장로교 지도자들에 대해 거의 알지 못했던 젊은 탕 목사님이 그곳의 지도자들에게 있었던 과거의 은밀한 얘기들을 듣게 되었던 것입니다. 저는 "비둘기같이 순결하되 뱀같이 지혜롭기도 해야 한다"는 예수님의 말씀을 떠올렸습니다.

지난봄에는 우리 교회 30년 역사를 정리해보려고 최대순 원로목사님을 인터뷰했습니다. 목사님의 마음을 들었어요. 목사님도 진정으로 당신의 헌신이 당신의 업적인 양 기록되는 것을 원치 않으셨습니다. 매우 진솔한 이야기들을 저에게 들려주셨는데, 저 또한 그 내용들이 너무 소중하여 오히려 섣불리 기록으로 남기는 것이 매우 조심스러워졌습니다. 사실은 지금 저 자신도 목사님과 같은 마음으로 살아가고 있습니다. 그냥 우리 자신을 주님께 그때그때 드린 것뿐인데, 그 삶의 이야기가 업적이나 자랑처럼 누군가에게 기억될까 봐 두려운 것이죠. 그래서 아직은 무어라고 할 수 없습니다. 앞으로 언젠가 기록할 수 있겠다고 말할 수도 없습니다. 그냥 그때 성령의 바람이 우리들에게 불어왔었다고, 그래서 그 시절 그렇게 함께 교회를 이루어 살았다고 서로서로 얘기할 뿐, '그뿐'이기를 원하는 것입니다.

우리는 지금 30년째 함께 모여 하나님을 예배하는 우리 교회를 생각하며 하나님께 조용히 감사할 뿐입니다.

2010년 10월 15일 금요일
하나님의 교회를 생각하며 참 행복한 거북이 백경천

노루목편지

103

사랑하는 일산호수교회 형제자매 여러분!

하나님의 은혜와 평강이 그리스도 예수 안에서 살아가는 우리 교회에 풍성하기를 원합니다. 또한 우리 주님의 은혜와 그 크신 사랑이 우리 안에서 넘쳐흘러 가까운 이웃과 북한 동포, 그리고 먼 나라에 살고 있는 가난하고 삶에 지친 사람들에게도 전해지기를 소원합니다.

저에게 '아빠'라고 부르는 아이 백인영이 수능시험을 보는 중입니다. 아침 7시 40분쯤 정발중학교에 데려다주었는데 오후 6시가 넘어야 마친답니다. 제가 아빠로서 할 수 있는 것은 그 아이가 저를 필요로 할 때 함께 있어 주는 것뿐 입니다. 어제는 그 아이가 왠지 점심식사 후에 저를 따라 교회당에 와서 공부하겠다고 하여서 그렇게 했습니다. 제가 이런저런 일을 하는 동안 그 녀석은 목양실에 앉아서 공부했어요. 이렇게 되니 제가 뭔가 좀 해준 느낌입니다.

올해에는 유난히 많은 우리 교회의 자녀들이 수능시험을 치릅니다. 그리고 저의 형의 아들, 동생의 아들도 시험장에 나아갔습니다. 요즘에는 여기저기 교회당에서 수험생 부모들을 위한 기도회가 열립니다. 그런데 솔직히 저는 별로 오래 기도할 줄 모릅니다. 그냥 우리 아이들이 마지막까지 건강하게 지혜롭게 편안하게 시험에 임하기를 간절히 바랄 뿐입니다. 30초쯤 수시로, 생각으로 마음으로 기도하며 다른 날들처럼 생활하고 있습니다.

2010-2011년

사실 제가 더 많이 기도하게 되는 것은 '겸손'을 위한 기도입니다. 시험을 치른 후에 혹은 이미 그 이전에 자신의 실력에 맞는 학교를 택하여 지원해야 하는데 그때에 꼭 필요한 것이 겸손입니다. 그래서 저는 늘 '겸손이 바로 실력'이라고 생각하며 사람들에게 말해줍니다. 겸손하면 어느 학교든 합격할 수 있고, 합격한 후에는 하나님의 은혜라고 기뻐하고 감사하면서 대학 생활을 할 수 있기 때문이죠. 더 유명한 학교에 입학하여 공부를 마치면 사회적으로 인정받기가 수월한 것이 사실이지만, 보다 더 중요한 것은 세상 분위기에 주눅들지 않는 생동감 넘치는 인품인데, 그것이 형성되려면 그 삶 속에 기쁨과 감사가 넘쳐흘러야 하기 때문입니다.

제가 30여 년 전 고등학교 시험에 낙방했던 일과, 3년 전 백인영이 가고자 원했던 고등학교에 합격하지 못했던 그 일이 참 감사합니다. 왜냐하면 저와 제 딸이 겸손을 배웠기 때문입니다. 오늘도 우리의 간절한 기도는 우리 자신이 겸손함을 잃지 않도록 겸손의 왕이신 주님께서 늘 함께 해 주시기를 원하는 것입니다.

2010년 11월 18일 목요일
이만큼 성장한 딸을 기뻐하는 거북이 백경천

노루목편지

104

사랑하는 일산호수교회 형제자매 여러분!

하나님의 은혜와 평강이 그리스도 예수 안에서 살아가는 우리 교회에 풍성하기를 원합니다. 또한 우리 주님의 은혜와 그 크신 사랑이 우리 안에서 넘쳐흘러 가까운 이웃과 북한 동포, 그리고 먼 나라에 살고 있는 가난하고 삶에 지친 사람들에게도 전해지기를 소원합니다.

예수님께서는 우리에게 "주라" "너에게 되갚을 수 없는 사람에게 주라" "재물을 하늘에 쌓는 자가 되라"고 말씀하셨습니다. 내가 누군가에게 무엇을 주었는데, 그것이 내게 되돌아오지 않았다면 그것은 하늘에 쌓이게 된 것이라고 말씀하신 듯합니다.

그런데 주는 일이 쉽지 않습니다. 13년 전, 우리 교회가 예배당을 이곳에 건축하고 건축비를 지불하지 못하여 어려울 때, 우리 교회 사정을 안타깝게 여긴 평양노회의 원로목회자들이 적극적으로 말씀하셔서 임원회가 소집되고, 그 임원회의 긴급결의를 통하여 특별 위원회가 구성되어 노회의 재정이 우리 교회를 위해서 집행되었습니다. 사실 이러한 일은 거의 불가능한 것이었습니다. 왜냐하면 그 후로 10여 년이 흐르는 동안 평양노회가 많은 기금을 갖고 있음에도 불구하고 어려움을 당한 소속 교회 공동체들을 위해 한 번도 주지 못했기 때문입니다.

어려움에 처한 교회들은 언제나 너무 많습니다. 그래서 신중하고 공정하게 예산을 집행해야 한다며 해마다 논쟁을 벌여왔지만 실제로 그 기금을 나눠주지는 못한 것입니다. 지난 10월 셋째 주에 열렸던 평양노

2010-2011년

회의 마지막 날, 저는 경기도 안산 인근의 대부도에 있는 작은 시골교회가 힘들게 예배당을 신축하고 몹시 어려워져 "노회가 5000만원을 5년간 무이자로 빌려주면 꼭 갚겠다"고 간청하는 그 교회의 젊은 목사님을 보았습니다.

노회에서 돌아온 후에 모인 우리 교회 당회에서 저는 건축하다 어려움 당한 두 교회를 정하여 100만원씩 보내주면 좋겠다고 제안하였습니다. 사실 그때 우리 교회 재정에서는 그 돈을 지출하는 것도 쉽지 않았습니다. 그런데 우리 교회 장로님들은 그래도 교회 이름으로 돕는 일이니 500만원씩을 돕자는 논의를 하였고, 당장 돈은 없지만 만기가 되는 건축적금을 사용하더라도 그렇게 하도록 해보자고 결의하였습니다. 이 결의가 있은 얼마 후, 우리 교회에는 그보다 훨씬 더 많은 돈이 헌금되어서 생각지 못했던 우리 교회의 사택 마련을 위한 계획까지 수립하게 되었습니다. 저는 오늘 이복식 목사님이 목회하시는 예배당에 들려서 우리 교회 당회와 제직회가 결의한 대로 300만원을 예배당 이전 비용으로 주고 왔습니다.(할렐루야!)

"주라, 그리하면 너희에게 줄 것이니, 곧 후히 되어 누르고 흔들어 넘치도록 하여 너희에게 안겨주리라"(눅 6:38)

2010년 12월 8일 수요일
함께 기뻐하며 줄 수 있어서 참 행복한 거북이 백경천

노루목편지

105

───── 사랑하는 일산호수교회 형제자매 여러분!

하나님의 은혜와 평강이 그리스도 예수 안에서 살아가는 우리 교회에 풍성하기를 원합니다. 또한 우리 주님의 은혜와 그 크신 사랑이 우리 안에서 넘쳐흘러 가까운 이웃과 북한 동포, 그리고 먼 나라에 살고 있는 가난하고 삶에 지친 사람들에게도 전해지기를 소원합니다.

우리나라의 과학적 두뇌를 가진 젊은 인재들이 가장 선호하는 대학 중에 하나인 <카이스트(한국 과학 기술원)>에 재학중인 한 학생이 고민 고민하다가 스스로 목숨을 끊은 충격적인 사건이 지난 8일에 있었습니다. 너무 많은 수면제를 복용하였답니다. 이 아들은 왜 이런 극단적인 선택을 하게 되었을까요? 자신이 살아가야 할 삶을 자기 스스로 감당하기가 너무 어려웠기 때문일 것입니다.

저는 요즘 시간 시간 이 아들 생각을 하고 있습니다. 이 아들은 어렸을 때부터 로봇 만들기에 남다른 재능을 보였고 또 자기가 좋아하는 그것에 깊이 빠져드는 행복한 친구였습니다. 그래서 이 아들은 우리가 과거에 '실업계'라고 얘기하던 '전문계' 고등학교를 다니면서 꾸준히 로봇경진대회에 참여하여 로봇올림피아드 국가대표가 되었고 한국 대회에서 대상을 받았을 뿐만 아니라 국제 대회에서도 3위를 차지할 만큼 특별한 재능을 가진 친구였습니다. 그 분야에서 '영재'라고 불리는 친구였죠.

2010-2011년

　어느 날 그는 그 입학하기 힘든 카이스트가 그의 재능과 가능성을 보고 특별히 뽑은 학생이 되었습니다. 그런데 1년 동안 카이스트에서 공부하면서 몹시 힘들었나 봅니다. 기초필수과목(학점을 꼭 이수해야만 졸업이 가능한 과목)인 『미적분학』에서 '에프(F)'학점을 받았고, 그것 때문에 학사경고를 받고, 그래서 다음 학기에는 등록금을 많이 내야 하는 위기에 이른 것입니다. 무엇보다도 스스로에게 절망했을 것이고, 부모님이나 자신에게 기대하는 수많은 사람들의 관심이 너무 큰 부담으로 자신을 짓눌렀을 것입니다.

　미적분학을 잘 몰라도 편안하게 자신이 좋아하는 로봇을 구상하고 뚝딱뚝딱 만들어 볼 수 있는 학교나 회사에서 좀 여유를 즐기면서 그 젊은 날을 살아갈 수 있었으면 좋았을 것을…. 무엇이 정말 그에게 유익한 것인지 이 세상도 학교도 부모도, 그리고 자기 자신도 몰랐던 것으로 보입니다. 다른 사람들이 다 최고로 좋다고 하면 그 자신에게도 가장 좋을 것으로 생각했겠죠.

　우리의 자녀들을 많이 생각하고 있습니다. 지금 우리 아이들이 행복하게 살고 있는지, 너무 무거운 짐을 지고 헉헉대고 있는 것은 아닌지…. 누구도 잘못한 것 같지는 않은데, 왜 우리들의 아들은 이 세상을 포기한 것일까요?

2011년 1월 12일 수요일
한 아들을 생각하며 많이 슬퍼하는 거북이 백경천

106

노루목편지 ✉

―――― 사랑하는 일산호수교회 형제자매 여러분!

하나님의 은혜와 평강이 그리스도 예수 안에서 살아가는 우리 교회에 풍성하기를 원합니다. 또한 우리 주님의 은혜와 그 크신 사랑이 우리 안에서 넘쳐흘러 가까운 이웃과 북한 동포, 그리고 먼 나라에 살고 있는 가난하고 삶에 지친 사람들에게도 전해지기를 소원합니다.

어른으로 살아가는 삶이 참 어렵습니다. 저의 어머니 얘기입니다. 어머니는 혼자 살고 계신 청주의 집이 동파되어서 우리 누이 집에 며칠 계시다가 멀리 옥천에서 홀로 사시는 당신의 올케(몇 년 전에 돌아가신 둘째 오빠의 부인) 언니 집에 가 계셨습니다. 그곳에 계시다 보니 20여 년 동안 찾아가지 못한 부산의 큰 오빠와 언니들, 그리고 조카들을 보고 싶어지셨겠죠. 이번 설에는 이미 팔순이 넘으신 큰 오빠와 친정 식구들을 만나서 며칠 지내고 싶을 뿐인데, 자식들이 뭔가 섭섭한 일이 있어서 그런다고 생각하면 어쩌나 하는 고민이 많으셨어요. 그래요, 어른으로 사는 것이 참 어려워요. 우리 자녀들은 어머니를 이해하고, 이번 설에는 청주 집에서 모이지 않기로 하였습니다.

우리 어머니는 제가 군대 생활하는 중에 (저를 낳아주신 어머니가 돌아가신 지 1년 후에) 저의 아버지와 결혼하셨습니다. 마흔두 살 처녀였죠. 당신의 아이를 낳지 않으시고 이미 다 성장한 네 자녀의 어머요 목사의 아내로 28년을 사셨습니다. 자식들이 이미 다 장성하였기에 어머

2010-2011년

니로서 무언가 챙겨주시며 정을 쌓을 여지가 별로 없었습니다. 자식들이 예의 바르게 어머니를 대하지만 끈끈한 정이 깊어질 기회는 없었던 것이죠. 그 자식들은 단지 우리 아버지의 아내로 그 긴 세월을 살아주신 것이 참 고맙다고 생각합니다.

  어머님이 원하시는 대로 하시도록 하기로 했는데, 왠지 마음이 허전하고 우리가 불효한다는 생각이 있습니다. 뭔가를 더 잘 해드리고 싶은데, 우리는 어머니를 이해하겠다고 하면서, 그러면서 우리 사랑의 한계를 느낍니다. 무례함과 몰이해가 더 좋은 것이 아닐까 하는 생각도 합니다. 지난번에 우리 아들 상인이가 군대에서 휴가 나온 바로 그날, 청주 할머니 집에 가서 할머니를 업고 방에서 몇 바퀴 돌았다는 어머니 말씀에 조금 위로가 됩니다. 우리는 그 녀석이 그랬는지 몰랐거든요. 할아버지가 돌아가실 때 그 녀석에게 부탁했답니다.

2011년 2월 2일 수요일
어른으로 살아가는 삶이 참 어려운 거북이 백경천

노루목편지

107

사랑하는 일산호수교회 형제자매 여러분!

하나님의 은혜와 평강이 그리스도 예수 안에서 살아가는 우리 교회에 풍성하기를 원합니다. 또한 우리 주님의 은혜와 그 크신 사랑이 우리 안에서 넘쳐흘러 가까운 이웃과 북한 동포, 그리고 먼 나라에 살고 있는 가난하고 삶에 지친 사람들에게도 전해지기를 소원합니다.

성지순례를 잘 다녀왔습니다. 이제는 '성지순례'라고 말하겠습니다. 전에는 '이스라엘 순례'라고 말하면서 왜 제가 성지순례란 말을 사용하지 않는지 변론하곤 했습니다.

반드시 그 곳만이 성지가 아니라 우리가 살고 있는 지금의 이 곳이 우리의 성지이기에 이 곳을 성지라고 부르지 않는다면 그 곳을 꼭 성지라고 불러야 하나 생각했었죠. 그래요. 살아계신 주님이 지금 우리와 함께 여기 계시기에 오히려 이곳이 바로 성지라고 하는 것이 우리의 신앙고백이어야 한다는 논리였습니다. 하지만 지금 살고 있는 여기가 우리의 성지라는 생각은, 솔직히 그냥 생각뿐이었던 것 같습니다.

이번에 저는 분명히 그곳에서 성지순례를 하였습니다. 이스라엘 땅에서 저는 아주 다양한 곳에서 온 그리스도인들과 함께 길을 걷고 있었습니다. 예수님께서 기도하시다가 사람들에게 붙잡히셨던 그 언덕 겟

2010-2011년

세마네 동산 길을 걸어내려 올 때에, ♬내게 있는 모든 것을 아낌없이 드리네 주께 드리네 주께 드리네♪ 찬양하는 아프리카 케냐에서 온 여인들과 나란히 발걸음을 옮기고 있었습니다. 그 시간에 가장 어울리는 찬양이었죠. 저는 그들과 함께 걸으면서 우리나라 말로 그들과 하모니를 이루어 찬양하였어요. 그들은 가톨릭이었지만, 그들은 아프리카에서 왔지만, 성령 안에서 같은 마음으로 노래하였죠. 세계 곳곳에서 살아가는 사람들, 아주 다양한 언어와 삶의 모습으로 하나님을 찬양하고 예배하는 사람들을 거기서 만났습니다. 그들이 걷는 그 길을 우리도 함께 걸었던 것입니다. 그것이 바로 제가 새롭게 알게 된 '성지순례'였습니다. 그때 그곳의 예수님을 생각하며 예수님의 마음으로 모두가 하나 되어 함께 걷는 ….

지난 주일(3월 6일) 저녁 여섯 시쯤 집에 막 돌아왔을 때 박희환 군의 전화를 받았습니다. 할아버지가 충남 금산에서 돌아가셨는데, 자신이 장손이랍니다. 다음날 아침에 금산으로 향하는 버스에 올랐습니다. 네 시간을 가면서 저는 아직도 저의 성지순례가 계속되고 있음을 느꼈습니다. 참으로 아름다운 우리 땅을 새롭게 보았습니다. 이스라엘 성지순례에서 돌아온 후에 저는 이제 이 땅에서의 삶을 성지순례의 남은 여

노
루
목
편
지
✉

정으로 생각하며 살아가게 될 것 같습니다. 희환 군의 가족을 위로하고 나오면서 30분 정도 금산 땅을 정성스럽게 걸었습니다. 대전에 도착하여서도 기차역까지 1시간을 더 걸었습니다. 제가 걷는 그 땅과 눈에 보이는 사람들이 너무나 소중하여 살며시 발을 떼고 슬며시 바라보면서 걷고 또 걸었습니다. 이스라엘에서 그랬던 것처럼 그렇게….

2011년 3월 8일 화요일
이 세상 모든 곳을 성지라고 부르며 살고 싶은 거북이 백경천

2010-2011년

108

―――― 사랑하는 일산호수교회 형제자매 여러분!

하나님의 은혜와 평강이 그리스도 예수 안에서 살아가는 우리 교회에 풍성하기를 원합니다. 또한 우리 주님의 은혜와 그 크신 사랑이 우리 안에서 넘쳐흘러 가까운 이웃과 북한 동포, 그리고 먼 나라에 살고 있는 가난하고 삶에 지친 사람들에게도 전해지기를 소원합니다.

이제 저는 엄마의 뱃속에서 나온 후 50년을 살고 있습니다. 어떤 분들보다는 많이 어리고, 또 다른 어떤 분들에게는 어른 노릇을 해야 하는 나이죠. 저는 그동안 아버지와 48년을 살았고, 낳아주신 어머니와는 22년, 그리고 또 한 분의 어머니와 27년, 아내인 윤희 씨와 22년, 아들 백상인과 21년, 장모님과 22년, 이상봉 장로님 식구들과 12년하고 좀 더, 이건우와도 12년, 이복식 목사님과 8년, 미얀마 탕반리안 목사님과 2년 반, 조이안과 85일, 그리고 우리 교회 마당의 벚나무들과 11년….

저의 장모님과 장인어른은 지금 60년을 넘게 함께 살고 있습니다. 우리는 누구와 함께 가장 오래 살게 될까요? 누구를 만나든 함께 오래오래 행복하게 살고 싶습니다. 지금 저는 제가 누구와 함께 살고 있는 것인지 생각하는 중입니다. 저는 조금 후에 점심을 먹고 서울시 종로 5가에 있는 평양노회 사무실에 가려고 합니다. 버스를 탈 때, 운전하는 분과 인사를 나누게 될지는 잘 모르겠습니다. 그 버스에 누가 함께 타고 있었는지도 모르게 될 거예요. 기억할 수 없는 분들이죠. 같은 공간과 같은 시간에 살고 있지만 함께 살고 있다고 제가 말하기는 어려운

노루목편지

것입니다. 그리고 또 그 노회 사무실에서 몇몇 분과 함께 얼굴을 마주 보며 대화를 나누겠지만, 제가 후에 그분들과 함께 살았었다고 얘기할 수 있게 될지도 잘 모르겠습니다.

함께 산다는 것이 꼭 같은 시간과 공간을 함께하는 것이 아닌 것 같습니다. 저의 아버지가 이 땅에 살아 계실 때, 제가 성장하여 집을 떠난 후에는 1년에 다섯 번 정도밖에 만날 수 없었지만, 저는 늘 아버지와 함께 살고 있었습니다. 그런데 지금 아버지가 이 세상을 떠난 후에도 여전히 저는 아버지와 함께 살고 있는 느낌입니다. 제가 지금 아버지와 함께 살고 있다고 말해도 될까요?

지난 주일 점심에 우리와 함께 주님을 예배한 저의 친구 이종원 형제 부부가 제 아내에게 우리 딸 인영이가 학교생활 하다가 귀가를 못할 정도로 늦게 되면 자신들의 집에 와서 잠자고 다음날 학교로 가게 하면 좋겠다고 말해주었습니다. 얼마나 감사한지요. 더 많은 사람들과, 더 많은 나무들과 더 오래 함께 살고 싶습니다. 조익현 집사님, 유상철 집사님과, 그리고 얼마 전부터 같이 살기 시작한 정광호 형제와 임이랑 자매와도 함께 오래오래 행복하게 살고 싶습니다.

2011년 4월 4일 월요일
누구를 만나든 함께 살고 싶은 거북이 백경천

2010-2011년

109

사랑하는 일산호수교회 형제자매 여러분!

하나님의 은혜와 평강이 그리스도 예수 안에서 살아가는 우리 교회에 풍성하기를 원합니다. 또한 우리 주님의 은혜와 그 크신 사랑이 우리 안에서 넘쳐 흘러 가까운 이웃과 북한 동포, 그리고 먼 나라에 살고 있는 가난하고 삶에 지친 사람들에게도 전해지기를 소원합니다.

지난 주일 오후에는 제 아내가 저 때문에 화났습니다. 딸 인영이가 함께 있었는데 그 녀석이 깜짝 놀라서 얼어붙을 정도로 느낌이 왔어요. 아내는 큰 소리를 내지 않았고 어떤 특별한 행동을 하지도 않았는데, 우리는 그 여인이 화가 났다는 것을 알아차렸습니다. 몇 년에 한 번쯤 있는 일입니다. 대개는 제가 화를 내고 소리를 버럭 지르죠. 도대체 무슨 일로 그녀를 화나게 했나고요? (헤헤)

오해 때문입니다. 오후 예배 후에 전도사님네 식구들을 내려드리고 집으로 오는데 요즘 아파서 별로 먹지 못한 백인영이 '꿀떡이 먹고 싶다'고 하였습니다. 우리는 이마트 맞은편에 떡집이 있는 것을 생각하게 되었죠. 그 가게 앞에 아내가 내리면서 빨리 사올 테니 조금 앞으로 차를 움직여서 기다려 달라고 하였어요. 저의 바로 뒤에 우회전 할 노선버스(921번)가 바짝 붙는 거예요. 그 차는 아직 빵빵거리지 않았지만, 남들에게 피해주는 것을 몹시 꺼리는 제가 그 차를 의식하면서 한 바퀴 돌 생각으로 쭉 나간 것입니다. 아내가 개인 전화를 차에 두고 내렸

노루목편지 ✉

기에 제가 사정을 얘기할 수 없었죠. 아마도 살금살금 도망가는 노란 거북이를 본 아내는 제가 장난하는 것으로 생각했나 봅니다. 그 피곤하고 뜨거운 오후에, 딸이 힘들어하여 무언가 조금 먹이고 싶었는데, 철부지 남편이 또(?) 놀리는 것으로 생각한 것이겠지요.

스스로 화를 삭이는 법, 상대방의 화를 풀어주는 법, 싸움을 작게 만들어가는 법을 터득해가면서 그 팽팽한 긴장감과 문제를 풀어가는 묘미를 즐기는 것이 결혼생활이겠지요. 백인영이 가끔 자기는 빨리 결혼하고 싶다고 농담반 진담반 얘기해 주어서 고맙습니다. 인영이가 그러는데 청년부 수련회 하는 중 어느 선배들이 결혼이 참 좋다고 빨리 결혼하라고 말하는 것을 들었답니다. (헤헤) 그 친구들이 그렇게 생각하며 살아간다니 참 감사합니다.

우리 아이들이 우리가 부부로 살아가는 것을 보면서 별로 결혼하고 싶은 마음이 없다고 하면 어떻게 하죠? 사실은 그것이 제일 걱정입니다. 10월 8일(토)은 장병환 집사님의 딸 장순영양이 결혼식을 올리는 날입니다. 우리 교회의 어른이신 장병환 집사님의 맏이가 결혼하게 되어서 얼마나 기쁜지요. 참으로 기쁩니다.

2011년 9월 6일 화요일
모든 가정의 화목을 위해 기도하는 거북이 백경천

사랑하는 일산호수교회 형제자매 여러분!

하나님의 은혜와 평강이 그리스도 예수 안에서 살아가는 우리 교회에 풍성하기를 원합니다. 또한 우리 주님의 은혜와 그 크신 사랑이 우리 안에서 넘쳐 흘러 가까운 이웃과 북한 동포, 그리고 먼 나라에 살고 있는 가난하고 삶에 지친 사람들에게도 전해지기를 소원합니다.

저는 오늘 제가 아는 어떤 분이 많은 돈을 무슨 무슨 이유로 잃었다는 얘기를 들었습니다. 남편의 월급을 한 푼도 사용하지 않고 1년 동안 모아도 그 돈보다는 적다고 합니다. 그 아픔과 슬픔이 얼마나 클지 생각하니 가슴이 아려옵니다. 누군가가 마음이 조급하여서, 좀 더 빨리 부유해지고 싶어서 무언가를 시도하였겠지요. 열 명 중에서 한두 명이 마음먹은 대로 빨리 돈을 모으고 나머지 다른 분들은 그나마 가진 것을 잃어버리게 되지만, 우리들은 대개 빨리 부유해지고 싶은 마음을 계속 가지고 살아갑니다.

오늘보다 조금만 나아지려고 하면 좋겠습니다. 아니, 지금처럼만 지내도 괜찮다는 마음으로 살면 참 좋겠습니다. 지금의 삶에 대해서 하나님과 가족과 이웃들에게 감사하다면 더더욱 좋죠. 예수님 말씀대로 가난해지겠다고 마음먹으면 어떨까요? 최성환 형제(방선애 자매) 가정이 지난주에 안산으로 이사했는데 좀 더 작은 집으로 갔답니다. 김민경 형제(이은영 자매)도 아주 작은 집으로 이사하였는데, 살림살이를 다 나

노루목편지

　누어주거나 버리고 나머지를 트렁크 세 개에 담았답니다. 이제는 제대로 자유롭고 풍요로운 인생을 살 것처럼 보입니다. 필리핀에 가서는 좀 더 가난하게 여행자처럼, 나그네처럼 살아보겠답니다.

　저는 우리교우들의 마음이 가난해지면 좋겠다는 생각을 늘 합니다. 마음이 가난해진다는 말은 부자가 되고자 하는 마음을 버린다는 뜻입니다. 대박이 나는 일에 대해서 관심을 갖지 않는다는 것입니다. 지금 하고 있는 일을 통해서 사람들을 사랑하고 세상을 건강하게 하는 삶에 마음을 쏟는 것이죠. 저는 돈이 오기를 기다리지 않고 사람들이 저에게 오기를 기다리겠습니다. 기다리고 있겠습니다. 그들이 저에게 돌아왔을 때, 이 세상이 참 아름답고 이 세상에 사는 사람들 때문에 그 동안 행복하게 지냈다고 말해주기를 기대하겠습니다. 우리가 사랑하는 사람들이 이 세상 어디에 있든지 참으로 자유롭고 기쁨이 충만하기를 간절히 바라며 기도하겠습니다.

2011년 11월 16일 수요일
하나님의 교회를 아주 많이 사랑하는 거북이 백경천

2012-2013년 노루목편지

일산호수교회와
백경천 목사가
함께 기도하다

111

노루목편지

사랑하는 일산호수교회 형제자매 여러분!

하나님의 은혜와 평강이 그리스도 예수 안에서 살아가는 우리 교회에 풍성하기를 원합니다. 또한 우리 주님의 은혜와 그 크신 사랑이 우리 안에서 넘쳐흘러 가까운 이웃과 북한 동포, 그리고 먼 나라에 살고 있는 가난하고 삶에 지친 사람들에게도 전해지기를 소원합니다.

예수님께서 주신 말씀을 바울의 친구인 의사 누가는 이렇게 기록하였습니다. "비판하지 말라, 그리하면 너희가 비판을 받지 않을 것이요. 정죄하지 말라, 그리하면 너희가 정죄를 받지 않을 것이요. 용서하라, 그리하면 너희가 용서를 받을 것이요. 주라, 그리하면 너희에게 줄 것이니 곧 후히 되어 누르고 흔들어 넘치도록 하여 너희에게 안겨주리라"(눅6:37, 38)

이번에 네 번째로 미얀마를 다녀오면서 저는 이 말씀을 계속 곱씹었습니다. 어떤 때는 그들에 대해서 미리 판단하고 정죄하고 비판하려는 마음이 솟아올랐습니다. 왜 그렇게밖에 생각하지 못하고 왜 그렇게밖에 살지 못하는가? 속상할 때가 많았습니다. 사랑하지 않을 수가 없어서 사랑하는데 사랑하면 사랑할수록 더 마음이 아파왔습니다. 그런데 생각해보면, 그 모든 것이 저의 교만이었습니다.

2012-2013년

다시 생각해보면 지금 우리에게 머물고 있는 모든 것은 하나님의 은혜인데, 지금 우리가 가진 생각과 믿음과 물질과 소유가 본래부터 우리의 것 인양 착각하였던 것입니다. 우리 스스로가 어딘가로 흘려보내지 않으면 부패할 수밖에 없기에 계속적으로 누군가에게 주고 또 주어야 하는 것이 맞는데, 마치 내 소유를 주는 것으로 잘못 생각하였던 것입니다. 빨리 포기해야 하고 더 빨리 누군가에게 넘겨주어야 하나님이 주시는 새로운 은혜가 우리 속에 채워진답니다. 이것이 바로 우리 주님의 말씀입니다.

김민경 집사님 이은영 권사님 김규진, 세 식구를 멀리 떠나보냅니다. 그들이 복음 안에서 살아가기를 간절히 바랍니다. 그들이 먼저 돈을 벌려고 생각하기보다 하나님이 주신 것을 누군가에게 나눠 줌으로 그곳에서의 삶이 새롭게 시작되기를 기대합니다. 하나님이 베푸시는 은혜의 샘을 찾아내어야 합니다. 그 샘물은 퍼내면 퍼낼수록 더 신선하고 생명력이 넘치는 생수입니다. 이곳의 샘물을 그리워하지 말고 그곳에서 샘을 만나서 그 샘물을 퍼 올려 그곳의 많은 사람들을 먹이게 될 것입니다. 이것이 바로 그 가정을 향한 우리의 기도입니다.

2012년 2월 16일 목요일
한 가정을 축복하며 아침을 맞는 거북이 백경천

112

노루목편지

──── 사랑하는 일산호수교회 형제자매 여러분!

하나님의 은혜와 평강이 그리스도 예수 안에서 살아가는 우리 교회에 풍성하기를 원합니다. 또한 우리 주님의 은혜와 그 크신 사랑이 우리 안에서 넘쳐흘러 가까운 이웃과 북한 동포, 그리고 먼 나라에 살고 있는 가난하고 삶에 지친 사람들에게도 전해지기를 소원합니다.

옳든 그르든 상관없습니다. 제 마음에는 오늘 내리는 이 비가 2012년 새해에 처음 저를 찾아준 '그녀'와 같은 비입니다. 저의 마음속에 촉촉하게 내려주는 오늘처럼 부드러운 이 봄비는 제가 열일곱 살 때 노란색 우산을 쓰고 저의 앞을 걷던 단발머리 여학생과 같습니다. 그때 저는 그 아이의 뒷모습에 이끌려서 저의 집과 반대 방향으로 한참을 걸었었죠. (헤헤)

어쨌든 저는 봄비를 참 좋아합니다. 이 비가 오고 있다는 것을 조금만 더 일찍 알았다면 아마도 차를 몰고 호수공원 가까이에 가서 나무를 적시고 흐르는 그 빗물을 한참 보았을 텐데, 어머니께서 여섯 시가 다 된 지금에서야 말씀해 주셨어요. 조금 전에 아신 것인지, 비가 조금 전부터 오기 시작한 것인지 알 수 없네요. 비가 온다고 말씀해 주셔서 참 고맙습니다. 어머니는 당신 딸이 우산 없이 직장에서 오게 될까 걱정이시겠지만, 여전히 철부지인 저는 비가 온다는 말에 마냥 좋아합니다.

제가 이렇게도 봄비를 좋아하는 것은 아마도 이 세상의 모든 것들을 사랑하고 즐거워하기 때문일 것입니다. 수많은 생명들을 품고 있는 대

2012-2013년

지가 이 봄비를 미치도록 그리워하였고, 그 속에 숨어 있던 풀과 나무와 지렁이와 그리고 일일이 말할 수 없는 그 무엇들이 이 봄비를 얼마나 기뻐할지 알고 있기에….

다가오는 주일에는 ♬ 주 하나님 지으신 모든 세계 내 마음 속에 그리어 볼 때 ♪ 찬양할 거예요. 주일에도 비가 온다면 얼마나 좋을까요? 제 딸 백인영도 우산이 없을 텐데, 그 녀석은 지금 이 비를 보면서 무슨 생각할까요? 오태진 집사님의 거실에 앉아서 창밖 작은 정원 너머 텃밭을 적시는 이 비를 보면 더 좋을 텐데 집사님은 지금 무얼 하시겠는지, 우산을 쓰고 정읍 태인의 작은 마을 골목길을 조금 걸어 그동안 목말라하던 대지를 갈색으로 바꿔주는 이 빗물을 보아도 참 좋을 텐데, 김종덕 권사님의 하루 일은 마치셨는지 모르겠습니다. 최진규 장로님은 비닐하우스 안에서 자라는 고추를 하루 종일 몇 날 며칠을 살펴야 한다고 했습니다.

비 때문에 퇴근길 차가 더 막히고, 우산이 없어서 총총 뛰듯이 걸어 집으로 향하게 되더라도, 모든 분들의 마음에 단비가 촉촉하게 내리면 참 좋겠습니다. 봄에 내리는 이 비는 분명 하나님의 은혜입니다.

2012년 3월 5일 수요일
성경을 읽으면서 참 행복하셨을 김용무 집사님을 생각하는
거북이 백경천

113

노루목편지

―― 사랑하는 일산호수교회 형제자매 여러분!

하나님의 은혜와 평강이 그리스도 예수 안에서 살아가는 우리 교회에 풍성하기를 원합니다. 또한 우리 주님의 은혜와 그 크신 사랑이 우리 안에서 넘쳐흘러 가까운 이웃과 북한 동포, 그리고 먼 나라에 살고 있는 가난하고 삶에 지친 사람들에게도 전해지기를 소원합니다.

지난 주일 오후에 있었던 부활절 축하발표회를 생각하면 참 행복합니다. 우리 아이들 하나하나가 성장해가는 모습이 저를 기쁘게 합니다. 유치부 유빛나의 '빛'이 참으로 반짝반짝하였는데, 그 옆에 부끄러워서 뒤로 돌아서 있던 이휘수를 생각해도 기분이 참 좋습니다. 성장해가는 과정이죠. 지난해에는 형을 따라서 막 귀엽게 무대 위를 뛰놀았었는데, 이제는 자기를 주목하여 보는 사람들의 시선을 홀로 감당하기가 쉽지 않은 듯 보였습니다. 늦가을의 감사절 발표회 때는 달라질 수도 있지만, 아예 무대 위에 오르지 않겠다고 할 수도 있겠죠. 허은결이 은석이 형을 초등부로 올려 보낸 후 한 동안 그랬던 것처럼….

저의 마음을 아주 많이 설레게 했던 장면은 연세 많으신 한나회원들이 찬양하는 중에 칠십 오 세가 되신 가순금 권사님이 솔로를 하신 것입니다. 깜짝 놀랐죠. 14년을 함께 지내오면서 처음입니다. 아마도 김종덕 권사님과 장동숙권사님 같은 젊은 분들이 많이 격려하면서 띄워

2012-2013년

주셨을 거예요. 그리고 다른 분들이 정말 잘하신다고 박수를 치셨겠죠. 정말 고맙습니다. 그 연세도 여전히 참 좋은 때라는 것을 예쁘게 보여 주셨어요. 종은이와 서은이가 할머니의 찬양하시는 모습을 보았을까요? 그래서 그 아이들이 집에 갈 때 할머니 집에 가고 싶다고 엄마에게 떼를 썼는지도 모르겠어요. 그래요, 우리에게는 찬양하시는 할머니 권사님이 참 소중합니다.

지난달 대심방 때는 가 권사님이 집에서 손수 상을 차리셨어요. 권선례 권사님이 도우시고 며느리가 몇 가지 반찬을 보내왔지만, 그 식탁에는 권사님의 정성과 사랑이 듬뿍 담겨 있었습니다. 남편이신 김용담 집사님이 "당신, 마지막이라고 생각하고 심방대원들을 위해 상을 차려보라"고 하셨답니다. 칠십 세가 넘어가시면서 아내 가순금 권사님의 건강이 좋지 않아 몇 년을 고생하시다가 요즘 좋아지셨기에 그렇게 말씀하신 것이겠지요. 이제는 언제 또 건강이 나빠질지 알 수 없기에, 무언가 아직 할 수 있을 때에 가장 귀한 것을 하는 것이 좋겠다고 생각하셨겠죠.

연세 드신 어른들의 마음을 받으며 가슴이 짠해 왔지만, 참 지혜로우시고 귀하다는 생각을 하였습니다. 마음을 내려놓으신 것입니다. 아마

노루목편지

도 이 어른들이 늘 마지막일 수 있다고 생각하며, 최선을 다해, 가장 놓은 삶을 선택해 가실 수 있겠구나 하는 믿음이 저에게 생겼습니다. 사실은 우리 어른들이 더 일찍부터, 아니 더욱 젊었을 때부터 이렇게 살아오셨으면 더 좋았겠죠. 이제라도 가 권사님이 성가대에 서시면 어떨까요? (헤헤) 저도 김용담 집사님, 가 권사님처럼 살아보려고 합니다. 다음 기회로 미루지 않고 오늘이 마지막인 것처럼 더욱더 기뻐하고, 감사하고, 사랑을 표현하며 살아가겠습니다.

2012년 4월 11일 화요일
또 한번 국회의원 선거에 참여한 거북이 백경천

2012-2013년

114

사랑하는 일산호수교회 형제자매 여러분!

하나님의 은혜와 평강이 그리스도 예수 안에서 살아가는 우리 교회에 풍성하기를 원합니다. 또한 우리 주님의 은혜와 그 크신 사랑이 우리 안에서 넘쳐흘러 가까운 이웃과 북한 동포, 그리고 먼 나라에 살고 있는 가난하고 삶에 지친 사람들에게도 전해지기를 소원합니다.

뚝딱뚝딱, 조나단 전도사님이 무엇을 하시나 했더니, 선풍기들을 창고에서 꺼내어 깨끗하게 닦아 예배당에 걸고 계셨습니다. 선풍기를 보니 참 좋습니다. 특별히 더 좋게 생각되는 것은 우리 교회당 안에 여기저기 선풍기가 많다는 것입니다. 우리 예배당에도 에어컨이 있지만, 저는 에어컨보다 선풍기 사용하는 것을 더 좋아합니다. 올해도 가능하면 에어컨을 적게 사용 하였으면 하는 바람입니다.

우리나라는 지금 에어컨을 너무 많이 사용합니다. 회사나 상점마다, 그리고 버스와 전철에서도 지나치게 많이 사용합니다. 그래서 우리 집 식구들은 벌써부터 에어컨의 찬바람 때문에 힘들어 합니다. 아직 무더운 여름이 오지 않았는데도 어디를 가든지 찬바람이 흐르고 있어서 고통스러워합니다. 그런데 아마도 더 많은 사람들이 더위를 참으려 하지 않기 때문에 에어컨을 여기저기서 틀어놓는 것이겠지요. 손님들을 위해서 그렇게 할 수 밖에 없다고 합니다.

그런데 저는 정말로 우리나라 사람들이 에어컨을 좀 적게 사용하기를 간절히 바랍니다. 에어컨 때문에 이 세상이 점점 더 뜨거워지고 있

노루목편지

는 것이 사실입니다. 내 자동차의 작은 공간을 시원하게 하려고, 우리 집의 공간을 시원하게 하려고, 우리는 바깥의 공기를 뜨겁게 데우고 있습니다. 기름을 태우고 가스를 태우고 원자력 발전소를 가동하여서 이 세상 전체를 더 뜨겁게 달구고 있는 것입니다. 다행스럽게도 우리 거북이 자동차의 에어컨 기능이 망가졌습니다. 몇 년 되었죠. 성경학교와 여름캠프가 있는 한여름만 어떻게 잘 넘어가면 그런대로 참고 지낼 만합니다. 우리 집에도 에어컨이 없습니다. 연세 많으신 할머니 때문에라도 한 여름에는 에어컨이 필요하긴 한데, 어쨌든 아직까진 이렇게 지내고 있습니다. 모든 집이 에어컨을 사용하여 뜨거운 열기를 밖으로 내뿜으니 에어컨이 없는 집은 과거보다 몇 배나 더 덥게 지내야 합니다. (어휴)

진정한 하나님의 사람들인 교회는 사람에게만 관심을 둘 것이 아니라 이 세상의 모든 생명이 어떻게 살아가고 있는지 생각해야 합니다. 교회는 하나님이 창조하신 이 세상의 생명 지킴이입니다. 우리가 바로 하나님이 만드신 동산의 집사들인 것입니다. 이 세상이 계속적으로 아름답게 잘 보존되려면, 우리들이 에너지를 적게 사용하려고 노력해야 합니다. 또다시 여름이 다가옵니다. 지난여름보다 더 뜨거워지겠죠. 우리가 이 지구를 그렇게 만들어가고 있는 것입니다. 그래요, 우리가 그렇게 만들어가고 있습니다.

2012년 5월 22일 화요일
우리가 너무 잘 살고 있다고 생각하는 거북이 백경천

2012-2013년

115

─────── 사랑하는 일산호수교회 형제자매 여러분!

하나님의 은혜와 평강이 그리스도 예수 안에서 살아가는 우리 교회에 풍성하기를 원합니다. 또한 우리 주님의 은혜와 그 크신 사랑이 우리 안에서 넘쳐흘러 가까운 이웃과 북한 동포, 그리고 먼 나라에 살고 있는 가난하고 삶에 지친 사람들에게도 전해지기를 소원합니다.

어제는 참 오랜만에 늘 보고 싶었던 친구를 만났습니다. 김호경 목사입니다. 18년 전에 제가 그의 동네 춘천을 방문하였었는데, 친구는 이제야 나를 찾아왔다고 합니다. 그는 사실 제 친구 김종희 목사의 친구였습니다. 김종희는 소아마비여서 평생 목발을 짚고 걸으면서 삶을 살아왔고, 호경 씨는 일곱 살 때 강원도 어느 시냇가에 떠 내려온 포탄을 동네 아이들과 가지고 놀다가 터져서 실명을 한 후 앞을 보지 못하는 사람으로 살다가, 두 사람이 신학대학에서 만난 것입니다. 저는 김종희와 신학대학원 기숙사 같은 방을 사용하게 되었고, 그랬기 때문에 가끔 찾아오는 김호경을 사귀게 되었던 것이죠. 그들이 그때 장애인 신학생 동아리를 만들었는데 그들보다 좀 멀쩡한 제가 그 모임의 잔심부름을 많이 하였습니다.

김호경 목사님과는 지금까지 살아오면서 한 열 번쯤 만났을 거예요. 친한 친구라고 말하기는 어렵겠죠. 어렸을 때 만나지 않았고, 그렇게 자주 만나지도 못했고, 동갑이지만 서로 존댓말을 사용하는 것이 더 편

노
루
목
편
지
✉

안하니 말입니다. 그런데요, 우리는 정말로 서로를 좋아하고 만나고 싶어합니다. 호경 씨의 아내가 자신의 남편과 저의 마음이 어떤지 알고 있어요. 그래요, 우리는 아주 가깝습니다. 하지만 아주 멀리 있습니다. 서로 만나지 못했지만, 보지 못해서 안달하지도 않습니다. 만나면 아주 아주 좋지만, 만나지 않고 그리워만 해도 편안합니다.

18년 전에 친구는 다섯 살 된 아들의 시력이 너무 약하여서 많이 걱정했었는데, 지금은 괜찮답니다. 그 친구도 저처럼 아들 하나 딸 하나인데, 둘 다 대학에 다니고 있답니다. 그의 아내는 여전히 참 아름답고 그 미소가 평화롭습니다. 그 여인은 앞을 보지 못하는 사내가 불쌍해서 사랑한 것이 아니라, 그 남자를 존경하고 사랑하였습니다. 지금도 그렇게 보입니다. 얼마나 장난스럽고 유쾌한 부부인지요. 아이들도 그렇게 성격이 좋고 씩씩하다고 자랑을 합니다. (헤헤)

저의 친구는 춘천에 있는 맹아학교의 선생님이 되어 20년을 살아왔습니다. 또한 그 학교 가까운 곳에서 교회를 개척하여 목회자로서도 그만큼을 살아왔죠. 지금도 여전히 열다섯, 스무 명이 모입니다. 삼십 명쯤 모인다 싶으면, 또 다시 스물, 열다섯이 되기를 반복하면서 지내왔답니다. 내년부터는 선생님 생활을 그만두고 교회 목회만 하고 싶답니다. 경제적으로 너무 힘들어지지 않겠느냐고 묻지는 못했습니다. 다행스럽게도 아들이 졸업할 때까지 장학금을 받게 되었답니다. 그냥 존경하고 사랑하는 마음뿐입니다. 이렇게 좋은 분이 저를 친구로 기억하고 이 먼 곳까지 찾아주었습니다.

2012년 6월 19일 화요일
오늘은 농인 친구들을 만나러 가는 거북이 백경천

116

사랑하는 일산호수교회 형제자매 여러분!

하나님의 은혜와 평강이 그리스도 예수 안에서 살아가는 우리 교회에 풍성하기를 원합니다. 또한 우리 주님의 은혜와 그 크신 사랑이 우리 안에서 넘쳐흘러 가까운 이웃과 북한 동포, 그리고 먼 나라에 살고 있는 가난하고 삶에 지친 사람들에게도 전해지기를 소원합니다.

어제 오후에는 최진규 장로님의 문자 메시지를 받았습니다. "무더운 날씨에 먼 길 달려오셔서 저희 아버님 천국 환송 잔치에 참여해 주셔서 감사합니다. 은혜 가운데 모든 일정을 잘 마쳤습니다. 감사합니다" 장로님은 아버지의 장례식을 <천국 환송 잔치>라고 부르셨어요. 하나님께로부터 이 땅에 오셨다가 다시 하나님의 품으로 돌아가신 그 아버지는 이 땅에서 구십 년을 사셨습니다. 여기에서 환송 잔치가 열리는 그 시간에 하나님의 하늘나라에서는 환영잔치가 열렸을 거예요.

이 세상의 많은 사람들은 사람의 죽음을 '사망했다'고 표현하는데, 그 가정의 남겨진 자손들은 죽음을 영광스러운 삶으로 생각한 것입니다. 하나님의 나라를 믿고 있고, 부활 생명이 우리 안에 있음을 알고 있는 것입니다. 그래서 이 땅에 태어남을 축하하듯이 이 땅에서의 생을 마침도 축하할 일인 것이죠. 참으로 복 있는 죽음이고 행복한 환송식이었을 것입니다.

우리들도 이러한 죽음에 들어가고, 이렇게 사랑하는 분들을 떠나보

2012-2013년

내고 싶습니다. 저는 참 영광스럽게도 김종덕 권사님의 친어머니 장례에 참여하고(13년 전), 최진규 장로님의 어머니(7년 전)와 아버지를 환송하는 모임에도 동참할 수 있었습니다. 그래요, 이 땅에서 많이 수고하여 가정을 이끄시고 생명들을 보듬어 안으셨던 어른들을 천국으로 보내는 시간에 함께 있는 것만큼 영광스럽고 복된 일은 없을 것입니다.

 서로서로를 즐거워하면서 그곳에서 함께 있었던 우리 교우들을 여기에 적어 봅니다. 이성현 이미옥 이휘성 이휘수 조나단 장민정 정경아 김대곤 박희용 정미경 이상봉 임경애 오태진 이영자 김용무 함영선 강성심 김찬규 장동숙 김차석 장병환 김종식 하해영 이병식 백경천 최진규 김종덕 최지선 최지은 최성호, 모두 서른 명이 그곳에 함께 있었네요. 좁은 승합차 안에서 땀을 많이 흘리고 불편하였지만, 참 재미있고 즐거웠습니다. 특별히 장병환 집사님과 김차석 집사님께 일산호수교회의 목사로서 깊은 감사를 드리고 싶습니다. 다음 차례가 누구일지 알 수 없지만, 누구든지 차례가 되면 우리 모두 그 시간을 기쁨으로 맞이하고, 함께 모여 감사의 찬양을 부릅시다. ♬나의 갈길 다가도록 예수 인도하시니, 내 주 안에 있는 긍휼 어찌 의심하리요, 믿음으로 사는 자는 하늘 위로 받겠네♪

2012년 7월 24일 화요일
한 아버지가 소망 중에 돌아가셔서 감사하는 거북이 백경천

117

사랑하는 일산호수교회 형제자매 여러분!

하나님의 은혜와 평강이 그리스도 예수 안에서 살아가는 우리 교회에 풍성하기를 원합니다. 또한 우리 주님의 은혜와 그 크신 사랑이 우리 안에서 넘쳐흘러 가까운 이웃과 북한 동포, 그리고 먼 나라에 살고 있는 가난하고 삶에 지친 사람들에게도 전해지기를 소원합니다.

우리 집 식구들, 특별히 저와 아내와 아들과 딸이 모두 철이 없습니다. 이렇게 제가 말할 때에 좀 어색하게 느끼는 분들이 있을 거예요. 식구들 모두를 다 얘기하면서, 마치 또 다른 식구가 있는 것처럼 얘기한다는 것이죠. 몇 년 전부터는 제 아내의 큰 언니네가 가까이 이사와 살게 되면서, 수시로 식사를 함께하니, 식구가 더 많아졌습니다. 큰 언니는 막냇동생인 저의 아내에게 옷을 빌려 주기도 하고 인영이 상인이를 자기 자식처럼 챙겨줍니다. 점점 더 식구가 늘어나고 있는 것입니다.

우리 집 식구들이 철이 없다는 것은, 아직도 여전히 팔십 두 살이나 잡수신 어머니에게 의존하여 살고 있음을 말하는 것입니다. 이제는 정말 많이 약해지셨습니다. 40kg도 안 되는 몸무게에 키도 많이 작아지시고, 귀가 점점 들리지 않아서 당신이 생각하는 얘기만 일방적으로 하실 때가 많습니다. 그런데 여전히 그 어른이 우리 가정 살림을 이끌어 가십니다. 이제는 편안히 쉬도록 해드리는 것이 좋겠다고 생각하면서도,

2012-2013년

우리는 계속 어머니(할머니)의 도움을 받아 편안하게 철없이 지냅니다. 새벽 일찍 일어나 밥을 지으시고 거의 매일 빨래를 하시고, 수시로 집안 구석구석 청소를 하시죠. 당신의 삶이라고 하십니다. 내가 이것도 하지 않으면 그만 죽으라는 얘기냐고 말씀하셔요. 어머님이 엄마로서 큰 소리치시며 자식들을 꾸짖으실 때가 참 좋습니다. 그래도 목사 사위라고 늘 존대해 주시니 저만 땡 잡았죠. 상인이와 인영이는 저보다 나아 보입니다. 할머니 손을 잡고 시장가고, 화장실 청소도 도와주곤 하네요.

제가 예언 하나 할게요. "이제는 핵가족 시대가 저물고 새로운 형태의 대가족시대가 열리게 됩니다" 자식들이 부모와 함께, 또는 부모 가까이 살아가는 것을 독립심이 없다고 생각하지 말고 효심이 지극하다고 생각하면서 같이 살면 좋겠습니다. 어차피 그러한 사회로 움직이고 있으니 현실을 빨리 인정하고, 서로를 긍정하며 끌어안는 것이 중요하겠죠. 그런데 다 큰 딸 백인영이 가끔 엄마하고 자겠다고 하고, 저를 밀어내며 거실에서 혼자 자라고 제 아내가 딸을 감싸 안는 것은 아직 좀 거시기합니다. 그런데 앞으로 펼쳐질 대가족시대에 왕따 당하지 않으려면 슬금슬금 어울려 녹아드는 것이 좋겠습니다.

노루목편지

　때가 되면 아이들이 결혼하여 가정을 이룰 수도 있고, 더 오래 같이 살아갈 수도 있고, 가까이 이사 와서 저녁마다 함께 밥 먹겠다고 자기 자식들까지 데리고 올 수도 있을 거예요. 대가족, 미리 각오하며 살아가야 할 삶입니다.

2012년 8월 24일 금요일
오늘도 철없이 사는 거북이 백경천

2012-2013년

\# 118

―――― 사랑하는 일산호수교회 형제자매 여러분!

하나님의 은혜와 평강이 그리스도 예수 안에서 살아가는 우리 교회에 풍성하기를 원합니다. 또한 우리 주님의 은혜와 그 크신 사랑이 우리 안에서 넘쳐흘러 가까운 이웃과 북한 동포, 그리고 먼 나라에 살고 있는 가난하고 삶에 지친 사람들에게도 전해지기를 소원합니다.

사람들이 풀과 꽃과 나무보다 더 나은 존재일까요? 그들은 하나님의 마음을 아는 것 같은데, 이 세상의 자연만물은 하나님의 뜻에 순종하여 사는 듯이 보이는데, 사람들은 그렇지 못한 것 같아서 참 안타깝습니다. 우리는 모두 너무나 자기중심적입니다. 내가 좋아하고 싫어하는 것에 따라서, 차별적으로 사랑하면서, 그것을 진정한 사랑인 줄로 알고 있어요. 정말로 그렇습니다.

그래서 저는 저 자신이 두렵습니다. 제 말을 잘 듣는 아이들을 좋아합니다. 저를 칭찬하는 어른들을 더 좋아합니다. 솔직히 말하면 그렇습니다. 사람들이 대개 저처럼 그런 것으로 여겨집니다. 그런데 나무는, 가만히 보니까, 다 보고 다 듣고 있을 텐데도, 늘 그곳에 꼼짝하지 않고 서 있다가 누구에게나 시원한 그늘을 만들어 줍니다. 무능해서 그렇다고요? 그런 것이 무능한 것이라면, 저도 그 무능을 배우고 싶습니다. 저도 무능하고 싶습니다. 누가 착하고 누가 나쁜지 알면서도, 누구에게나 묵묵히 그늘을 만들어 주는 나무를 닮고 싶습니다. 제 눈에는 풀과

노루목편지

꽃들도 그렇게 사는 듯이 보이네요.

저도 나무처럼 살고 싶습니다. 태풍에 쓰러질 수도 있고, 언젠가는 벌레들에게 시달리다가 넘어지겠지만 하나님이 생명을 주시는 동안은, 살라고 허락하신 그곳에 서 있으면서 누군가에게 쉼을 주는 나무처럼 누군가에게 그늘을 선물하고 싶습니다. 느티나무처럼. 그이는 벚나무처럼 아름다운 꽃도 갖지 못하고 감나무처럼 열매를 주지 못하지만, 그들을 부러워하거나 자책하지 않고, 그냥 그늘만이라도 주는 것을 행복해하면서 주어진 그 자리에 묵묵히 서 있습니다.

그냥 나무이고 싶습니다. 누군가가 저의 이름을 불러주고, 별명도 지어주고, 칭찬을 할 수도 있겠지만 저는 그냥 나무인 것에 머물고 싶습니다. 어린아이들이 성장하면서 나무의 그늘 아래서 놀다가 군대에도 가고 외국에도 갔다가 돌아왔을 때, 제 손을 한 번 잡아 주는 것으로 만족하렵니다. 언젠가 베어져서 버려지거나 누군가의 집을 따뜻하게 하는 땔감으로 쓰인다 해도 결코 억울해하지 않고 영광스럽게 생각하는 그런 나무이고 싶습니다.

2012년 9월 3일 월요일
우리 교회 마당에 심겨진 친구들을 보고 있는 거북이 백경천

사랑하는 일산호수교회 형제자매 여러분!

하나님의 은혜와 평강이 그리스도 예수 안에서 살아가는 우리 교회에 풍성하기를 원합니다. 또한 우리 주님의 은혜와 그 크신 사랑이 우리 안에서 넘쳐흘러 가까운 이웃과 북한 동포, 그리고 먼 나라에 살고 있는 가난하고 삶에 지친 사람들에게도 전해지기를 소원합니다.

지난주 목요일(11월 15일) 오후에 김용무 집사님의 장남 김오달 군이 저에게 전화를 주었습니다. 처음입니다. 정말 처음이에요. 우리가 서로를 알고 있었지만, 사실 많이 궁금해 했지만, 이렇게 개인적으로 전화 통화를 한 것은 처음입니다. 만나서 얘기를 나누고 싶으니 시간을 알려달라고 했고, 저는 잠시 후에 전화하여 어제인 21일(수) 점심시간이 좋겠다고 하였습니다.

우리가 서로의 존재를 알게 된 지 14년이 흘렀습니다. 제가 일산호수교회에 목사로 부임하였을 때, 그는 이미 우리 교회에서 예배하지 않은 지 꽤 오래 되었습니다. 제가 김용무 집사님 댁을 첫 심방하였을 때, 오달 군이 집에 있었는지 잘 생각나지 않지만, 권사님께서 가정 식구들 얘기를 하시면서 장녀 김유미 자매와 막내딸 유리 자매 사이에 아들이 있는데, 그 아들은 생각하는 능력은 온전하지만 몸이 마음대로 잘 움직여지지 않는 뇌성마비라고 하였습니다. 그 때 아마 명지대학교에서 문학 공부를 한다고 들었던 것 같습니다. 저는 그때 강원도 산골 아주 작

노루목편지

은 교회에서 전도사 일을 보던 같은 형편의 한 후배를 떠올렸었죠. 한 두 해 후 처음 보게 되었을 때, 오달 군은 저를 반갑게 맞아 주었지만, 마주 앉아 마음속의 얘기를 나누지는 못했습니다. 2년에 한 번쯤 제가 심방 가서 만나게 될 때마다, 그에게 나는 단지 목사의 일을 하러 온 사람이었고 나에게 그는 교우 가정의 식구이지만 교회 예배에는 나오지 않는 한 청년이었을 뿐입니다. 2년 전에, 오달 씨가 전주에서 앞을 보지 못하는 친구 등 장애인들을 돕는 그룹홈 리더가 되어 살게 되었다는 얘기를 듣고는 방문한 적이 있었습니다. 그런데 그때마저도, 그야말로 오달 씨의 말대로, 인격적인 만남을 이루지는 못했습니다. 그냥 교회를 대표한 사절단처럼 우르르 가서 우리가 늘 하는 방식으로 예배와 식사를 한 후 떠나온 것이죠.

오달 군은 저와 개인적으로 인격적으로 진솔하게 만나고 싶었답니다. 사실은 저도 그러했습니다. 그로부터 그 자신의 얘기를 직접 듣고 싶었습니다. 그동안 제가 들어온 것은 오직 어머니 함 권사님이 아들을 걱정하는 얘기뿐이었습니다. 길게 얘기했습니다. 종각 지하 서점에서 만나, 친구 오달 군이 이끄는 데에서 점심을 먹고 나서, 그가 편하게 들르곤 하는 개량 한복집 사장님의 일터인 조계사 앞 <한마음>에서 차 대접을 받고, 또 자리를 옮겨 차를 나누면서 한 네 시간쯤 대화를 하였습

2012-2013년

니다. 마치 몇 년 만에 만난 친구와 얘기를 나누듯이 그렇게 우리는 진지하였습니다. 그는 말을 참 잘합니다. 논리가 정연하고 예리합니다. 물론 그의 발음을 정확하게 듣지 못해서 다시 물어서 확인해야 할 때가 있지만, 그것은 누구와 대화를 나누든 마찬가지입니다. 마치 25년 전으로 돌아가 대학에서 만난 친구들과 시간 가는 줄 모르고 세상을 걱정하며 대화하였던 느낌이라고 할까요?

 그는 자신의 속 얘기를 들려주었습니다. 초등학교 2학년이 되기까지 걷지 못하고 기어 다녔고 누군가에게 의지하여야만 발걸음을 옮길 수 있었답니다. 그러나 어느 순간 일어나서 스스로 걸었는데 그때가 바로 2학년이랍니다. 고등학교 때까지 그는 성경을 일곱 번 통독할 정도로 신앙생활에 열심이었고 기춘오 전도사님과 특별히 마음을 나누었답니다. 하지만 스무 살이 지나면서 그는 보통 사람들이 청소년 때 겪는 질풍노도의 시기를 맞았고, 꽤 오래 자신에 대해서 묻고 세상을 의심하고 걱정하고 날카롭게 공격하기도 하는 삶을 살아왔답니다. 제가 그에게 붙여준 별명이 독립군이라고 하자, 호탕하게 웃었습니다. 군자금이 잘 공급되지 않는 독립군이랍니다. 원래 독립군은 그런 식으로 산다고 했죠. 그런데 최근 한두 달 사이에, 친한 후배의 갑작스런 죽음 소식을 듣고 크게 아팠던 때부터, 그의 몸이 이상해졌답니다. 자기 스스

노루목편지

로 목을 가눌 수 있답니다. 어렸을 때 자기를 진단한 의사 선생님이 "목을 가누게 되면 큰 변화가 있을 것이라"고 했던 것을 기억하는데, 지금 그런 일이 있답니다. 목을 자신의 의지대로 가누면서, 제 멋대로 떨리던 손이 통제가 되고, 허리가 펴지면서 척추에 힘이 느껴지고, 꽤 높은 계단을 성큼성큼 걸어서 내려올 수 있답니다. 자기 자신도 지금 적응하기가 쉽지 않답니다.

그래요, 우리 사이에 인격적인 대화가 시작되었습니다.

2012년 11월 22일 목요일
해가 뜨기 전 지금, 민경 자매를 생각하는 거북이 백경천

120

사랑하는 일산호수교회 형제자매 여러분!

하나님의 은혜와 평강이 그리스도 예수 안에서 살아가는 우리 교회에 풍성하기를 원합니다. 또한 우리 주님의 은혜와 그 크신 사랑이 우리 안에서 넘쳐흘러 가까운 이웃과 북한 동포, 그리고 먼 나라에 살고 있는 가난하고 삶에 지친 사람들에게도 전해지기를 소원합니다.

조이현과 조이안은 쌍둥이입니다. 제 눈에는 두 아이가 너무나 다른데, 가끔 보거나 처음 만나는 분들이 볼 때에는 꼭 닮은 쌍둥이일까요? 그럴 거예요. 이 아이들이 태어난 지 이제 만 2년이 되어갑니다. 어느 가정의 아이들이기도 하지만, 하나님이 우리 교회에 보내 주신 선물입니다. 예수님이 베들레헴에서 태어나셨을 때, 들판에서 양을 치던 목자들이 참으로 기뻐하면서 "지극히 높은 곳에서는 하나님께 영광이요. 땅에서는 기뻐하심을 입은 자들에게 평화"라고 부르는 천사들의 합창을 들었던 것처럼, 우리들도 그렇게 기뻐하며 이 아이들을 맞이하였습니다.

이름을 참 멋지게 지었어요. 그 이름 풀이를 듣지는 못했지만, 그냥 제 생각에, 국제화 시대를 염두에 둔 이름 같아요. 조이가 영어로 기쁨이잖아요. 그래서 큰아이 딸이 오면 기쁨이가 나타난(현) 것이고, 둘째 아이 아들 이안이가 오면 기쁨의 얼굴(안)을 대하는 것입니다. 외국인들이 이 아이들을 만날 때 아주 쉽게 죠이(Joy) 현, 죠이(Joy) 안, 하고 부르게 될 것입니다. 이런 사실을 모두들 아는데 저만 모르고 있었

노루목편지 ✉

나요? (헤헤)

  쌍둥이를 기르는 일은 참 힘든 것 같습니다. 아빠가 열심히 돕는다고는 하지만, 결국은 엄마 혼자서 두 아이를 책임져야 할 때가 많은데, 아무리 똑같이 사랑하며 돌본다고 하여도, 한 번에 둘을 다 만족시킬 수는 없는 것이죠. 어느 때부터인가 이안이가 혼자 놀기 시작했습니다. 엄마에게 무언가를 더 적극적으로 요구하는 이현이에게 더 많이 응답하면서, 혼자서 늘 책을 보거나 다른 것에 몰입하는 이안이는 본래 특성이 그런가 보다라고 생각했었겠지요. 이안이가 다른 사람들과 인격적으로 마주하며 대화하기보다는 시선을 외면하거나 자신을 부르는 음성에 응답하지 않고 자기가 원하는 것에만 몰입하는 것이, 엄마에게 그리고 그 아이를 사랑하는 다른 이들에게도 느껴지기 시작했습니다. 제 아내가 고민하다가 아이를 데리고 병원에 가서 의사 선생님과 상담하는 것이 필요하겠다고 말했을 때에, 저는 너무나 많이 두려워하였습니다. 엄마인 장정숙 전도사님도 계속 고민해오던 터에 더 늦기 전에 가야겠다고 결단하였어요.

  지난 한 달간 부모뿐만 아니라 할머니 할아버지, 그리고 우리 교우들이 열심히 기도하며 이안이를 더 적극적으로 사랑하였더니, 상당히 많이 좋아졌습니다. 여러 가지 검사 결과를 종합한 의사 선생님이 언어치

2012-2013년

료와 놀이를 통한 관계 훈련을 더 열심히 하면 괜찮을 것이라고 진단했답니다. 우리는 두려움을 극복해가면서 사랑할 것입니다. 우리는 자칫 미리 걱정하고 염려하다가 우리 속에 자리 잡고 있는 두려움에 굴복할 수가 있습니다. 우리가 매우 연약한 죄인이기 때문입니다. 하지만 우리 안에는 또한 두려움을 떨쳐 버릴 수 있는 예수님의 사랑이 하나님께로부터 공급되고 있습니다. 우리는 이 사랑으로 세상이 주는 두려움을 얼마든지 이길 수가 있는 것입니다. 두려움 없는 사랑, 이것이 바로 우리가 가야 할 길입니다.

2012년 12월 7일 금요일
더욱더 사랑하기를 원하는 거북이 백경천

121

사랑하는 일산호수교회 형제자매 여러분!

하나님의 은혜와 평강이 그리스도 예수 안에서 살아가는 우리 교회에 풍성하기를 원합니다. 또한 우리 주님의 은혜와 그 크신 사랑이 우리 안에서 넘쳐 흘러 가까운 이웃과 북한 동포, 그리고 먼 나라에 살고 있는 가난하고 삶에 지친 사람들에게도 전해지기를 소원합니다.

오늘 이른 아침에는 기습적으로 눈이 내렸습니다. 일기예보를 담당하는 기상청이나 새하얗게 축복으로 찾아온 눈, 그이에게는 미안하지만 저에게는 오늘 눈이 그러했습니다. 부친상을 당한 김우현 김복순 부부에게 발인 시간 전에 가서 장례예배를 인도하겠다고 약속하였는데, 그 약속을 지키지 못했습니다. 갑작스럽게 눈이 많이 내렸기 때문입니다. 제가 이제는 조금 나이가 들어서 더 조심스러워진 것일까요? 아니면 지혜로워진 것일까요? 많이 그리고 빨리 고민하다가 오늘 장례식장에서의 발인예배 인도를 감당하지 못하는 것으로 결정하였습니다.

그 시간에 이미 조나단 전도사님은 우리 집 앞에 도착하여 있었고, 박희용 장로님은 걱정하시면서도 당신의 집 앞에서 체인을 장착하고 있었고, 김찬규 장로님도 걱정스런 마음으로 저의 결단을 기다리고 있었습니다. 저 자신이 눈길에 운전하는 것도 매우 모험적인 것이지만, 혹시나 제가 움직인다고 할 때에 함께 해야 한다고 생각하게 될 교우들 걱정이 더 되었습니다. 하지만 장로님들 중에서 가장 멀리에 계시는 이상봉 장로님이 이미 전철을 이용하여 그곳에 가셨을 것이라는 생각을 하지는 못했습니다.

김현우 형제에게 전화하여 아무래도 겁이 나서 그곳까지 운전하여 가지 못하겠다고 말하니, 이상봉 장로님이 이미 그곳에 와 계시다고 하였어요. 장로님은 이미 그곳에 와 계신데 목사가 못 가겠다고 말하는 것이 부끄럽기도 하지만, 오히려 우리 하나님께서 벌써 뜻하시고 계획하신 바가 있구나 하는 생각이 들었습니다. 장로님과 통화하고 싶다고 하여서, 장로님이 혼자서라도 가족들을 모아놓고 위로와 격려의 말씀을 주시고 기도해 주시면 좋겠다고 말씀드렸습니다. 조금 시간이 흐른 뒤에 이상봉 장로님께서 유족들과 함께 기도하고 말씀을 전했다고 전화해 주셨습니다. 기쁨이 충만하셨어요.

세 시간이 흐른 지금도 여전히 눈이 소복소복 내리고 있네요. 현우 형제에게 다른 차들은 움직이지 말고 영구차에 모두 타고 가라고 권면했고, 운구할 사람이 있는지도 물었었죠. 아마도 많이 힘든 길이겠지만, 벽제가 그다지 멀지 않고 많은 후배들이 와서 돕는다고 하였으니 걱정하지는 않으렵니다. 때때로 우리가 좀 불편해지기도 하지만, 눈이 오는

노
루
목
편
지

　　것은 참 좋은 하나님의 은혜입니다. 이 세상의 모든 것들을 하얗게 덮어서 새로운 그림을 그릴 수 있게 해 줍니다. 아버지의 죽음은 하늘이 무너지는 것과 같은 엄청난 슬픔과 두려움이지만, 새로운 꿈과 계획을 구체적으로 얘기해야 하는 큰 변화의 시작이기로 한 것입니다.

　　김현우 형제와 김복순 자매를 사랑하고 축복합니다.

　　김현우 형제와 김복순 자매를 더욱 사랑하고 축복합니다.

　　김현우 형제와 김복순 자매를, 그리고 이제 새해에 초등학교에 입학하는 딸 은서와 작은 아이 은석이를 사랑하고 축복합니다.

2013년 1월 1일 화요일
따뜻한 집에서 사는 것을 감사하는 거북이 백경천

122

사랑하는 일산호수교회 형제자매 여러분!

하나님의 은혜와 평강이 그리스도 예수 안에서 살아가는 우리 교회에 풍성하기를 원합니다. 또한 우리 주님의 은혜와 그 크신 사랑이 우리 안에서 넘쳐 흘러 가까운 이웃과 북한동포, 그리고 먼 나라에 살고 있는 가난하고 삶에 지친 사람들에게도 전해지기를 소원합니다.

몇 주일 전에 수원 아래쪽에 새로 만들어진 도시 동탄에서 목회하시는 후배 목사님을 만났습니다. 그분의 아내는 꽤 유명한 요리선생님이랍니다. 부부가 아주 건강해 보였습니다. 신도시의 중심에서 아주 작은 크리스천 학교를 시작하였는데 스무 명 남짓 아이들이 있답니다. 여기저기에서 많은 목사님들이 작은 학교들을 운영하는 것에 대해서 알고는 있었지만, 이렇게 개인적으로 만나서 길게 대화를 나누어 본 것은 처음입니다. 우리나라의 공립학교나 사립학교 교육이 굉장히 힘들어져 있는 것을 우리가 알고 있습니다. 어떤 분들은 학교가 학생들을 망치고 있다, 죽이고 있다고까지 말합니다. 실질적 교육목표가 대학 입시에만 맞추어 있다 보니, 따뜻한 인간관계 교육이나 올바른 세계관 교육이 제대로 이루어지지 못한다는 것입니다.

그 목사님은 좀 더 좋은 교육을 생각하는 부모들과 대화를 나누면서 아주 작은 학교를 시작하게 되었답니다. 주님의 말씀을 중심에 놓고 크리스천으로서의 세계관과 인생관에 대해 부모들과 토론해가면서 아

노
루
목
편
지
✉

이들을 자유롭고 창의적으로 살게 하는 교육을 하기 위해 헌신하고 있다고 하였습니다. 굉장한 믿음이고 도전입니다. 그들은 이 나라의 공교육을 받으면서 얻게 될 안정감과 유익을 포기하였습니다. 그 아이들은 검정고시를 치르면서 성장해 갈 것입니다. 저는 이러한 학교에 제 자녀들을 보낸다거나 교우들의 자녀들을 그곳에 보내라고 추천하지는 않지만, 그 목사님과 부모들이 매우 용감하게 도전하는 것에는 큰 자극을 받고 있습니다.

  솔직히 저는 지금의 우리 교회를 좋아합니다. 그냥 날마다 평범하게 세상 속에서 살아가다가 주일마다 모여서 함께 공동체 예배와 자녀교육을 해가는 것입니다. 우리에게도 아이들이 많습니다. 적지 않습니다. 정말 많아요. 부모의 품에 안긴 아이부터 군대에 다녀온 청년까지 한 50명쯤 될 거예요. 유치부에 있었던 친구들이 이제는 대학생이 되어서 초등부 선생님 중고등부 선생님이 되었습니다. 15년 전에 젊은 청년이었던 선생님들은, 지금 자신의 자녀들을 그가 주님의 말씀으로 가르쳤던 제자들에게 맡겼습니다. 우리에게는 늘 여러 가지 고민이 많지만 예수님의 사랑으로 서로서로 보듬어 안으며 주일마다 우리의 삶을 나눕니다. 도대체 뭘 잘하고 있냐고요? 잘 모르겠습니다. 하지만 긴 세월을 함께 사랑하면서 이렇게 지낼 것입니다.

2012-2013년

제가 용기를 내어서 제안하고자 합니다. 우리 교회가 좀 더 열심을 내어서 우리 자녀들을 하나님께 맡겨드립시다. 믿음으로 기도하면서 우리의 자녀들을 매우 젊은 크리스천들인 우리 제자들에게 더 적극적으로 맡깁시다. 부모들은 오전 9시 30분 전에 예배당에 도착하여, 아이들이 자신들의 문화 속에서 자유롭게 예배하며 말씀 중심의 대화를 나누도록 그 부서에 맡기고, 백경천 목사와 함께 <수다로 풀어가는 말씀과 현실> 모임을 시작해 봅시다. 우리 교회가 우리 자녀들에게 더 좋은 신앙교육을 제공하기 위해서 우리 부모들이 좀 더 열심을 냅시다.

2013년 3월 5일 화요일
백상인 백인영을 사랑으로 길러주신 교회학교 선생님들께
늘 감사하는 거북이 백경천

123

노루목편지

사랑하는 일산호수교회 형제자매 여러분!

하나님의 은혜와 평강이 그리스도 예수 안에서 살아가는 우리 교회에 풍성하기를 원합니다. 또한 우리 주님의 은혜와 그 크신 사랑이 우리 안에서 넘쳐 흘러 가까운 이웃과 북한동포, 그리고 먼 나라에 살고 있는 가난하고 삶에 지친 사람들에게도 전해지기를 소원합니다.

개성공단은 어떤 일이 있어도 남과 북의 지도자들이 꼭 지켜야만 하는데, 참 안타깝고 슬픕니다. 우리 예배당 앞의 평화유통 주식회사가 개성공단에 공장을 짓고 회사를 만들었을 때 저는 참 많이 흥분했었습니다. 그 회사의 대표이신 고문중 집사님이 어느 날 함께 그곳에 들어가서 기도해 주기를 원한다고 말씀하셨을 때는 뛸 듯이 기뻐했었죠. 노동자로 고용된 이북사람들의 일하는 모습을 보고는 이제 우리 민족이 이 길로 착실하게 걸어가면 되겠다는 확신을 가지고 기도하게 되었습니다. 그런데 오늘 우리 앞에 전개되는 모습은 우리로 하여금 그곳에서 자라난 희망의 나무들이 뽑히지고 있는 것 같다는 생각을 갖게 합니다.

희망을 얘기하고 싶은데, 말의 가락이 잡히지 않습니다. 우리는 왜 이렇게 안 되는 것입니까? 저들의 젊은 지도자 김정은이 갈피를 잡지 못하는 것 같습니다. 자신의 존재감을 과시하려고 강하게 밀어붙이고서는, 오히려 더 어려워지는 것 같을 땐 한걸음 물러서야 하는데, 너무 젊어서 그 적절한 정치적 타협점을 찾지 못하는 것 같아요. 우리 남한의 박근혜 대통령이 중년 여성의 따뜻함을 가지고 좀 슬그머니 상대방의

2012-2013년

실수를 끌어안고 넘어가면 안 될까요? 뭐 묘수가 없을까요? 그래요, 우리에게 하나님이 주시는 지혜와 용기가 필요합니다.

개성공단은 양쪽이 꼭 유지해야 합니다. 이번 기회에 좀 더 합리적인 협약을 하고, 좀 더 앞으로 나아가는 적극적 논의를 하면 좋겠습니다. 희망을 놓지 않고 기대하면서 기도하겠습니다. 우리 박근혜 대통령이 먼저 정상회담 제의를 하고 남쪽의 지도자와 국민들이 원하는 것이 평화를 기반으로 하는 상생의 통일임을 속 시원하게 밝히면 좋겠습니다. 저쪽이 분명 잘못했지만, 그럼에도 불구하고 우리가 자세를 낮추어 그들의 마지막 남은 자존심을 살려주면서 다시 대화의 실마리를 잡으면 좋겠습니다.

이제는 정말 마음껏 사랑하고 싶습니다. 우리는 왜 이렇게 안 되나요? 철부지처럼 사랑한다고 말하며 끌어안고 싶습니다. 탈북자 한 분이 우리 교단 목사가 되었고 탈북자들과 함께 교회를 이루어 우리 평양노회에 가입하였는데, 우리와 같은 서시찰회 지역에 속하게 되었다는 노회 보고서를 읽었습니다. 그 목사님이라도 빨리 만나서 환영한다고 말해주어야겠습니다. 우리 교회에 오셔서 말씀 전해달라고 부탁도 해 보겠습니다. 한 사람 한 사람 환영을 하며 만나다 보면 더 많은 사람들을 사랑할 수 있게 되겠지요.

2013년 4월 30일 화요일
북한동포들 생각에 늘 가슴이 아린 거북이 백경천

124

노루목편지 ✉

―― 사랑하는 일산호수교회 형제자매 여러분!

하나님의 은혜와 평강이 그리스도 예수 안에서 살아가는 우리 교회에 풍성하기를 원합니다. 또한 우리 주님의 은혜와 그 크신 사랑이 우리 안에서 넘쳐 흘러 가까운 이웃과 북한동포, 그리고 먼 나라에 살고 있는 가난하고 삶에 지친 사람들에게도 전해지기를 소원합니다.

저는 예전에 어떤 분이 다른 사람의 얘기를 많이 하는 것을 보면서, "뭐 그렇게 다른 사람들 얘기를 하나!"하고 생각했었는데, 요즘에는 이해가 됩니다. 그렇게 하는 가운데 자신의 힘들고 어려운 현실을 좀 잊을 수 있겠구나 싶어요. 그래서 그런 사람을 보면 더 이상 마음으로 흉볼 수 없게 되었어요. 제 자신도 그렇게 하면서 살아가는 것 같습니다.

그런데 다른 분들의 사정과 그들의 아픔을 내 생각과 마음에 가져와서, 누군가 또 다른 사람들에게 말하여 옮기는 것이 아니라, 하나님께 안타까운 마음으로 전한다면 그것이 바로 중보기도라고 생각됩니다. 자기 자신을 위한 간구와 함께 하나님이 만나게 해주신 사람들을 위한 기도를 더하여 기도하는 삶을 살아가는 것은 크리스천의 아름다움이라고 말할 수 있겠습니다.

그런데 우리들의 삶을 가만히 들여다보니, 어떤 아픔을 겪은 사람들이나 지금도 그 아픔 속에 있는 사람들이, 같은 아픔을 겪는 사람들의 상처를 위로하거나 그들을 위해서 기도할 수 있는 것으로 여겨집니다.

2012-2013년

너무 많은 아픔을 겪고 상처를 받아서 모든 에너지를 소진하고 아무런 여유가 없을 것 같은데, 이상하게도 그 힘든 분들이 누군가를 위해 더 많이 기도하고 그들을 위로하는 것을 봅니다. 성령 하나님께서 우리 가운데 함께 하시기 때문이라고 생각됩니다.

　우리 앞에 어떤 어려움이 있기 때문에 의기소침해지거나 뒤로 물러서지는 않겠습니다. 내 옆에 걷고 있는 사람들을 보면, 그들 모두에게도 그들 나름의 무거운 짐을 지고 있음을 발견하게 됩니다. 조금만 더 힘을 내자고 서로서로 말해주면 좋겠습니다. 부둥켜안고 같이 울어주고, 조금만 더 그 아픈 얘기를 들어주면 좋겠습니다. 내가 여기에 버티고 서 있음으로 인해서, 그 곳에 버티고 서서 옆 사람의 손을 잡음으로 인해서, 우리가 더 많은 사람들이 의지할 수 있는 버팀목이 되면 좋겠습니다. 조금만 더 버티고 견디며 서 있다 보면 그 차갑던 바람이 시원하게 느껴지는 때가 오겠지요.

　하나님께서 오늘 저와 여러분에게 이런 마음을 주셨습니다.

2013년 6월 13일 목요일
힘든 교우들을 생각하면서 기도하는 거북이 백경천

125

노루목편지 ✉

———— 사랑하는 일산호수교회 형제자매 여러분!

하나님의 은혜와 평강이 그리스도 예수 안에서 살아가는 우리 교회에 풍성하기를 원합니다. 또한 우리 주님의 은혜와 그 크신 사랑이 우리 안에서 넘쳐 흘러 가까운 이웃과 북한동포, 그리고 먼 나라에 살고 있는 가난하고 삶에 지친 사람들에게도 전해지기를 소원합니다.

오늘은 2013년 8월 2일(금)이고, 제가 있는 이곳은 우리 교회가 6년째 캠프를 열고 있는 경기도 가평군 북면 화악리 에벤에셀 동산입니다. 새벽에 비가 세차게 내렸고 날씨가 흐리지만, 사내아이들은 어제부터 젖어있는 물놀이 옷으로 갈아입고 그 찬 물 속으로 또 들어갑니다. 그들은 사내답고 용감하게 보입니다. 올해는 소리쳐서 엄마를 부르는 아이가 없는 듯합니다. 이곳에서는 어떤 방식으로 놀아야 하는지 이미 알고 있는 것이죠.

4학년 남자아이들, 김기민 김하준 유형우와 5학년 김종은은 아빠들이 팀을 짜서 족구나 배구를 하듯이 어젯밤 중에 자기들 방식의 게임을 즐겼는가 봅니다. 그 팀이 들어오는 소리에 잠을 살짝 깨었는데 자기들끼리 얘기하기를, "이불 안 덮어도 잘 수 있지?"라고 누군가 말하고 다른 누군가가 "그럼!"하고는 벌렁 드러누웠습니다. 종은이는 아빠 옆에서 잠들고, 기민과 형우는 그야말로 자빠져 자더군요. 나중에 유창

2012-2013년

현 집사님이 챙겨서 이불을 덮어주었습니다.

김하준은 저의 옆에 누웠습니다. 다니엘 전도사님과 함께 11시 좀 지나 누우면서 저의 옆에 한 사람이 잘 수 있도록 자리를 마련하고 저의 얇은 이불을 열어 두었는데, 그 이불을 살짝 열고 하준이가 들어왔습니다. 제가 살짝 눈을 뜨니, 이 친구가 저를 빤히 쳐다봅니다. 저의 수건으로 베개를 만들어 주었더니 깍듯하게 '고맙습니다' 하고 인사했어요. 제 마음이 뿌듯하였어요. 그런데 조금 자다 보니, 이 녀석이 자신의 몸으로 제 이불을 말아버렸습니다. 이불 없이 자도 된다고 큰 소리 치던 녀석 때문에 제가 이불 없이 자야만 했죠. 하준이가 쑥 자란 느낌입니다. 아침 일찍 일어나서 식사도 제 때에 했습니다.

방금 큰 말벌이 하나 방에 들어왔는데, 나가는 문을 못 찾아 헤매다가 이제야 가버리네요. 어제는 어떤 형이 도마뱀을 잡았는데 다들 돌아가면서 만져보고는 이내 놓아 주었습니다. 제가 볼 때는 도마뱀이 함께 놀자고 찾아온 듯합니다. 여기 계신 분들 이름을 적어보겠습니다. 오태진 이영자 지정례 정막례 임경애 임향연 백경천 조윤희 박희용 조나단 장정숙 다니엘 김복순 김옥연 김민경 나영목 황두영 백상인 백인영 최종수 이건우 이하늘 이학민 이학진 나인우 김현진 김이지 원선영 신유

노루목편지

리 김기경 나승석 김영서 김기민 김은서 김은석 조이현 조이안 사재훈 이상돈 김동애 박주호 엄경아 박진우 박소정 이건희 유창현 김경희 유재원 유형우 유빛나 김대곤 오지숙 김서은 김종은 김성호 함영선 정미경 강성심 이미옥 이휘성 이휘수 정광호 정경아 전영신 김종식 하해영 김명진 김하준 김혜원 채주은 채주혜 이동훈 최지윤 이건주 최종휘 송창봉 박은영 모두 칠십 칠 명입니다.

여기는 일산호수교회입니다. 하나님께서 돌보시고 기르시고 영광 받으시는 사람들입니다.

2013년 8월 2일 금요일
함께 오지 못 한 이들을 위해 기도하는 거북이 백경천

126

사랑하는 일산호수교회 형제자매 여러분!

하나님의 은혜와 평강이 그리스도 예수 안에서 살아가는 우리 교회에 풍성하기를 원합니다. 또한 우리 주님의 은혜와 그 크신 사랑이 우리 안에서 넘쳐 흘러 가까운 이웃과 북한동포, 그리고 먼 나라에 살고 있는 가난하고 삶에 지친 사람들에게도 전해지기를 소원합니다.

오늘 아침 일찍, 저는 우리 교우들과 서울 삼성병원에 가서 유상철 집사님 송별예배(장례식)를 인도하고 돌아왔습니다. 월요일 아침 출근 시간 때이기에 많은 교우들과 친인척이 참석하지는 못하였지만, 차분한 분위기 속에서 사랑하는 집사님의 건강한 모습을 떠올리며 함께 주님을 예배한 아름다운 시간이었습니다. 참 행복했습니다. 제가 집사님을 만난 것이 그리 오래되지는 않았어요. 그렇게 많이 만나지도 못했습니다. 한 칠 년 정도의 세월 속에서 한 해에 세 번 정도 뵈었으니 스무 번 정도 밖에 만나지 못한 셈입니다. 그런데도 그 어른의 향기는 저에게 아주 진하게 남아 있습니다.

그 어른은 여러모로 많이 어린 저를 당신 가정의 목회자로 맞이하시고 늘 존대해주셨습니다. 그래서 집사님 가정을 심방할 때는 언제나 유쾌한 대화를 기대하곤 했죠. 네 번, 혹은 다섯 번, 심방 중에 대화를 나누었을 거예요. 집사님이 한 2년 전부터 병원에 계시거나 집에 계실 때에도, 제가 찾아뵐 때마다 한결같이 그 건강하고 순수한 마음을 저에게

노루목편지 ✉

주시곤 하셨습니다. 예, 그렇습니다. 언제나 진심을 주셨습니다.

저는 참 영광스럽게도 그 어른의 마지막 한 주간을 함께 할 수 있었습니다. 집사님이 아주 많이 힘들었던 시간입니다. 몸은 전체적으로 많이 부으셨고, 호흡기에 의지하여 힘겹게 숨을 쉬시면서 견디셨어요. 저의 인사말과 기도 소리에 응답하시고는 바로 지치시는 모습이 역력했기에 저는 아주 조금씩 만났습니다. 지난 화요일, 명절이 시작되기 전날 집사님을 병원으로 찾아 갔었는데, 혹시나 더 힘들어 하실 수도 있기에 가까이 가지 않고 병실 밖에서 기도하였습니다. 청주 어머님 집에서 추석을 지내고 목요일 저녁 집에 막 도착한 때에, 김복자 권사님이 남편의 위독함을 알려 주셨습니다. 얼마나 다행스럽고 감사했는지요! 제가 그 귀한 분의 마지막 시간에 집사님의 손을 잡고 찬송과 기도를 드릴 수 있었습니다. 가족들과 함께 임종 기도를 주께 드리고 집에 돌아온 지 얼마 되지 않아서 집사님이 돌아가셨다는 전화를 받았습니다.

그 전갈을 받고 기도하려고 눈을 감으니, 병실에서 투병하시던 모습은 제 안에서 사라지고, 집에서 유쾌하게 웃으시며 저와 대화를 나누어 주시던 집사님의 건강한 모습이 선명하게 떠 올랐습니다. 다음날인 금요일 아침 다가오는 주일의 주보를 준비하는 중에 할렐루야 찬양대의

2012-2013년

성가가 <본향을 향하여(김두완 작곡)>임을 보고는 '제 마음 속에 살아계신' 집사님과 함께 이 찬양을 듣고 싶다는 생각을 하였습니다. 돌아가신 분을 생각하는 예배가 아니라, 저의 마음에 살아계신 분과 함께 드리는 예배를 준비하게 된 것입니다. 참 특별한 시간이었고 예전에 경험하지 못했던 그 무엇이었습니다.

2013년 9월 23일 월요일
참 귀한 분을 마음에 간직한 거북이 백경천

127

노루목편지

사랑하는 일산호수교회 형제자매 여러분!

하나님의 은혜와 평강이 그리스도 예수 안에서 살아가는 우리 교회에 풍성하기를 원합니다. 또한 우리 주님의 은혜와 그 크신 사랑이 우리 안에서 넘쳐 흘러 가까운 이웃과 북한동포, 그리고 먼 나라에 살고 있는 가난하고 삶에 지친 사람들에게도 전해지기를 소원합니다.

오늘 오전에는 조나단 목사님과 함께 인천에 있는 길 병원에 다녀왔습니다. 미얀마 친족 소년 아홉 살 상뿌의 심장 수술이 잘 되었다는 소식을 들었지만, 함께 미얀마에서 수술 받기 위해 들어 온 아이가 아직 중환자실에 있다고 하여서 방문을 망설이다가, 오늘 아침에 병원 측의 담당자에게 전화하여 방문해도 괜찮겠다는 허락을 받고 찾아간 것입니다. 상뿌의 상태는 아주 좋아 보였고, 다른 여자 아이도 아직 중환자실에 있지만 많이 좋아지고 있다는 말을 그 밝은 표정의 엄마에게서 들었습니다.

한국인과 결혼한 후, 6년째 한국에 살고 있는 미얀마 여인이 통역을 해주어서 서로서로 즐거운 대화를 나눌 수 있었습니다. 통역을 해준 여인은 리안 목사님과 같은 친족인데 무슬림이 주류인 라카인 족의 땅에서 태어나 성장했답니다. 그래서 친족의 언어는 전혀 모르고 친족의 땅에도 가본 적이 없습니다. 이번에 함께 수술 받은 작은 여자아이 가족은 몬족입니다. 그들은 거의 모두 불교인이죠. 1년 내내 아주 무더운 지역에 살고 있는데, 몬족은 키가 매우 작습니다. 책에서는 좀 읽었지만, 실제로 몬족 여인을 만난 것은 처음입니다. 그들은 소고기와 돼지

2012-2013년

고기를 먹지 않는답니다.

저는 상뿌가 네 살 때부터 해마다 보아왔지만, 그 아이에게 그런 고통이 있는지는 전혀 몰랐습니다. 형제들과 놀다가는 금방 지쳐서 집에 들어와 눕고, 밥을 먹으면서도 힘들어 하면서 성장했답니다. 상뿌의 아빠는 목사님인데, 리안 목사님이 친형처럼 생각하는 처남입니다. 상뿌의 아버지 뭉은 저에게 아주 좋은 친구입니다. 참으로 놀라운 일입니다. 우리에게는 우연처럼 느껴지지만, 우리는 이 일이 하나님의 인도하심 속에서 이렇게 되어진 것으로 믿습니다.

몬족, 그 여자아이의 이름은 물어보지 못했습니다. 세 살쯤 되었을까요? 통역하시는 미얀마 여인이 수술하기 전 그 아이의 손톱과 손을 찍은 사진을 보여주었는데, 그 색깔이 확연하게 달랐습니다. 심장에서 손끝까지 피를 잘 보내주어서, 산소로 충만한 건강함을 사진으로 확인할 수 있었습니다. 우리 모두가 얼마나 행복했는지 모릅니다. 그들은 모두 저를 '시아'라고 불렀습니다. 그 나라 말로 목사님입니다. 그들 모두가 반갑게 웃으면서 저와 조나단 목사님을 시아라고 부를 때에, 저의 기쁨이 더 커졌습니다. 우리가 이 만남을 통하여 하나님을 기쁘시게 하고 있음을 느낄 수 있었기 때문입니다.

2013년 11월 19일 화요일
미얀마 곳곳에서 복음이 전해지기를 원하는 거북이 백경천

노루목편지

128

사랑하는 일산호수교회 형제자매 여러분!

하나님의 은혜와 평강이 그리스도 예수 안에서 살아가는 우리 교회에 풍성하기를 원합니다. 또한 우리 주님의 은혜와 그 크신 사랑이 우리 안에서 넘쳐 흘러 가까운 이웃과 북한동포, 그리고 먼 나라에 살고 있는 가난하고 삶에 지친 사람들에게도 전해지기를 소원합니다.

저는 또 미얀마에 가려고 합니다. 저와 같은 폐질환에 시달리던 형이 50일 전에 이 세상을 떠난 후, 제 아내가 이제는 그곳에 가지 말라고 하였지만 그래도 가야만 합니다. 아들 백상인에게 도움을 요청했습니다. 네가 같이 가서 아빠가 무리하지 않도록 통제하겠다고 하면 엄마가 승낙할 것이라고 말했죠.(이것이 바로 정치입니다) 아내도 저와 극단적으로 부딪치고 싶지는 않았을 것이고 저 또한 사랑하는 아내의 말을 무시하는 것 같은 인생은 살고 싶지 않았어요. 그래서 우리는 우리 사이에 아들을 세웠고, 아들은 얼떨결에 아주 중요한 인물이 된 것입니다.

이번 여행의 우리 일행은 박희용 장로님과 백상인 백경천입니다. 박 장로님은 작년에도 동행했는데, 또 같이 가시기로 했습니다. 저의 여비는 교회가 부담하지만, 장로님과 백상인은 각자 부담해야 하는데 1인당 150만원이라는 적지 않은 비용이 듭니다. 그 나라는 아직도 북한처럼 외국인에게 자국인보다 두 배 이상의 요금을 받아요. 그래서 교통

2012-2013년

비, 숙박비가 다른 나라보다 훨씬 비쌉니다. 그래서 저는 아직 우리 교우들에게 그곳에 함께 가자는 말을 할 수가 없어요.

우리가 방문하여 만나는 교회와 사람들은 참 가난합니다. 보통 하루에 두 끼를 먹고 사는데 그 식사가 대단히 부실하고, 그 고산지대에서 수입원이 매우 빈약하여 자녀교육을 시키기가 어렵습니다. 교인들의 삶이 어렵다 보니 목회자들의 생활비를 지급하지도 못합니다. 그래서 우리 교회는 일곱 분 목회자들의 부족한 생활비를 후원하고, 여러 아이들의 장학금을 지급하고 있습니다. 보통 우리나라의 큰 교회들이 선교사를 파송하여 하는 일을, 우리는 현지 목회자인 탕반 리안 목사님을 사역자로 세워서 감당하고 있는 것입니다. 이 관계의 기초는 믿음입니다. 하나님을 믿고, 서로서로를 믿는 것입니다. 우리는 이미 다 주었기 때문에, 혹시 어떤 사건이 생긴다 해도, 우리는 잃어버릴 것이 없습니다.

지난 1월 말, 박 장로님과 조장마을에 갔을 때에, 인도국경 가까이에 사는 분들이 2박 3일 걸려서 우리를 찾아왔는데, 그들은 마을 예배당을 건축하려고 산에서 나무를 자르고 켜서 목재를 준비하였다고 했습니다. 300만원만 지원해주면 예배당을 지을 수 있다고 했는데, 마침 한국에서 떠나올 때 어떤 분이 이렇게 예배당 지을 곳이 있으면 지원

노루목편지

해달라고 그만큼의 돈을 저에게 맡겼기에 빨리 주었습니다. 하나님께서 하시는 일이라고 생각할 수밖에 없잖아요. 우리는 이번 방문 중에 다니엘 전도사님의 고향이자 목회지인 뚜이장 마을에 지어진 예배당을 방문하려고 합니다. 오토바이로 1시간 30분 정도 가야 하는 곳인데, 유상철 집사님과 김복자 권사님의 헌금으로 짓기를 시작하였고 얼마 전에 완성되었답니다.

우리는 위기 속에서 늘 창의적인 생각을 하게 됩니다. 그래서 어려움과 심한 갈등도 결코 두렵지 않습니다. 백상인이 저와 함께 미얀마에 동행할 수 있으리라고는 전혀 생각지 못했던 것입니다. 어떤 목사님이 그러시는데, 그는 이제 우리 교회와 한국을 대표하는 청년이랍니다. (헤헤)

2013년 12월 11일 수요일
오늘 살아 있음이 참 좋은 거북이 백경천

2014-2016년 노루목편지

일산호수교회와
백경천 목사가
함께 살다

노루목편지

129

———— 사랑하는 일산호수교회 형제자매 여러분!

하나님의 은혜와 평강이 그리스도 예수 안에서 살아가는 우리 교회에 풍성하기를 원합니다. 또한 우리 주님의 은혜와 그 크신 사랑이 우리 안에서 넘쳐 흘러 가까운 이웃과 북한동포, 그리고 먼 나라에 살고 있는 가난하고 삶에 지친 사람들에게도 전해지기를 소원합니다.

오늘은 충청북도 충주에 다녀오렵니다. 강명이 집사님의 어머니 신분순 집사님 병문안을 하려고요. 갑자기 안 좋아지셔서 지난 며칠간 중환자실에 계시다는 소식을 들었는데, 이제는 일반병실로 옮기셨답니다. 뵙고 싶어요. 그 어른께 위로가 되면 좋겠다는 생각도 있지만, 그 어른과 대화를 나누면 저의 어머니를 만나보는 것 같아서 그렇습니다. 충주 말씨로 말씀하셔서 더 그런 것 같습니다. 저의 어머니 친정집은 충주에서 가까운 시골 마을, 달래 강 건너 새말(新村)인데, 지금은 어른들이 다 돌아가시고 저의 외사촌들 누구도 그곳에 남아있지 않습니다. 저는 지금 내 어머니를 그리워하며, 많이 편찮으신 건우(건주, 건희) 할머니에게로 갑니다. 동해안의 일출을 보러 가듯이, 다시 환하게 떠올라서 고맙다고 얘기하러….

건우 할머니와 친밀해진 것은, 그분 아들의 너무 빠른 죽음 때문이었습니다. 장례를 마친 후, 가정 방문 위로심방을 하고 난 뒤 우리 교

2014-2016년

회에서 함께 예배하기 시작하였습니다. 그 후로 강명이 집사님의 어머님은 저의 어머니였습니다. 일평생 동안 온갖 힘든 일들을 감당하면서 살아오셨는데, 제가 만났던 그때 어머님은 평화유통에서 정식 사원이 되어 일하게 된 딸 강명이 집사의 작은 아이들을 챙겨주면서도 틈틈이 장항동의 세탁공장에서 세탁물 정리하는 일을 하곤 했습니다. 쉬지 않으셨어요. 그런데 그 힘든 생활 가운데서도 그 작은 몸에서 자연스럽게 풍기는 그 수줍고 부드러운 말씨, 그 따뜻한 미소는 꼭 저의 어머니였습니다.

그 어머님이 어느 날 충주로 내려가신다고 했을 때, 참 섭섭했었죠. 연세 많으신 언니가 몸이 많이 불편하신데, 마땅히 돌볼 사람이 없어서 당신이 시골에 내려가 언니와 함께 살겠다고 하셨어요. 그 후에 가끔 올라 오셔서 그곳의 교회 목사님이 참 좋은 분이라고 말씀하시고, 언니와 살면서 교회 생활하는 것이 편안하고 행복하다고 하셔서 참 감사했었죠. 어머님은 때때로 손수 만드신 반찬을 보내주시고 충주 사과도 나누어 주셨어요. 저는 늘 그 사랑을 받기만 하였습니다.

어머님이 다시 건강을 회복하셔서 지금 제가 누리는 이 따스한 햇빛을 즐기시기를 바랍니다. 강명이 자매님의 막내 아들 건희가 고등학교

노루목편지 ✉

를 졸업한 뒤, 몇 년 후에 군대에서 휴가 나와 할머니 하고 부르면서 집으로 돌아오면, 된장찌개에 삼겹살구이 상을 차리면서 몸 다치지 않게 조심하라고 말씀해주시는 그 행복을 누리시기를 바랍니다. 손주들이 무엇을 하든 한없이 예뻐하시던 어머님의 그 행복을 잘 알고 있는 제가, 이 자녀들을 같은 마음으로 기뻐하겠습니다.

어머니 건강하게 오래오래 사세요. 저의 어머니와 아버지와, 그리고 형은 너무 빨리 제 곁을 떠났습니다. 어머님! 새해 복 많이 받으세요.

2014년 1월 2일 화요일
충주로 향하는 버스 안에서 거북이 백경천

130

사랑하는 일산호수교회 형제자매 여러분!

하나님의 은혜와 평강이 그리스도 예수 안에서 살아가는 우리 교회에 풍성하기를 원합니다. 또한 우리 주님의 은혜와 그 크신 사랑이 우리 안에서 넘쳐 흘러 가까운 이웃과 북한동포, 그리고 먼 나라에 살고 있는 가난하고 삶에 지친 사람들에게도 전해지기를 소원합니다.

지금은 2014년 2월 25일 밤 0시 20분입니다. 이렇게 말하니 좀 어색합니다. 그냥 자연스러운 말은 밤 12시 20분인데, 이렇게 말하면 24일의 밤 12시가 계속되고 있는 것 같아서 안 되겠다고 생각했습니다. 25일, 새로운 날이 시작되었다는 의미를 확실히 하자면 "영 시 20분"이라고 말하는 것이 좋겠다고 생각했죠. 어쨌든 저는 지금 잠들지 못하고 있습니다. 저에게는 너무나 특별한 시간입니다. 이 시간에 제가 깨어 있는 날은 거의 없었기 때문입니다. 저는 아무리 늦어도 11시에는 잠들고 보통은 10시를 넘기지 않고 잠을 청합니다.

어제(24일, 월)는 저의 아들 백상인의 대학졸업식이 원주에서 있어서 아내와 함께 긴 시간을 운전하고 다녀온 후에, 아내가 피곤해하며 저녁 9시에 잠들었고 저도 10시가 못 되어 잠들었는데, 이상하게도 12시가 되기 전에 생각이 또렷해지기 시작하였습니다. 화장실에 다녀오지도 않았어요. 그냥 의식이 깨어났고 생각이 떠오르는데 그 생각을 잠재울 수가 없습니다.

노루목편지
✉

　누군가 이런 경우에 계시를 받았다라고 표현했다면, 저 또한 그렇게 말하고 싶은 심정입니다. 왜냐하면 잠든 후에 갑자기 의식이 깨어났고, 잠들기 전의 생각을 이어가는 것이 아니라 전혀 새로운 생각이 갑자기 제 의식 속으로 파고 들어왔기 때문입니다. "평화 통일 만세" "평화 통일 만세" "평화 통일 만세"라는 말이, 아니 그런 외침이 저의 의식을 확 깨워버렸습니다. 저의 마음이 평상시에 너무나 간절하였기 때문일까요? 간절하기는 했습니다. 지난해 이 때쯤에 저는 삼일절 기념 주일 예배 설교를 준비하면서 이 민족이 평화통일을 이루게 해달라고 간절히 주님께 기도하였고, 또 그렇게 설교하였습니다. 뿐만 아니라 이북에서 쫓겨 내려와 살고 있는 우리집 어른들(장인, 장모님)과 식사하는 자리에서 "2015년에는 통일이 됩니다. 그러니 기대하시고 건강하세요"라고 말하였고, 지난 1년 동안 만나는 사람들에게 수시로 2015년에 통일된다는 얘기를 하였습니다. 사람들이 도대체 무슨 근거로 그런 얘기를 하냐고 하면, 그냥 왠지 모르게 이렇게 말하고 싶다고 할 뿐이었습니다.

　그런데 지금 이 시간, 저의 생각과 마음을 채우고 있는 말이 너무나 선명합니다. "평화 통일 만세"라는 구호입니다. 마치 1919년 3월 1일을 기하여 전국 방방곡곡에서 "대한독립만세"라고 이 땅의 백성들이 외쳤듯이 2015년 3월 1일을 발기일로 하여 다시금 평화 통일 만세 운동을 벌여보자는 것입니다. 제가 뭘 할 수 있겠어요. 저는 어떤 조직을 하거

2014-2016년

나 사람들을 선동하는 일을 제일 싫어합니다. 그런데 뭔가 해야겠다는 생각이 지금 제 안에서 시작되고 있습니다. 지금 제가 있는 이곳이 <평화 통일 만세 운동 본부>입니다. 아무런 울림이나 영향력이 없을 거예요. 하지만 이제는 뭔가 하고 싶습니다. 4개월 전에 저의 형이 이 세상을 떠났다는 생각이 저의 삶에 심각성을 부여하고 있습니다.

저의 간절한 소원은 이 땅에서 살아가는 사람들의 평화통일입니다. 이 마음을 하나님이 저에게 주셨다고 확신합니다.

2014년 2월 25일 화요일
이 생각을 잠재울 수가 없는 거북이 백경천

노루목편지

131

사랑하는 일산호수교회 형제자매 여러분!

하나님의 은혜와 평강이 그리스도 예수 안에서 살아가는 우리 교회에 풍성하기를 원합니다. 또한 우리 주님의 은혜와 그 크신 사랑이 우리 안에서 넘쳐 흘러 가까운 이웃과 북한동포, 그리고 먼 나라에 살고 있는 가난하고 삶에 지친 사람들에게도 전해지기를 소원합니다.

참 오래간만에 제가 좋아하는 선배 목사님을 만났습니다. 서로 특별한 일이 없으면, 보통 목회자들이 휴식을 취하는 월요일에 만나서 함께 목욕을 하거나 숲길 산책을 하는 친구 같은 형님입니다. 그런데 요즘에는 만나지 못했습니다. 그분의 큰 딸이 첫 딸을 낳았기 때문입니다. 병원에서 아기를 낳고 산후조리원에서 돌봄을 받은 그 딸을 안양의 자기네 집으로 보내지 못하고, 파주의 목사님 댁으로 데려왔는데, 태어난 지 한 달 조금 지난 그 딸의 딸은 낮에는 좀 자지만 밤에 자지 않고 자꾸 운답니다.

그런데 참 이상한 것은 엄마의 품보다도, 할머니의 품보다도, 할아버지의 품에 안기면 아기가 쌔근쌔근 잘 잔다고 하네요. 그래서 밤마다 목사님이 그 아기를 자신의 배위에 올리고 가슴에 품어 재웠답니다. 저의 장모님에게 이 얘기를 했더니, 우리 어머님은 당연하답니다. 아주 작은 아기에게는 엄마의 풍만한 젖이 오히려 불편하답니다. 그래

2014-2016년

서 살짝 살이 있는 남자의 가슴이 오히려 더 아기가 잠자기에 적당하다고 하시더군요. 참 신기하고 재미있네요. 때가 오면 저도 그렇게 해 보아야겠습니다.

제 아내는 자신의 일을 놓은 후에 우리 아이들이 낳은 아기를 돌봐주는 것을 꼭 하고 싶다고 말한 적이 있습니다. 우리 아이들을 늘 돌보며 안아 기르신 분은 우리 아이들의 할머니 할아버지입니다. 그래서 제 아내도 할머니가 되면 그렇게 하고 싶다는 말을 자주 했어요. 정말 그렇게 될지는 모르겠습니다. 그런데 저는 제 아이들도 별로 안아주지 못했기 때문에, 그 아이들이 낳은 아이들을 돌보아주리라는 생각을 한 적이 없습니다. 솔직하게 말한다면, 늘 도망갈 생각을 했었죠. 슬금슬금 여행을 하면서 글을 쓰고 싶은 생각이 가득하였습니다.

그런데 오늘 저는 새로운 생각을 하고 있습니다. 저도 그 형님처럼 우리 아이들의 아이를 품에 안아 재워줄 수 있겠다는 것입니다. 조금 전에 그 선배 형이 제 집으로 간 큰 딸과 휴대전화로 하는 말을 들었습니다. 그 형님 왈, 아기가 울면 세 가지를 확인해야 하는데, 첫째는 기저귀이고 둘째는 배고픈지 셋째는 실내가 너무 덥지는 않은지 살피라고 딸에게 말해 주더군요. 굉장히 위대해 보였습니다. 오늘 저는 사람

노
루
목
편
지
✉

  이 이 세상을 살면서 반드시 해 봐야 할 일 중 하나가 갓난아기를 품에 안고 잠들게 해 주는 것이라는 생각을 하였습니다. 꼭 하고 싶습니다. 참 어리석게도, 저는 지금까지 살아오는 동안 아기는 여성이 안고 재우는 것으로만 생각했습니다.

  재희기 우리 교회 예배에 함께 참여해 수어서 참 감사합니다. 승일 형제와 성신 자매가 참 힘들 거예요. 우리 교회의 교우들이 매 주일마다 얼마나 행복해하는지요. 어머니 마리아의 품에 안겨서 예배당을 찾았던 예수님을 나사렛 사람들도 이렇게 기뻐하며 하나님께 영광 돌렸을 거예요. 생명 주심을 감사합니다.

2014년 3월 24일 월요일
언젠가 아기를 품에 안아 재우고 싶은 거북이 백경천 ——————

2014-2016년

132

———— 사랑하는 일산호수교회 형제자매 여러분!

    하나님의 은혜와 평강이 그리스도 예수 안에서 살아가는 우리 교회에 풍성하기를 원합니다. 또한 우리 주님의 은혜와 그 크신 사랑이 우리 안에서 넘쳐 흘러 가까운 이웃과 북한동포, 그리고 먼 나라에 살고 있는 가난하고 삶에 지친 사람들에게도 전해지기를 소원합니다.

    제가 몇 년 전에 책에서 만난 유진 피터슨 목사님은, 좋은 목사는 자신이 목회하는 교회를 사랑하며 교인들 한 사람 한 사람을 존경한다고 말씀하셨습니다. 그 말씀은 저에게 큰 충격이었습니다. 왜냐하면 저 자신이 교인들로부터 존경받는 목회자가 되고 싶다는 생각은 하여 왔지만, 교인들을 존경하려고 애쓰는 목회자가 되려는 마음을 갖지는 못했기 때문입니다. 그 때 저는 그 미국 목사님의 말씀을 마음에 담았습니다.

    그때 저는 생각의 기초를 다시 새롭게 다져 놓았습니다. 교회에 대한 생각입니다. 교인들 한 사람 한 사람이 그리스도 예수의 이름으로 함께 모여서 하나님을 예배하고, 예수님을 믿고 따르자고 고백하며, 음식과 사랑을 나누면, 그 모임이 바로 교회입니다. 예수님은 자신의 십자가에서의 고난과 죽음을 앞두고 제자들과 마지막 식사를 나누면서 떡(밥)을 떼어 주시며 내 몸이니 받아 먹으라고 하시고 포도주를 나눠 주시면

노
루
목
편
지

서 너희들의 죄를 영원히 씻는 약속의 피로 알고 받아 마시라고 말씀하셨죠. 그래서 교회는 이 성만찬 예식에 참여하면서 예수님의 살과 피를 받은 한 몸임을 고백하여 왔습니다.

이러한 교회를 보면서 사도 바울은 교회를 그리스도의 몸이라고 불렀습니다. 그리고 그 후의 위대한 신학자들도 교회를 그리스도의 몸으로 믿으면서, 그 사귐을 <거룩한 교제>라고 부르기도 했습니다. 그러니 자신이 목회하는 교회를 그리스도의 몸이라고 생각지 못하는 목회자는 지식 부족이고 자질 부족이라고 말해 주어야 하겠죠. 교회는 어떤 추상적이고 애매한 말이 아니라, 그냥 교인들 한 사람 한 사람입니다. 성경에 나오는 빌립보 교회나 고린도 교회처럼, 많은 사람들이 함께 모이는 현실 교회에는 늘 많은 어려움이 있습니다. 목회자인 저 자신 안에도 결코 끊어지지 않는 이기심과 자존심이 늘 버티고 있어서 시시때때로 괴롭습니다. 하지만 그럼에도 불구하고 저는 우리가 하나님의 교회임을 믿습니다. 성령님께서 심각하게 모가 난 우리들을 하나의 몸으로 만들어가심을 믿습니다.

제가 좋은 목사가 되려면 교우들 한 분 한 분을 존경해야겠다고 다짐합니다. 기필코, 어떤 경우에라도 이 마음을 포기하지 말아야 합니다.

2014-2016년

정말로 그러고 싶습니다. 그런데 저는 목사이기 이전에 그냥 교인들 중 한 사람입니다. 지금 생각하니, 이 마음이 참 중요하네요. 우리 교우들, 그 누구든지, 저는 그분을 위한 조력자이고 싶습니다. 지난 주간에 저는 이상돈 집사님의 조수가 되고 싶었습니다. 그분은 일평생 목재를 다루는 전문가로 살아오셨습니다. 우리 교회당 뒷 뜰을 만드시는데 자신의 정성과 열정을 불살랐어요. 그 많은 철사각 파이프를 용접하시면서 얼굴에 화상을 입으시고 퉁퉁 붓도록 멈추지 않고 헌신하셨습니다. 저는 그냥 그 옆에 서 있으며, 이 뜰이 수십 년 동안 얼마나 많은 사람들을 사랑하게 될지 생각하였죠.

예, 그렇습니다. 제가 할 수 있는 최선은 우리 교우들 한 분 한 분을 존경하고 사랑하는 것입니다.

2014년 4월 21일 월요일
늘 성령님을 의지하며 살고 싶은 거북이 백경천

133

노루목편지

―― 사랑하는 일산호수교회 형제자매 여러분!

하나님의 은혜와 평강이 그리스도 예수 안에서 살아가는 우리 교회에 풍성하기를 원합니다. 또한 우리 주님의 은혜와 그 크신 사랑이 우리 안에서 넘쳐 흘러 가까운 이웃과 북한동포, 그리고 먼 나라에 살고 있는 가난하고 삶에 지친 사람들에게도 전해지기를 소원합니다.

최종휘 군을 만났습니다. 그는 군 입대 후에 처음으로 우리에게로 와서 함께 예배하였는데, 그의 눈은 확신에 차 있었고 그의 가슴은 여러 가지 감사한 마음으로 가득하였습니다. 그는 저의 심장을 막 뛰게 해 주었어요. 자신의 안에서 펄펄 뛰고 있은 생명을 저에게 나누어 주었다고 말하고 싶습니다. 참 건강한 젊은이입니다.

그는 아직 그리 길지 않은 날들을 훈련소와 군부대에서 지냈지만, 자신은 지금 정말 자신의 인생에 피가 되고 살이 되는 훈련을 받는 중이고 여러 가지 힘든 상황 속에서 감사하는 마음이 끊이지 않았다고 저에게 말해 주었습니다. 처음에 저는 목사로서 뭔가 격려가 되는 말을 해 주어야겠다는 마음으로 주일 점심 식사 후의 만남을 제안했는데, 막상 만나보니 그 친구의 안에 있는 신선한 에너지가 제 안으로 막 밀고 들어와서, 그를 통해서 주시는 하나님의 선물로 저 자신을 채우는 시간이 되었습니다.

2014-2016년

  그의 삶에 무슨 일이 있었던 것일까요? 군대가 그렇게 좋은 곳인가요? 힘든 훈련을 받으면서 늘 배가 고프고, 또 너무나 짧은 시간에 식사를 끝내야 했기에 음식 맛을 음미할 수도 없었는데, 한끼 한끼 식사하는 것이 너무나 소중하고 감사했다고 하더군요. 자기 안에 애국심이 있다는 것도 처음 알게 되었답니다. 카투사가 되어 미군들과 함께 훈련을 하였는데, 너무나 힘들어서 한 발짝도 더 옮길 수가 없었던 산악훈련에서 그는 자신의 팔뚝에 붙은 태극기를 보았고, 이 나라를 지키고 사랑하려면 더 견디며 끝까지 가야겠다는 마음을 붙잡았답니다.

  힘든 훈련과 군대 생활을 참고 견디다가 이렇게 건강한 모습을 보여준 것만 해도 감사한데, 이 아들은 도대체 그의 삶에 무엇을 받아들였기에, 자신의 힘든 현실의 삶을 이렇게 긍정적으로 바라보고 해석하게 되었을까요? 그에게 직접적으로 얘기하진 못했지만, 성령님께서 그의 안에 들어오셔서 늘 함께 하시며 그에게 기쁨과 감사를 공급해주시고 그의 마음과 생각을 지켜주신 것이 분명합니다. 우리 교회와 그의 어머니는 우리 하나님께서 그에게 이렇게 해주시기를 간절히 기도하여 왔습니다. 우리는 진실로 우리 하나님을 믿고 의지했습니다.

노루목편지 ✉

우리는 그가 세례 받기 위해서 뚜벅뚜벅 걸어서 회중들 앞으로 나오던 모습, 마치 세상과의 전쟁을 치르기 위해서 마음을 준비해온 중세의 기사처럼 강대상 위에서 한쪽 무릎을 땅에 대고 머리를 숙였던 그 모습을 기억합니다. 참 특별하였기에, 쉽게 잊혀질 것 같지가 않습니다.

2014년 6월 10일 화요일
많이 성장한 우리 아들을 즐거워하는 거북이 백경천 ——

사랑하는 일산호수교회 형제자매 여러분!

하나님의 은혜와 평강이 그리스도 예수 안에서 살아가는 우리 교회에 풍성하기를 원합니다. 또한 우리 주님의 은혜와 그 크신 사랑이 우리 안에서 넘쳐 흘러 가까운 이웃과 북한동포, 그리고 먼 나라에 살고 있는 가난하고 삶에 지친 사람들에게도 전해지기를 소원합니다.

지난 며칠간의 삶이 마치 꿈을 꾼 듯 지나갔습니다. 우리 일산호수교회 식구들 중 많은 분들이 파주시 법원읍 직천2리 변화산 기도원에서 열린 캠프에 참여하여 함께 지냈습니다. 하루라도 다녀가신 분들의 이름을 여기 적어보겠습니다. 혹시 다 적지 못하더라도 용서하세요. 조이현 조이안 이휘수 이채연 이휘성 김지수 허은결 김기민 김하준 이준성 김서은 김종은 이민성 박소정 허은석 김명진 김기경 나승석 박진우 이건희 나인우 김현진 김이지 원선영 이하늘 송창봉 이건주 백인영 백상인 김상호 성기연 안지명 김은정 엄경아 장민정 조은영 김민경 정미경 이미옥 조윤희 함영선 권정자 전영신 박주호 김종식 허동기 김대곤 박희용 사재훈 이영자 오태진 김동애 이상돈 백경천 조나단 장정숙 이종원 류은숙, 모두 58명입니다.

참석하신 분들 중 어떤 분이 말씀하시길, 실제로 와 보니까 꽤 괜찮은데, 제(백경천 목사)가 너무 장소가 열악하여 고생할 것처럼 교우들

노루목 편지

에게 광고하여서 못 오신 분들도 있을 것 같다고 말해 주었습니다. 사실 많이 불편하였어요. 하지만 이미 그럴 줄로 알고 마음을 준비하였고 좋은 분들이 서로서로를 배려하며 함께 했으니 그냥저냥 괜찮다고 생각하셨겠죠. 집에 있을 때부터 속앓이를 하였던 김하준 외에는 아프다고 하는 사람이 아무도 없었고, 모두들 많이 먹고 많이 뛰면서 즐거워하는 듯 보였습니다.

초등부 성경학교가 중심이었습니다. 토요일(2일)에 시작하여 주일을 지내고, 또 삼일 동안 계속 프로그램을 진행하니 장정숙 목사님과 교사들이 너무 많이 지치지 않는가 내심 걱정을 하였습니다. 그런데 중고등부 친구들이 교사와 아이들의 중간에서 선배 형 누나 역할을 하며 같이 협력하니 아이들의 학습 효과가 배가 되는 듯 보였습니다. 중고등부 친구들도 좋아 보였습니다. 중간자적 위치에 있으면서 교육받는 입장의 아이들을 생각하고, 또 선생님으로 뛰는 선배들을 보면서 자신도 언젠가는 저들처럼 선생님이 되어보겠다는 생각도 하게 되었을 것입니다.

제가 가장 좋아하는 것은 남성들의 족구와 축구하는 모습입니다. 초등부가 자유시간을 즐길 때면, 저 아래 너른 풀밭에서 많은 땀을 흘리면서 뛰고 넘어지며 몸을 부딪치는 남자들의 놀이가 있었습니다. 참으로 행복해 보였어요. 저도 조금 참여하였죠. 한 사람 한 사람의 독특한 캐릭터가 생생하게 살아있었습니다. 실수하는 자기 자신과 다른 형제들을 보면서 한없이 서로를 즐거워하였죠. 누가 마침내 승리하였는지가 전혀 생각이 나지 않을 정도로 그 실수하고 깔깔 웃는 장면 장면이 지금 저의 머릿속에서 생생합니다. 우리는 이렇게 또 한 번의 여름을 살았습니다.

2014년 8월 7일 목요일
축구하는 허동기 허은석 형제(?)를 떠올리며
즐거워하는 거북이 백경천

135

노루목편지

———— 사랑하는 일산호수교회 형제자매 여러분!

하나님의 은혜와 평강이 그리스도 예수 안에서 살아가는 우리 교회에 풍성하기를 원합니다. 또한 우리 주님의 은혜와 그 크신 사랑이 우리 안에서 넘쳐 흘러 가까운 이웃과 북한동포, 그리고 먼 나라에 살고 있는 가난하고 삶에 지친 사람들에게도 전해지기를 소원합니다.

요즘에 저는 특별히 우리집 할머니를 즐거워합니다. 우리 부부보다 꼭 30년을 앞서가시는 어른입니다. 어머니는 이제까지 90년 세월을 살아온 한 남자의 아내로 일평생 살아오셨습니다. 제가 어머니의 인생을 한 단어로 표현한다면, 그것은 '살림'입니다. 사람들을 살리는 삶이 곧 그분의 삶인데, 특별히 가정 식구들의 삶을 돌보아주는데 그분의 모든 생명활동이 집중되어 있습니다.

어머니는 지금 매우 연약합니다. 식사를 아주 조금밖에 못하시는데, 그래도 체력을 유지해 가시려고 무엇이든 드실 수 있는 것을 찾아서 당신이 드실 수 있을 때에 조금씩 드십니다. 다양한 초콜릿, 아주 부드러운 카스테라, 아이스크림, 얼렸다 녹인 홍시 등 당뇨인인 제가 먹을 수 없는 간식거리들을 수시로 드시면서 살아가십니다. 제가 가끔 한마디 툭 던집니다. 어머니는 진짜 맛있는 것만 드십니다. 부러워요!

어머니는 우리 집의 권력자(?)이십니다. 모든 식구가 여전히 어머니께 의존합니다. 당신의 남편은 말할 것도 없죠. 아버님은 이제 누군가와

2014-2016년

동행하지 않고는 스스로 두려워하여 집밖으로 외출하지 못하십니다. 그래서 수시로 어머니의 눈치를 살피죠. 오늘 날씨는 괜찮다고 하는데, 혹시 나를 데리고 산책을 나가지 않을까 기대하면서. 자녀들은 혹시 어머니가 혼자 아버지와 동행하여 걷다가, 큰 몸을 가지신 아버지가 기우뚱하며 어머니 쪽으로 넘어지면서 두 분이 같이 다치게 되지나 않을까 많이 염려합니다. 그래요, 아버지에게는 이 세상에 어머니 외에 아무도 없습니다. 그 작고 연약함으로 남편을 책임지십니다.

권력이라는 말이 영 어울리지 않는 것 같죠? 그래도 한 번 이렇게 생각해 보고 싶습니다. 권력의 처음 이름은 분명 헌신적인 봉사였을 거예요. 어머니는 우리 집의 귀여우신 권력자입니다. 모든 식구들은 어머니가 차려주신 밥을 먹고, 매일 아침마다 자기가 입고 싶은 옷이 어디에 있는지 아느냐고 그분께 묻고, 거울 앞에 서서 여러 번 망설이며 이 옷을 입고 나가도 되겠냐고 어머니께 묻습니다. 저 자신도 어머니가 괜찮다고 하면 그때 외출합니다.

사람들이 하나둘 하루 생활을 마치고 집으로 돌아오면, 어머님이 차려놓으신 음식을 먹고 어머님이 묻는 말에 대답합니다. 제가 볼 때에, 그분의 딸과 손주들과 그리고 사위인 저는 그분의 물음에 성실하게 대답합니다. 우리 어머니는 아침 이른 시간에 집으로 배달되는 신문을 대

노루목편지

부분 다 읽으시고, 전단지들이 알려주는 정보들도 살피십니다. 그리고 시시때때로 TV 뉴스를 보시고 각종 프로그램에서 다양한 정보들을 파악하신 후, 바깥에서 일하고 들어온 식구들의 개인적 얘기들을 소상하게 들으시며 적극적으로 당신의 생각을 말씀하십니다. 제 생각에는 이 어른이 바로 우리 집의 권력자입니다. 그런데 제가 볼 때, 어머니는 당신이 권력자인줄 전혀 모르고, 다른 식구들도 잘 모르는 것 같습니다. 쉿! 비밀입니다! (히히)

2014년 11월 4일 화요일
어머니를 생각하면 참 즐거운 거북이 백경천

136

사랑하는 일산호수교회 형제자매 여러분!

하나님의 은혜와 평강이 그리스도 예수 안에서 살아가는 우리 교회에 풍성하기를 원합니다. 또한 우리 주님의 은혜와 그 크신 사랑이 우리 안에서 넘쳐 흘러 가까운 이웃과 북한동포, 그리고 먼 나라에 살고 있는 가난하고 삶에 지친 사람들에게도 전해지기를 소원합니다.

저는 이 세상의 모든 사람들이 건강한 삶을 살아가기를 간절히 바랍니다. 요즘에 제 건강이 좀 좋지 않아서 아내를 많이 힘들게 하였습니다. 그래서 좀 빨리 결단을 내렸습니다. 이번 겨울에 미얀마를 방문하는 계획을 포기한 것입니다. 제 몸의 건강이 좋지 않아서 내린 결정이지만, 제 아내와 저의 관계가 건강하기 때문에 이렇게 생각한 것이기도 하겠지요.

건강함이란 무엇일까요? 균형이 잡히고, 조화롭고, 자연스러움이 있는 삶을 건강하다고 말하고 싶습니다. 저는 지금 숨 쉬는 것이 자연스럽지 못합니다. 저는 요즘 의식적으로 아내 앞에서 안 그런 척하였지만, 제 아내는 저의 잠잘 때 숨 쉬는 상태가 좀 불안하답니다. 네, 솔직히 요즘 좀 그랬습니다. 교회 뒷마당의 차에서 내려 예배당 복도를 걸어가 저의 자리에 앉으면 숨이 차서, 어느 정도 숨 고르기를 한 후에 말을 해야 했습니다. 겁이 났습니다. 지금은, 제가 목회 생활을 언제까지 계

노루목편지

속할 수 있을지 생각하고 있기도 합니다.

네, 이것이 바로 지금 제 육체의 건강상태입니다. 그런데 이 부족함 때문에, 제가 건강한 삶을 살지 못할 것이라는 생각을 하고 싶지는 않습니다. 저의 친구 중에는 다리가 불편하여 목발을 짚고 건강하게 걷는 이가 있고, 시력을 잃었지만 건강한 아내의 도움을 받아서 먼 길을 오가며 건강하게 살아가는 친구도 있습니다. 그래서 저도 저의 부족함을 인정하고 정직하게 고백하면서, 더 많은 분들의 도움을 받아 보려고 합니다.

제가 정말로 건강한 인생을 살아가려면 제 아내와 조화를 이루어 좀 더 자연스러워져야 합니다. 제 아내의 말에 기쁨과 신뢰로 순종해야 한다는 뜻입니다. 몸의 부족한 건강을 아내와의 관계의 건강함으로 채울 때에, 제가 좀 더 건강한 삶을 살아갈 수 있다는 것입니다. 어디 아내뿐이겠어요? 저의 아이들과 교우들의 저를 향한 사랑에 겸손히 기댈 때에 더 건강해지겠죠.

우리는 모두 예전보다 못한 건강을 가지고 살아가게 될 것입니다. 그런데 그 부족한 건강을 가지고, 우리는 얼마든지 건강한 삶을 살아

2014-2016년

갈 수가 있습니다. 저도 그렇게 해 보겠습니다. 우리들의 수많은 벗들과 이웃들이 믿음과 소망으로 그런 건강한 삶을 유지하고 발전시키며 살아온 것처럼 저도 여러분과 함께 그렇게 건강할 것입니다. 하나님께서 저를 더 건강하게 해주시면 언젠가 미얀마의 친구들에게 다시 갈 수도 있을 거예요!

2014년 12월 9일 화요일
건강한 삶을 살고 싶은 거북이 백경천

노루목편지

137

사랑하는 일산호수교회 형제자매 여러분!

하나님의 은혜와 평강이 그리스도 예수 안에서 살아가는 우리 교회에 풍성하기를 원합니다. 또한 우리 주님의 은혜와 그 크신 사랑이 우리 안에서 넘쳐 흘러 가까운 이웃과 북한동포, 그리고 먼 나라에 살고 있는 가난하고 삶에 지친 사람들에게도 전해지기를 소원합니다.

지난 주일 아침에 제 아내가 거북이(12인승 노란색 그레이스 승합차)에 오르면서, 우리 거북이와 함께 가족사진을 찍자고 했습니다. 정말 생각해보니, 우리 가족들이 작정하고 거북이 앞에서 그리고 거북이와 함께 사진을 찍었던 적이 없는 것 같습니다. 얼마 후에는 헤어진다고 생각하니 아들 백상이도 우리와 같은 마음이 드는가 봅니다. 그러자고 했습니다. 그런데 아직은 그렇게 하지 못했어요.

얼마 전에 우리 교회는 거북이를 더 이상 타지 말자고 결의하였습니다. 15년간 우리 교우들과 함께 하였는데, 이제는 여기저기 녹이 슬고 간혹 덜커덩 삐그덕 하니 안전을 위해서 그렇게 하기로 하였죠. 그런데 사실 저는 좀 더 타고 싶었습니다. 제가 거북이를 알기 때문이죠. 사람으로 말하면 한 70세쯤 된 것이 사실이지만, 제가 볼 때는 외모와는 달리 50대 못지 않은 건강을 유지하고 있다고 여겨지기 때문입니다. 여기에는 아마도 저의 개인적 친분에 근거한 주관적 판단이 있을 거예요. 일단 중고차 전문가에게 판단을 의뢰하여 박 장로님이 해외로 수출할

2014-2016년

수 있는 가능성을 지난 토요일에 타진해 보았는데, 그 결과는 아직 모릅니다. 저 자신도 이 친구가 그냥 폐기되기 보다는 해외여행이라도 하게 했으면 하는 마음입니다.

16년 전 어느 가을날에, 우리 예배당이 세워진 동네에 있었던 자유로교회가 멀리 이사를 가게 되면서, 이 동네에는 더 이상 어떤 유치원이나 어린이집도 없고, 마지막 남아 있던 그 교회의 자유로선교원 마저 사라지게 되었죠. 이 지역이 주택지로 개발될 것이라는 기대를 안고 들어와 있던 유치원과 교회들이 기대를 접고 다 떠나가는 시기였습니다. 떠나시는 자유로교회 목사님에게 인사를 드리러 갔다가, 선교원 아이들을 여기저기 소개해서 다 보냈는데 제일 가난한 가정의 아이들 서넛이 비싼 학원비 때문에 갈 곳이 없으니 저보고 선교원을 하라는 말씀을 그 목사님에게서 들었습니다. (어휴!)

그 아이들 중에 이슬이가 있었어요. 그때 우리 교회에는 다른 유치원을 다녔던 하늘이가 있었고, 이 동네로 이사온 지 얼마 되지 않은 강명이 집사님의 집에 이건주, 이건희도 있었으니, 홍기준 강명이 정경아 집사 등 장항동 아이 엄마들이 우리 교회가 선교원을 하면 참 좋겠다고 하였습니다. 그래요, 그때 그 아이들과 또 다른 애들이 그때부터 지금까지 우리들의 친구인 거북이를 함께 타고 다니면서 초등학생 고등학

노루목 편지

생 대학생이 되어갔습니다. 2014년에는 외국인들이 참 많이 거북이에 올라타서 아주 많이 즐거워하고 때때로 편안히 잠들기도 하였습니다. 미국에서 오신 목사님 장로님 세분, 말레이시아에서 오신 장로님들, 또 미국에서 온 여덟 명의 청소년들, 그리고 독일에서 오신 크리스천 형제자매들도 거북이를 즐거워하였죠. 이제는 다양한 나라의 사람들과 사귀어 보았으니 우리 거북이가 외국에 나간다고 해도 잘 적응할 거예요.

어쨌든 저는 참 많이 아쉽습니다. 지금 막 드는 생각인데, 혹시 가능하다면 우리 교회 마당 한 모퉁이에 세워두고 에스더 여전도회의 카페로 개조하여 사용하면 어떨까요? 우리 뒷마당이 너무 좁아서 안되겠죠? 법적인 문제도 있을 것이고. 어쨌든 제 마음이 그렇습니다. 제가 좀 철부지죠? 그런데 지금 저에게는 참 즐거운 상상입니다.

2014년 12월 22일 월요일
어떤 느림보 거북이를 사랑한 거북이, 백경천

138

사랑하는 일산호수교회 형제자매 여러분!

하나님의 은혜와 평강이 그리스도 예수 안에서 살아가는 우리 교회에 풍성하기를 원합니다. 또한 우리 주님의 은혜와 그 크신 사랑이 우리 안에서 넘쳐 흘러 가까운 이웃과 북한동포, 그리고 먼 나라에 살고 있는 가난하고 삶에 지친 사람들에게도 전해지기를 소원합니다.

자랑을 좀 하고 싶습니다. 용서하세요! 우리 아들 백상인이 저에게 책을 하나 슬쩍 건네면서 괜찮은 책이니 읽어 보라 했습니다. 저에게 주려고 저만을 생각해서 선물로 사온 새 책이 아닙니다. 자신이 읽어보고 나서 권하는 책입니다. 그래서 더욱 좋습니다.

대개는 아버지들이 자녀들에게 책을 권합니다. 저도 때때로 그러고 싶은 마음이 들곤 했는데 그 때마다 늘 조심스러웠습니다. 아버지가 아들에게 책을 권하면, 가뜩이나 공부할 책이 그에게 많을 텐데 제가 숙제를 더해 주는 것이 될까 두렵고, 아버지의 생각과 삶의 스타일을 따르도록 의도적으로 요구하는 느낌을 주게 될까 염려되기도 하였죠. 그래요, 저는 참 조심하며 살아왔습니다. 더구나 저는 늘 설교하는 목사잖아요. 설교는 일방적으로 권유하는 것일 수밖에 없는데, 집에서까지 설교하는 사람이고 싶지는 않기 때문입니다.

아들이 저에게 책을 건네주었습니다. 자신의 책을, 자신이 읽고 좋아

노
루
목
편
지
✉

하게 된 바로 그 책을 저에게 보라고 권한 것입니다. 사랑 고백을 받은 느낌입니다. 가끔 제 아내와 버스를 탔을 때, 자신이 좋아하는 노래를 스마트폰으로 들으면서 이어폰 하나를 저의 귀에 넣어 줄 때와 같은 바로 그 느낌이었습니다. 제 안에 있었던 모든 두려움과 염려가 다 사라지는 것 같았어요. "아빠, 이제는 나에게 책을 권해주어도 돼!"라고 말해주는 것 같습니다.

내일은 이 친구가 세상에 태어난 지 꼭 25년이 되는 생일날입니다. 그는 제가 이 세상에서 제일 어려워하는 사람입니다. 저는 이 아이가 날 어떤 사람으로 생각할지, 늘 조심스러웠습니다. 그가 보기에 나는 정직한가, 그가 보기에 나는 성실한가, 그가 보기에 나는 유쾌한 인생을 살아가고 있는 것인가? 저는 제 아들이 정직하고 성실하고 어떤 상황 속에서도 즐거움을 잃지 않고 살아가면 참 좋겠기에, 지금 제가 그에게 그렇지 못하게 보일까 봐 늘 두려운 것입니다.

그런데 오늘은 그 부담이 가볍게 느껴집니다. 저는 이제 그에게 들을 준비가 되었습니다. 그가 저에게 전해준 책에는 제 아들의 생각과 마음, 그리고 좋아하는 이야기들이 담겨져 있는 듯합니다. 이제는 우리 둘 사이에서 그가 하는 말이 제가 그에게 하는 말보다 더 많아질 것으

2014-2016년

로 기대합니다. 너무나 오랜 세월 동안 저는 제 아들이 저의 말을 들어야 한다고 생각하면서 살아왔습니다. 그런데 이제는 제가 그의 얘기를 들을 때가 된 것 같습니다.

  아들이 저에게 책을 하나 건네 주었습니다. "이것은 새로운 생각입니다. 이 책 속에는 아버지가 공부할 때는 아직 말해지지 않았던 새로운 내용들이 담겨 있어요"라고 아들이 조심스럽게 저에게 말해주는 것 같은 느낌이 있네요. 제 인생이 앞으로 더 좋아지려면, 아들의 얘기를 더 귀 기울여 들어야겠다는 생각이 지금 제 마음에 들어왔습니다.

2015년 1월 19일 월요일
아들을 새롭게 만나는 아빠 거북이 백경천

노루목편지

139

사랑하는 일산호수교회 형제자매 여러분!

하나님의 은혜와 평강이 그리스도 예수 안에서 살아가는 우리 교회에 풍성하기를 원합니다. 또한 우리 주님의 은혜와 그 크신 사랑이 우리 안에서 넘쳐 흘러 가까운 이웃과 북한동포, 그리고 먼 나라에 살고 있는 가난하고 삶에 지친 사람들에게도 전해지기를 소원합니다.

우리 어머니는 북쪽 원산에서 태어나서 스무 살이던 1950년 한국 선쟁 중에, 배를 타고 이 땅의 남쪽 끝 부산으로 내려왔습니다. 그 날이 정확하게 몇 일인지 기억하지 못하지만, 그곳에 주둔하던 미군이 철수해야 한다며 집결지 흥남으로 올라간 다음에 어머니의 가족은 급하게 꼭 필요한 짐을 꾸려서 집을 나왔는데, 얼마 후에 철수하는 미군의 원산 폭격이 시작되었답니다. 미군이 원산의 명사십리를 먼저 폭격하자 원산사람들은 박수를 치면서 좋아했는데, 얼마 후에는 어머니가 살던 집을 비롯해서 수많은 주택들 위에도 엄청나게 큰 포탄이 떨어지는 것을 눈으로 보면서 그 고향 땅 원산에서 미군 화물선에 올랐답니다. 당신이 살던 집이 폭격 맞아 날아가는 것을 눈으로 본 후에 내려오신 것이죠.

어머니는 1931년에 태어났습니다. 아마도 좀 더 일찍 태어났다면 더 어려운 일들을 겪었을지도 모르죠. 무슨 더 어려운 일이냐고요? 그건 저도 모릅니다. 그냥 어머니가 살았던 삶을 다행스럽게 생각하고 싶을 뿐입니다. 어떤 할머니들은 일본 군인들을 위로한다는 명분으로 끌려가기도 했잖아요. 남자들 중에서 지식인들은 학도병으로 가고, 또 어떤 이들은 감언이설에 속아 일본의 탄광에서 일자리를 얻어볼까 하다가 북해도 탄광 노역질을 감당하지 못해서 죽기도 했습니다. 어머니의 남편인 저의 장인어른은 하마터면 학도병으로 선발되어 전쟁터에 갈 수도 있었다고 하셨어요. 그리고 저의 외삼촌(친어머니의 큰 오빠)은 일본의 북쪽 끝 북해도 탄광에서 죽을 고생하다가 도망하여 일본의 남쪽 끝 큐슈 <이마리>라는 곳의 탄광에서 해방될 때까지 광부로 일했다고 했어요. 저를 낳아주신 어머니는 초등학교 시절을 이마리에서 보냈답니다. 저의 어머니는 우리 어머니(장모님)보다 한 살 적습니다. 우리 어머니들이 그때 그렇게 살았습니다.

우리 어머니는 그 아름답다고 하는 도시 원산에서 태어나 일본인 선생님들에게서 배웠습니다. 이름도 일본 이름 후지하라를 사용하고, 일본말만 사용해야 했답니다. 몰래 친구끼리 한국말로 얘기하다가 걸리면 벌을 받았다고 해요. 열다섯 살에 해방을 맞이하여 기뻐했는데, 금방 공산당 정권이 수립되었고 그들이 통치하는 세상은 오히려 일제시대보다 견디기가 더 힘들었답니다. 집안이 잘 살았을 뿐 아니라 독실한 기독교 가정이니, 학교에 가서는 늘 공개적 자아비판을 해야 했답니다. 일제로부터 해방되자마자 더 힘든 삶을 견뎌야 했던 것입니다. 전쟁이

노루목편지

터지면서 국군과 미군이 원산에 들어오자 너무나 기뻐했지만, 불과 몇 개월 못 되어서 중공군에게 밀리자 후퇴하는 미군을 따라서 배를 간신히 얻어 타고 이남으로 내려온 것입니다.

부산에서는 거지처럼 살았답니다. 그때는 모두들 그렇게 살았으니 어쩔 수 없는 현실을 받아들여 또 참고 견디어야 했겠죠. 네, 우리의 어머니 아버지들은 견디는 삶에 익숙해졌습니다. 아끼고 절약하면서 최소한의 생활을 하는 것이 습관화되었고, 어찌하든지 집안에서 자식 중 하나라도 공부를 시켜서 그 성공한 아이가 다른 형제들과 부모를 돕고 부양해주기를 기대했습니다. 특별히 우리 어머니는 많은 남동생들의 누나로서 형제들을 위해서도 주고 또 주고 다 주었답니다. 지금 어머니에게 남은 것은 아무것도 없습니다. 그런데 참 감사하게도 어머니는 지금 많이 행복해 보입니다. 지난 몇 년 전보다, 아니 십여 년 전보다 지금이 제 눈에는 더 행복해 보입니다. 많은 복을 받으신 것이죠! (헤헤)

2015년 2월 5일 목요일
미얀마에 가 계신 박 장로님을 생각하는 거북이 백경천

140

사랑하는 일산호수교회 형제자매 여러분!

하나님의 은혜와 평강이 그리스도 예수 안에서 살아가는 우리 교회에 풍성하기를 원합니다. 또한 우리 주님의 은혜와 그 크신 사랑이 우리 안에서 넘쳐 흘러 가까운 이웃과 북한동포, 그리고 먼 나라에 살고 있는 가난하고 삶에 지친 사람들에게도 전해지기를 소원합니다.

저는 요즘에 회복적 정의(Restorative Justice)라는 말을 배우고 있습니다. 제가 말을 배운다고 하니 좀 이상한가요? 정말입니다. 이 말을 계속 머릿속에서 생각하면서, 얼마 전부터는 제 아내와 아들에게도 이 말을 사용하기 시작하였습니다. 29년 전에 신학대학원에서 막 배워 사용하기 시작한 말이 '하나님의 나라'였는데, 제가 이제는 이 '회복적 정의'란 말을 새롭게 배워서 사용하기 시작했다는 것입니다.

하나님의 나라는 예수님의 언어입니다. 그 하나님의 나라를 이스라엘 사람들은 '샬롬'이라 하였고, 우리들은 '평화'라는 말에 담아서 우리의 일상생활로 가져오려 하였죠. 그래서 저는 교회 안에서는 하나님의 나라라는 말을 사용하고 교회와 세상을 오갈 때는 평화라는 말로 그 내용을 표현하였습니다. 평화라는 말 아시죠? 어떤 힘센 권력에 억지로 눌려서 싸움을 하지 못하는 그런 억지 평화가 아니라, 누구나 자유롭고 자연스럽게 살아가면서 모두 함께 기뻐하고 즐거워하는 그런 잔잔

노루목편지 ✉

한 평화 말입니다. 그 평화 속에서 하나님의 정의가 실현되는 것입니다.

　지금 우리가 살고 있는 이 한반도 땅에 어떤 이들은 평화가 있다고 합니다. 지난 60여 년 동안 큰 전쟁이 없었으니, 어떤 이는 단군 이래 이렇게 오래 평화가 유지된 때는 없었다고 말합니다. 역사적으로 증명하기는 어려운 견해인데, 어쨌든 그분은 이 정도면 평화롭게 사는 것 아니냐는 생각을 그렇게 표현한 것이겠지요. 그런데 이것은 명백한 억지 평화입니다. 아주 위험한 평화 상태이죠. 지금 이 땅에는 평화협정도 없습니다. 정전협정 상태예요. 아주 강한 나라들이 이 땅에서의 전쟁을 중단하자고 한 그 협약에서 더 평화적으로 발걸음을 옮기지 못한 상태인 것입니다.

　지금 제가 하나님께 기도하면서 사람들과 나누기 시작한 대화는 이 땅의 평화에 관한 것입니다. 우리는 예수 그리스도의 사람들인데, 우리가 바로 그리스도의 몸인 하나님의 교회인데, 우리는 지금 이 한반도 땅에 평화를 이루기 위해서 더 열심히 노력하면서 살아가지 않고 있습니다. 먹고 살기 바쁘다고요? 인정합니다. 하지만 우리의 이 땅에서의 삶은 분명 먹고 사는 것 이상이어야 합니다. 아니, 예수님의 말씀은 먼저 그 나라와 그 의를 구하라는 것 아닙니까? 그렇기 때문에 보통 국민들이 이 정도면 평화스럽지 않느냐고 하고, 정전이면(싸움을 그쳤다면) 평화인 것 아니냐고 하더라도 우리 그리스도인들은 그럴 수 없다고 해야 합니다. 우리는 반드시 진정한 평화에 도달해야 하고, 과거에 원수처럼 서로를 대하면서 응징하려고 했던 관계에서 서로 깊이 사랑하는 관계로 나아가야 하는 것입니다.

어휴! 회복적 정의라는 말을 하고 싶었는데, 오늘은 여기까지 말하고 다음에 좀 더 해야겠습니다. 짐작이 되시겠지만, 어쨌든 건강한 삶과 관계를 회복하기 위한 정의를 생각하면서 이제는 살아보자는 것입니다.

2015년 2월 23일 월요일
평화를 세워가는 정의를 생각하는 거북이 백경천

141

———— 사랑하는 일산호수교회 형제자매 여러분!

하나님의 은혜와 평강이 그리스도 예수 안에서 살아가는 우리 교회에 풍성하기를 원합니다. 또한 우리 주님의 은혜와 그 크신 사랑이 우리 안에서 넘쳐 흘러 가까운 이웃과 북한동포, 그리고 먼 나라에 살고 있는 가난하고 삶에 지친 사람들에게도 전해지기를 소원합니다.

우리 교회는 지난 주일에 서로서로 사랑하였습니다. 아무리 생각해도 그것은 바로 사랑이었습니다. 우리 교회는 가장 작은 아이들인 재희(이승일 형제의 딸)와 환히(김태인 형제의 아들)를 축복하며 주님의 명령에 따라서 세례를 베풀었습니다. 우리는 그 시간, 하나님이 베푸시는 신비로운 은총을 신앙으로 받아들인 것입니다. 이 예식을 하나님의 임재와 은총에 대한 믿음이 없이 이성적으로만 판단하며 바라본다면, 그것은 너무나 우스꽝스러운 일입니다. 아무것도 모르는 그 어린애들에게 도대체 무얼 하느냐고 생각할 수가 있는 것이죠. 2천 년 교회의 역사에서 유아세례를 폐지해야 한다는 어떤 이들의 비판은 끊이지 않았습니다. 하지만 정통교회는 우리 인간을 향한 하나님의 무조건적인 사랑과 은총에 대한 믿음을 바로 이 예식에 담았습니다. 아직은 너무나 어린 이 아이들을 어른들과 똑같이 하나의 인격으로 존중하고 사랑하시는 하나님의 사랑을 교회가 고백하고 증언하는 것입니다. 그 예식을 통하여 우리들은 하나님의 신비스런 임재로 충만한 우리 아이들을 이 세상 그 누구라도 함부로 대할 수 없다고 고백하고 선포하는 것입니다.

그리고 우리 교회는 또한 네 살 때부터 우리 교회에서 함께 살아온 이건희 군을 그의 생각과 판단력을 존중하며 축복하였습니다. 아직 스무 살에 이르지 못했지만, 집을 떠나서 아니 이 나라를 떠나 홀로 호주라고 하는 먼 나라에 가서 살아보겠다는 그를 사랑하였습니다. 우리의 인간적인 마음은 그가 더 성장할 때까지 더 오래 우리와 함께 있는 것이었지만, 그가 많이 고민하면서 그렇게 해 보기로 결정하였다고 하니, 하나님을 믿고 축복하며 떠나보내는 것입니다. 그의 생각과 판단을 존중하는 것은 하나님의 신비로운 은총과 사랑에 대해서 우리가 결코 다 알 수 없기 때문입니다. 우리는 건희를 우리의 기도 속에서 사랑하며, 남아있는 그 가족들을 위로하고 격려하면서 함께 기다릴 것입니다. 이것이 바로 우리의 믿음과 사랑이겠죠.

그리고 우리는 그 비 내리고 흐린 날에 온 가족 어깨동무 체육대회를 하였습니다. 그것도 분명 우리의 믿음과 사랑이었습니다. 진행 책임을 맡은 여호수아의 회장 이성현 형제가 "이렇게 비가 그치지 않고 내리는데 가능할까요?" 하고 저에게 물었지만, 그분도 또 다른 누구도 이런 상황에서 이 행사를 진행하면 안 된다고 말하지 않았습니다. 비가 곧 그칠 수도 있고, 비가 내린다고 해도 '이 정도쯤이야'라고 생각하면

노루목편지 ✉

서 우리들이 함께 감당할 수가 있다고 생각한 것이죠. 함께 뛰면서 즐거워하기에 그보다 더 좋은 날씨일 수는 없었습니다. 얼마 전에 70세가 되어서 세례 받고, 수원 아래 영통에 있는 교회공동체에 속하여 살게 되신 전영신 전도사님의 여동생이 그날 하루 종일 우리와 함께 했는데, 그분이 뭐라고 설명하기는 어려우셨겠지만, 이것이 바로 하나님의 교회이구나 하고 느끼셨던 것으로 보였습니다.

저는 교회의 일원으로 참여하면서 하나님께서 인도하시는 교회를 보았습니다. 서로서로에게 기쁘게 순종하더군요. 저와 김태인 전도사님은 환희와 엄마인 지혜 자매가 비 오는 날 바깥 추운 곳에 가기보다는 예배당 사택에 있는 것이 좋겠다고 생각했지만, 서은이 엄마 오지숙 자매와 또 다른 분들이 이곳에 혼자 있지 말고 함께 가서 차 안에서라도 있자고 말했고, 그렇게 했습니다. 누군가 운동장 안에 차를 한 대 세워 놓은 것은, 그 두 달밖에 안 된 아기와 엄마를 위한 특별 배려였을 거예요. 유치부 은석이부터 가장 연세 많은 김용담 집사님 가순금 권사님 부부까지 모두가 그 운동장에서 크게 웃고 소리치고 몸을 던지면서 서로서로 기뻐하여 사랑하였습니다.

마지막 계주에서, 어떤 누나의 바통을 이어 받은 2학년 이휘수는 순간적으로 거꾸로 달리기 시작했고, 우리 모두는 매우 놀라고 당황했지만, 그 게임은 멈추어지지 않았습니다. 누군가가 이겨보려는 마음에 어린아이의 실수를 문제 삼아 경기를 중간시킬 수도 있었겠지만, 휘수가 돌이켜 달리도록 도왔고, 우리 모두는 그 귀여운 모습을 믿음과 사랑으로 즐거워하였습니다. 휘수가 결혼할 때쯤에 그의 예쁜 짝을 제가 만나게 된다면 이 얘기 들려주고 싶네요. 그가 얼마나 창의적이고 자유롭고 유쾌한 아이인지 증언하고 싶습니다. 그래요, 그때까지 함께 살아가고 싶습니다.

2015년 5월 1일 수요일
이 세상을 교회로 살아가는 참 행복한 거북이 백경천

142

노루목편지 ✉

───── 사랑하는 일산호수교회 형제자매 여러분!

하나님의 은혜와 평강이 그리스도 예수 안에서 살아가는 우리 교회에 풍성하기를 원합니다. 또한 우리 주님의 은혜와 그 크신 사랑이 우리 안에서 넘쳐 흘러 가까운 이웃과 북한동포, 그리고 먼 나라에 살고 있는 가난하고 삶에 지친 사람들에게도 전해지기를 소원합니다.

우리 교회는 매 주일 오전예배에서 <사도신경>을 함께 암송하거나 옆 사람과 소리를 맞추어 읽으면서 우리의 믿는 바를 공동으로 고백합니다. 하나님 아버지에 대한 믿음, 예수 그리스도에 대한 믿음을 좀 길게 고백하고 나서 "성령을 믿사오며, 거룩한 공회(예수님의 살과 피를 믿음으로 받는 주님의 몸 된 교회)와 성도가 하나 되는 것과…"라고 우리의 믿음을 고백합니다.

성령을 믿는다, 거룩한 공회를 믿는다, 성도가 하나 되는 것을 믿는다는 신앙고백의 내용은 한 호흡으로 죽 연결하여 말하게 되는 문장입니다. 저는 지난 주일에 성령강림주일 말씀을 읽으면서, 성령님은 교회를 인도하실 뿐만 아니라 이 세상 우주 만물을 만지시고 돌보시고 늘 새롭게 창조하신다고 증언하였습니다. 성령은 하나님 아버지께서 이 세상 만물을 창조하실 때 뿐만 아니라 예수 그리스도가 요한에게 세례 받으시던 때와, 또 어느 때 어느 곳에서든지 늘 삼위일체 하나님으로 우

2014-2016년

리와 함께, 우리 안에, 우리 위에 임하신다고 증언한 것입니다.

지난 주일에 우리 교회는 장로 한 분 선출을 위한 2차 투표를 하였습니다. 우리 모두가 매우 긴장하고 조심스러워 하면서 이 투표에 참여하였죠. 우리는 성령님께서 우리 교회와 함께 하시고, 우리들이 함께 이루어가는 교회를 인도해 가신다고 믿습니다. 이러한 투표의 시간에도 우리는 성령을 믿으며 성도가 하나 되는 것을 믿었습니다. 그런데 우리의 바람과는 다르게 우리 교회는 한 분의 장로님을 투표로 선출하지 못했습니다. 우리 교회가 무엇을 잘못한 것입니까? 성령님께서 우리를 하나 되게 하지 않으신 것입니까? 저도 잘 모르겠습니다. 하지만 우리들은 성령님께서 우리와 함께 하심을 믿습니다.

우리들은 한 분의 장로님이 더 세워져서 좀 더 다양한 성도들의 의견이 당회에서 반영되기를 원했지만, 이번에 그렇게 되지 않았습니다. 장로 투표방식에 대해서도 다시 고민해야 하고, 또 무엇이 우리를 위해서 최선인지에 대한 생각도 기도하는 중에 새롭게 해야 할 것입니다. 어쨌든 우리는 교회입니다. 교회는 성령 하나님을 믿습니다. 성령님께서 교회를 당신의 뜻대로 인도하시고, 교회로 하여금 하나되게 하심을 믿습니다. 그리고 이번 투표를 통하여 우리 교회는 더욱더 서로를 사랑하게

노루목편지

되었다고 저는 생각합니다.

  이 세상에서 이루어지는 많은 투표에 있어서 사람들은 대개 결과만을 중요하게 생각하여, 성공과 실패를 말하기도 하고, 편 가르기를 극명하게 드러내기도 합니다. 하지만 교회공동체는 이 투표의 과정을 매우 중요하게 생각합니다. 이 투표를 통하여 우리는 서로서로 더 낮은 자리에 위치하려고 노력합니다. 그리하여 투표는 누군가의 인간적인 우월함을 드러내는 과정이 아니라 누군가를 마음 깊숙이 사랑하고 섬기는 과정인 것입니다.

2015년 5월 28일 목요일
우리를 하나 되게 하시는 주님께 감사하는 거북이 백경천

143

사랑하는 일산호수교회 형제자매 여러분!

하나님의 은혜와 평강이 그리스도 예수 안에서 살아가는 우리 교회에 풍성하기를 원합니다. 또한 우리 주님의 은혜와 그 크신 사랑이 우리 안에서 넘쳐 흘러 가까운 이웃과 북한동포, 그리고 먼 나라에 살고 있는 가난하고 삶에 지친 사람들에게도 전해지기를 소원합니다.

오늘 아침에 신문을 읽다가 <위대한 용서>라고 제목을 단 기사를 보았습니다. 지난 17일 미국 사우스 캐롤라이나주의 한 흑인교회 수요성경공부 모임에 참석했던 사람들에게 21살의 백인 청년이 총을 마구 쏘아서 아홉 명이 죽은 사건이 있었는데, 그때 어머니를 잃은 한 여인이 울먹이면서 방송을 통해 범인에게 말했던 내용과 26세 아들을 잃은 한 어머니의 육성이 보도되었는데, 저는 마치 그 실제 음성을 반복하여 듣듯이 그 기사를 읽고 또 읽었습니다.

어머니를 잃은 여인은 이렇게 그 범인을 향해서 말했습니다. "엄마와 다시는 얘기를 나눌 수도, 엄마를 다시 안을 수도 없지만 당신을 용서합니다. 당신의 영혼에 하나님의 자비하심이 깃들기를 기도합니다." 그 젊은 아들 샌더스를 잃은 엄마 펠리샤는 이렇게 말했답니다. "너는 내가 알고 있는 가장 아름다운 사람들을 죽였다. 하지만 성경공부시간에 말한 대로 우리는 너를 사랑한다. 하나님께서 너에게 자비를 베푸시기

노루목 편지

를 기도한다." 또 한 사람은 이렇게 그 살인자 백인 청년에게 말해주었습니다. "내 살점 하나하나가 다 아프고 다시 예전처럼 살아가지 못하겠지만 우리는 당신을 용서합니다. 하나님의 은총이 함께 하시기를!" 이 유족들의 목소리는 그대로 범인에게 중계되었고, 이 용서의 메시지들이 그 범인 청년에게 들려졌을 때, 그 청년의 얼굴에 놀라는 기색이 스쳤다고 합니다.

그때 죽은 스물여섯 살 청년은 저와 제 아내의 아들이고, 또한 어디서부터 어떻게 잘못되었는지 모르겠지만, 전혀 자신과 관계한 적이 없는 그 선량한 사람들에게 단지 피부색이 다르다는 이유로 총을 난사한 그 스물한 살 청년 또한 우리들의 아들입니다. 우리들의 아들이 또 다른 우리 아들을, 그리고 우리의 어머니와 형제 자매들을 총으로 쏘아 죽인 것입니다. 그 성경공부를 인도하던 대니얼 시먼스 목사님도 함께 총 맞아 죽었습니다. 그 목사님의 손녀는 "우리는 사랑으로 살아왔고, 사랑을 이번 사건의 유산으로 남길 것"이라고 말하면서 "증오는 결코 사랑을 이길 수 없다"고 말했답니다. 성경공부를 하던 그 살해된 사람들의 가족들의 입에서 나오는 말은 모두 용서였습니다. 그러한 일을 당한 사람으로서는 도저히 할 수 없는 말, 그 용서의 말이 예수의 생명을 받아 살아가는 그들의 중심으로부터 흘러나온 것입니다.

　우리는 복음을 보았습니다. 글로서 읽고 설교로 들었던 그 복음이 삶이 된 것을 본 것입니다. 이것이 바로 영생의 삶인 것입니다. 사람들을 살리고, 죽은 자를 살게 하는 그 영생이 그들 안에 있음을 보았습니다. 그 영생의 말씀이 그 스물한 살 청년에게 들려졌습니다. 그 백인 우월주의자 청년 딜런 로프에게 복음이 이렇게 전해졌습니다. 우리도 오늘 우리들의 삶 속에서 복음을 전하기를 원합니다. 우리가 살아가는 순간 순간의 삶이 복음이기를, 영생의 삶이기를 간절히 소망합니다.

2015년 6월 22일 월요일
예수 복음을 사랑하는 거북이 백경천

노루목편지

144

사랑하는 일산호수교회 형제자매 여러분!

하나님의 은혜와 평강이 그리스도 예수 안에서 살아가는 우리 교회에 풍성하기를 원합니다. 또한 우리 주님의 은혜와 그 크신 사랑이 우리 안에서 넘쳐 흘러 가까운 이웃과 북한동포, 그리고 먼 나라에 살고 있는 가난하고 삶에 지친 사람들에게도 전해지기를 소원합니다.

오늘 아침에는 제 아내가 다섯 시 삼십 분에 집을 나섭니다. 아마도 아주 이른 시간에 아침 식사를 하면서 해야 하는 회의시간에 늦지 않으려고 서두르는 듯합니다. 직장생활을 하든지, 자신이 일구어서 키워 가야 하는 사업을 하든지, 우리는 매일매일 최선을 다해서 살아가고 있습니다. 지금 내 안에 있는 힘을 다 쏟아부어서 오늘을 살고, 내일 아침에 다시 일어나면 또 내일을 열심히 살겠다고 생각하지만, 피로가 하루하루 쌓여 가면서, 어느 날 하루 정도는 푹 쉬어 주어야 몸이 견디는데 그렇지 못할 때가 많이 있습니다. 참 고단한 삶입니다.

최근에 어떤 신문에서 휴가에 대한 설문 조사를 하였는데, 절반이 넘는 사람들이 여름 휴가 때는 아무것도 하지 않고 그냥 푹 쉬고 싶다는 응답을 했답니다. 얼마 전까지만 해도 휴가계획을 세워서 가족이나 친구들과 함께 고생스럽더라도 어딘가 멀리 폼 나게 다녀오곤 했는데, 모두들 하루하루 사는 것이 얼마나 피곤하였던지, 올해는 아무것도 하지 않고 진짜 휴가를 보내고 싶다고 했답니다. 그래요, 우리들에게는 참

2014-2016년

으로 쉼이 필요합니다.

그런데, 어떻게 하면 우리가 쉼을 얻을 수 있을까요? 그게 그렇게 쉽지는 않은 것 같습니다. 어쩌면 우리가 일 중독이 되어 있을 수도 있습니다. 그리고 우리는 걱정을 아주 많이 합니다. 아무것도 하지 않고 홀로 있으면 어느 사이에 근심과 걱정이 우리 안에서 무거운 짐이 되어 우리를 찍어 누릅니다. 몸은 쉰다고 하지만, 마음까지 쉬는 것이 매우 어려운 것이죠. 아마도 사람이 가질 수 있는 매우 중요한 능력은 적당히 필요한 만큼 일하고 적절하게 자신을 쉬게 하는 능력일 것입니다.

그런데 우리가 과연 필요한 만큼 일할 수 있을까요? 그럴 수 있는 사람도 있겠지만, 거의 대부분의 사람들은 늘 해야만 되는 일에 파묻혀 살아가고, 그렇지 않으면 일이 없게 될까 두려워하면서 매일매일을 살고 있습니다. 일이 많으면 너무너무 힘들고, 일이 없으면 매우 불안해하면서 살아가는 것이죠. 어떻게, 우리가 적당하게 일할 수 있겠어요! 네, 그렇습니다. 우리가 오늘을 이렇게 살아가고 있습니다.

제 아내도 쉬고 싶답니다. 그리고 저도 쉬고 싶습니다. 이 세상을 살아가고 있는 모든 사람들은 쉼을 얻고 싶어합니다. 쉼을 얻고 싶다는 말에는 우리가 우리 자신에게 쉼을 줄 수 있는 능력이 없다는 뜻이 담겨 있습니다. 그런데 쉼을 주시겠다고 말씀하신 분이 있습니다. 내게로

　　　　　노
　　　　　루
　　　　　목
　　　　　편
　　　　　지

와서 쉬라고 말씀하셨죠. 그분은 너무나 신비롭게도 이 세상의 어떤 사람들을 불러 모으셔서 자신의 몸으로 삼으셨습니다. 그것이 교회입니다. 사람들은 이 세상의 교회에서 쉼을 얻습니다. 정말로, 교회는 그러해야 합니다. 그리고, 우리가 바로 그 교회입니다.

　우리 개개인들은, 모두 다 쉬기를 원하는 사람들, 곧 날마다 고된 삶을 살아가며 미래에 대한 걱정에 짓눌려 살고 있는 사람들 입니다. 그런데 우리 주님은 이 세상에서 지친 사람들을 불러 쉼을 주시겠다고 하시며, 또한 쉼을 주는 사람이 되라고 말씀하셨습니다. 참 신비로운 말씀입니다. 우리가 어떻게 누군가를 쉬게 하는 사람이 될 수 있겠어요? 그냥, 주님의 말씀을 믿고, 시시때때로 함께 모여, 우리가 주님의 몸 된 교회임을 고백할 것입니다.

2015년 7월 22일 수요일
누군가를 쉬게 해주고 싶은 거북이 백경천

145

사랑하는 일산호수교회 형제자매 여러분!

하나님의 은혜와 평강이 그리스도 예수 안에서 살아가는 우리 교회에 풍성하기를 원합니다. 또한 우리 주님의 은혜와 그 크신 사랑이 우리 안에서 넘쳐 흘러 가까운 이웃과 북한동포, 그리고 먼 나라에 살고 있는 가난하고 삶에 지친 사람들에게도 전해지기를 소원합니다.

어제는 모처럼 우리 교회 어르신들과 소풍을 하였습니다. 지난해에는 시기를 맞추지 못하여 추운 날씨에 움직였는데, 어제 날씨는 정말로 환상적이었습니다. 아직은 나무에 단풍이 들지 않았고 길가에 코스모스가 활짝 피는 시기를 맞추지도 못했지만, 황금빛 들녘이 눈앞에 펼쳐졌고 진한 녹색 산들이 병풍처럼 겹겹이 둘러선 풍경이 우리의 몸과 마음을 쉬게 했습니다. 참 아름다운 우리나라입니다.

지난밤에 마음이 싱숭생숭하여 깊이 잠들지 못하셨을 수도 있겠지만, 모두들 매 주일 예배당에서 만날 때보다는 좀 더 활기차 보였습니다. 어제 함께 하셨던 분들의 이름을 어릴 때 동네 친구 부르듯이 불러 볼게요. 김용담 조익현 김차석 이인용 오태진 김용무 장병환 안우윤 가순금 전영신 권정자 권선례 김복자 함영선 이영자 이영자 김정숙, 그리고 도우미로 백경천 김동애 안성환이 함께했습니다. 모두 스무 명입니다. 직장생활 하시는 분들이 여러분 계셔서 쉬는 날짜 맞추는 것이 어려우

노루목편지

셨을 텐데, 그래도 많이 오셨어요. 못 참석하신 65세 이상 어른들이 대여섯 분 되시니, 우리교회 어른 숫자가 교회 전체 식구 수에서 20퍼센트 정도 되는 것 같습니다. 스무 살 아래 어린 사람들 숫자와 65세 이상 어른들의 숫자가 거의 비슷합니다. 이 정도면 상당히 균형 잡힌 교회라고 말할 수 있을 거예요. (헤헤)

자유로를 달리며 차 안에서 대화를 나누는 중에, "이대로 쭉 올라가면 개성이고 평양일 텐데 내년에는 우리가 개성으로 소풍 가자"고 제가 말하니, 차 안의 어른들이 참 즐거워했어요. 그렇게 되면 얼마나 좋겠습니까? 백마고지가 보이는 작은 산 위에 올라서, 저 앞에 보이는 저 높지 않은 산이 그 유명한 백마고지이고, 저 멀리 반듯한 지평선처럼 보이는 곳이 북한의 평강고원이라고 말씀드렸습니다. 전쟁 때 미군의 폭력으로 허물어진 철원 노동당사와 그날 함께 허물어져 잔해만 남은 철원제일교회당도 방문하여 그 무너진 벽을 만지며 함께 기도하였죠. 전쟁이 있기 전에는 그곳이 북한 땅이었어요. 그냥 똑같은 사람들이 살던 바로 그 땅인데, 우리들은 왜 이렇게 서로서로 평화를 만들어 가지 못하는지 모르겠습니다. 저는 간절히 소원하면서, 이 길을 더 많이 다녀 보려 합니다.

2014-2016년

함께 다니다 보니, 우리 교회에 노인이 없는 듯하였어요. 물론 어른들의 발걸음이 조심스럽고 움직임이 둔해지신 것이 사실이지만, 저는 결코 이분들을 모신다는 생각을 하지 못했습니다. 사실 아무것도 도운 것이 없습니다. 전철역에서 만났다가 전철역에서 헤어졌어요. 전영신 전도사님은 안양 집에서부터 일산까지 1시간 반을 더 홀로 여행하여 왔다가, 또 안녕하고 헤어지고 나서는 집에 잘 도착했다고 전화 주셨고, 장병환 집사님과 또 다른 어른들도 그 먼 길을 젊은이들처럼 다니셨습니다. 마음이 몸을 움직이는 것이 분명하더군요. 마음이 젊으니 그 연약해진 몸이 잘 보이지 않았습니다. 하지만 목욕탕에서 서로를 보니, 몸매는 좀 그러셨어요. (ㅎㅎ) 참 즐거운 하루였습니다.

2015년 10월 6일 화요일
우리 교회 어른들을 참 좋아하는 거북이 백경천

146

노루목편지

———— 사랑하는 일산호수교회 형제자매 여러분!

하나님의 은혜와 평강이 그리스도 예수 안에서 살아가는 우리 교회에 풍성하기를 원합니다. 또한 우리 주님의 은혜와 그 크신 사랑이 우리 안에서 넘쳐 흘러 가까운 이웃과 북한동포, 그리고 먼 나라에 살고 있는 가난하고 삶에 지친 사람들에게도 전해지기를 소원합니다.

오늘 오전쯤 슬그머니 가서 잠시 손잡고 기도하겠다고 지난 주일에 생각했는데, 그 어른이 어제 저녁 여섯 시 반에 돌아가셨다는 소식을 들었습니다. 조옥자 권사님, 장혜숙 집사님의 어머니입니다. 몇 주 전 병원으로 찾아뵈었을 때에, 어머님은 정성껏 당신의 눈을 열어서 저를 보아주셨고, 제가 다윗의 시를 읽고 자녀들과 더불어 기도하고 나자 '아멘'이라고 온 힘을 다해서 말씀하셔서 저와 자녀들에게 큰 기쁨을 주셨습니다. 그때 자녀들은 "목사님이 찾아오니 우리 어머니가 큰 힘을 얻었다"고 저에게 말해주었지만, 그때 제 속에서는 "내가 뭐라고, 저렇게까지 마지막 남은 온 힘을 다하여 환대해 주시는지" 하는 생각이었습니다. 잊을 수 없는 사랑입니다.

꽤 여러 해 전에, 여러 딸 중에서 막내딸이기에 특별하였을 장혜숙 자매님이 일산의 어느 교회에 나가서 하나님을 예배하기 시작했다는 말씀을 들으시고, 그 어른이 딸네 집에 와서 주무신 어느 날 우리와 함께 주일예배를 처음 드리셨어요. 작은 몸을 가지셨지만 눈이 아주 크고

2014-2016년

강렬하여서, 저를 아주 작아지게 하셨죠. 막내딸이 신앙생활을 시작하였다고 얼마나 좋아하시던지요. 장혜숙 자매가 세례받던 날에는, 작은언니 셋째 언니 가족분들이 당신들이 속한 교회 주일 봉사를 다 내려놓고 축하하고 감사하러 찾아오셨어요. 아마도 그 어른 어머니의 마음과 언니들의 마음이 같았을 거예요.

지난봄에 장혜숙 자매가 그 큰 눈에 눈물을 가득 담고 "우리 엄마가 암에 걸렸는데 치료행위를 한다고 해도 얼마 더 사실지는 분명히 말할 수 없다"고 저에게 말할 때에, 저는 얼마 전에 세상을 떠나신 저의 아버지를 생각하였습니다. 저는 어머님이 원하시는 죽음을 맞이할 수 있도록 가족들이 잘 도와 드리는 것이 좋겠다고 말했습니다. 장혜숙 집사님이 이미 여러 면에서 성숙한 분이시기에, 특별히 그분이 크리스천이시기에, 죽음은 우리 인생에서 참으로 귀하고 아름다운 시간이 되어야 함을 제가 망설임 없이 얘기하였고, 그 후로 자매님은 여러 번 어머니의 병세와 투병이야기를 전해 주었습니다.

그는 아무리 어머니의 신앙이 깊다고 하지만, 내 어머니가 어떻게 저렇게까지 당신의 마지막을 의연하게 맞이하시는지, 자신으로서는 정말 어찌 생각해야 할지 모르겠다고 했습니다. 이제는 분명히 알게 되었겠죠. 크리스천에게 있어서 죽음이 무엇인지. 어머니를 보아서. "엄마가

노루목편지

오늘 저녁 6시 33분에 하나님의 품으로 돌아가셨어요. 주무시듯 가셔서 행복해요!"라고 그 막내딸이 저에게 소식 전해주었습니다. 그 어머니는 막내딸의 마음에 이 아름다운 생각과 말을 넣어주시고 떠나셨습니다. 사랑하는 어머니는 하나님의 품으로 돌아가셨고, 그 딸은 그 복된 죽음이 나에게 행복을 주었다고 고백하였습니다.

오늘 새벽 잠에서 깨었을 때, 어젯밤의 마지막 생각도 깨어났는데, 그 어머님에 대한 이 생각이 아무래도 오늘 하루 종일 제 안에서 계속될 것 같습니다.

2015년 10월 27일 화요일
한 어머니와 그의 딸을 생각하는 거북이 백경천

#147

사랑하는 일산호수교회 형제자매 여러분!

하나님의 은혜와 평강이 그리스도 예수 안에서 살아가는 우리 교회에 풍성하기를 원합니다. 또한 우리 주님의 은혜와 그 크신 사랑이 우리 안에서 넘쳐 흘러 가까운 이웃과 북한동포, 그리고 먼 나라에 살고 있는 가난하고 삶에 지친 사람들에게도 전해지기를 소원합니다.

지난 주일(12월 27일)에 있었던 우리 교회 교회학교 수료예배의 설교를 준비하면서, 저는 참 많이 떨렸습니다. 그 설교는 제일 먼저 저에게 하나님의 말씀으로 들려와야 합니다. 설교는 제가 아닌 어떤 사람들을 향해서, "이것이 바로 오늘 당신들이 들어야 할 하나님의 말씀"이라고 선포하기 전에, 전하는 제가 먼저 그 말씀을 받아먹고 그 말씀에 푹 잠겨야 하는 것입니다. 네, 그렇습니다. 설교는 그래서 하나님의 말씀이 설교자를 통하여(through) 누군가에게 전해지는 것인데, 그렇기 때문에 그 설교에는 설교자의 인격과 삶이 묻어 있을 수밖에 없습니다.

설교를 준비할 때마다, 저는 늘 긴장되고 떨립니다. 그 말씀 앞에서 참으로 진실해져야 하고, 또다시 참회해야 하고, 그리고 제가 먼저 구체적으로 순종하기 위한 결단을 해야 합니다. 고등학교 과정을 마치는 나인우와 김이지, 고등학생의 단계로 진입하려는 김기경 나승석 김명진에게 하나님의 말씀을 전해주기 위해서, 저는 저 자신을 먼저 그 말씀

노
루
목
편
지
✉

속에 밀어 넣어야 하는 것입니다. 다니엘의 청소년 시절에, 그 어린 다니엘이 민족의 위기와 자신의 위기 속에서 무엇을 놓지 않고 가려 했는지, 하나님께서는 이 다니엘의 이야기를 왜 하나님의 백성들에게 성서의 말씀을 통하여 들려주었는지 생각하고 또 생각하였습니다.

네, 그렇습니다. 이 다니엘 이야기를 통한 하나님의 말씀 앞에 저는 나인우 김이지 김기경 나승석 김명진과 함께 서 있습니다. 그들을 위한 수료예배 말씀일 뿐 아니라, 저 자신을 수료자로 세워 놓은 말씀인 것입니다. 수료자라는 말은 어떤 교육과 훈련 과정을 다 마친 사람이란 의미이지만, 그 말의 더 적극적인 의미는 그 과정을 통과한 사람이 이제 새로운 단계(진급)의 삶으로 들어가게 된다는 뜻입니다. 그래서 미국 사람들이 수료식이란 말을 '시작'(커멘스먼트, commencement)이란 단어로 사용하는가 봅니다.

다니엘과 세 친구는 남유다 귀족집안의 자식들인데, 부모와 함께 볼모가 되어서 바벨로니아에 끌려와 있었습니다. 그들에게는 바빌로니아 제국의 인재로 성장할 수 있는 기회가 찾아왔습니다. 그리고 그들은 또한 일평생 그 거대한 제국의 관료가 되어서 살아가야 합니다. 하지만 그들은 그들이 처한 세상의 거대한 흐름 속에서, 그들의 집(인생) 창문

2014-2016년

을 예루살렘(하나님의 나라)을 향하여 열고 기도하면서 그 나라를 위해 살아가기를 멈추지 않았습니다. 저는 새로운 시작을 하는 친구들과 함께 다니엘과 세 친구의 청소년기 이야기를 읽었습니다. 그들은 무엇을 포기하고 무엇을 놓지 않을 것인지 심각하게 고민하면서 씩씩하게 발걸음을 옮겼습니다.

결국 그 거대제국 바벨론이 망해가는 것을 다니엘은 보았습니다. 그리고 그 당시 최고의 관료였던 다니엘은 또 페르시아라는 나라의 백성으로 살아가야 했는데, 그 페르시아라는 세상 속에서도 예루살렘(하나님의 나라)을 향하여 창문을 열고 그 나라의 백성으로 살아갔습니다.

우리는 늘 '하나님의 나라'의 백성으로 살아가기 위해서 수료하고, 새롭게 시작해야 합니다.

2015년 12월 29일 화요일
오늘도 하나님의 나라를 생각하는 거북이 백경천

노루목편지

148

———— 사랑하는 일산호수교회 형제자매 여러분!

하나님의 은혜와 평강이 그리스도 예수 안에서 살아가는 우리 교회에 풍성하기를 원합니다. 또한 우리 주님의 은혜와 그 크신 사랑이 우리 안에서 넘쳐 흘러 가까운 이웃과 북한동포, 그리고 먼 나라에 살고 있는 가난하고 삶에 지친 사람들에게도 전해지기를 소원합니다.

2016년 1월 17일(주일) 오후 예배 후에, 우리 교회 청소년부(중고등부)가 철원군의 신수리를 지나서 복주산이라는 곳으로 겨울 캠프를 떠났습니다. 저는 그 지역에서 군대 생활을 하였기에 반갑기도 했어요. 1982년 겨울에, 그 지역 보병사단인 백골부대 신병훈련소에서 군 생활을 시작하여 1984년 여름 어느 날에 집으로 돌아올 때까지 그곳의 군부대에서 살았습니다. 그때 거의 모든 군인들은 1년에 한두 번 휴가를 얻을 때만 부대 밖에 나올 수 있었지만, 저는 정보상황병이란 직분을 맡았기에 때때로 사단본부에 보고하거나 교육 받으러 갈 일이 많았는데, 그때 그 본부가 있는 신수리에 가곤 했습니다. 제가 그렇게 공적인 일로 신수리에 갈 때는 같은 내부반에서 생활하는 동료들이 여러 가지 부탁을 저에게 했습니다. 대개는 연애편지 심부름이었는데, 자기 애인에게 전화를 해 달라는 심부름도 했어요. 네, 그때는 그랬습니다.

그 신수리를 차를 타고 휙 지났으니, 제 마음속에서 얼마나 많은 생

2014-2016년

각들이 춤을 추었겠어요. 옆에 타고 있는 김지수 나승석에게 제가 이곳에서 30여 년 전에 군대 생활을 했다고 말했지만, 아무도 흥분하거나 한마디의 질문도 하지 않더군요. 제 군대 이야기에는 별로 관심을 보이지 않고, 자기네끼리 신나게 다른 얘기만 합니다. 좀 섭섭했어요. 그런데 이곳 어딘가에서 그들의 형 송창봉이 군대 생활을 한다고 하니, 금방 반응이 뜨거워졌습니다. 그리고 그때 마침 군대에 있는 송창봉 군이 친구 이하늘 선생님에게 전화를 하였습니다. 얼마나 크게 소리치면서 차 안의 사내아이들이 단체 통화를 하였던지요. 창봉이가 2월 13일에 첫 휴가를 나온다고 하니 분위기는 더 뜨거워졌습니다. 그들 마음속에 있는 창봉 군은 오래 씻기를 좋아하는 형으로 각인되어 있더군요. 그런데 이번 캠프에서 그 계보를 나승석 형이 이었다고 해요.

제가 이들과 함께 잘 지내려면, 저의 너무나 중요한 얘기들을 일방적으로 꺼내지 말고, 제가 보기에는 너무나 시답지 않은 그들의 대화에 조금씩 반응하며 슬쩍 끼어 들어가야 함을 깊이 깨달았습니다. 가만히 옆에 있기만 해도 최소한 50점은 받을 것 같았습니다. 제 차에 타고 있던 다른 친구들은 김경태 허은결 김기민 김하준 송지민 선주용 김기경, 나인우 누나였고, 그리고 다른 차에 김유진 박소정 김종은 허은

노루목편지

석 박진우 김명진, 백인영 선생님 김태인 전도사님, 오태진 집사님까지 모두 스물 한 명이었는데, 복주산 휴양림 숙소에 도착해보니 이미 청소년부 부장이신 이미옥 집사님과 하해영 김종식 김대곤 집사님, 그리고 김서은도 와 있었습니다. 다음 날에는 박희용 장로님이 오셔서 함께 지내셨어요.

이 친구들과 어울려 오랜 시간을 함께 하기는 참 어렵겠다는 생각을 했습니다. 저도 예전에는 중고등학생들과 잘 지내었지만, 이제는 저와 그들 사이에 문화적 간격이 너무 크다는 것을 실감하였습니다. 그래서 김태인 전도사님에게 참 고마운 마음이 들었습니다. 어떻게 그렇게 이 아이들과 끊임없이 대화를 나누면서 함께 웃고 떠들고 진지해질 수 있는지, 이제 저에게는 거의 불가능한 일이 되었습니다. 그래도 노력은 해 보려 합니다. 그들의 언어와 문화를 다시 배우고, 그들의 마음속을 방문해 보려고 노력하겠습니다. 그런 노력을 하지 않으면, 저는 그들에게 아무것도 아닐 것이기 때문입니다. 그래요, 저는 이들에게 제 안에 있는 복음을 전해야 합니다.

2016년 1월 20일 수요일
한채경 장로님의 100세 인생을 깊이 생각하는 거북이 백경천

사랑하는 일산호수교회 형제자매 여러분!

하나님의 은혜와 평강이 그리스도 예수 안에서 살아가는 우리 교회에 풍성하기를 원합니다. 또한 우리 주님의 은혜와 그 크신 사랑이 우리 안에서 넘쳐 흘러 가까운 이웃과 북한동포, 그리고 먼 나라에 살고 있는 가난하고 삶에 지친 사람들에게도 전해지기를 소원합니다.

노루목 편지가 890번째 쓰여지네요. 이렇게까지 오랫동안 편지라는 형식으로, 저의 삶을 교우들과 나누게 되리라고는 생각지 못하였습니다. 대개 많은 교회 목회자들은 지난주의 설교를 간추려서 주보에 싣곤 하는데, 저는 이러한 편지글을 거의 18년 동안 써왔습니다.

처음 이 글을 쓸 때에, 저는 우리 교우들에게 저 자신이 저 멀리 강대상 위에서 설교하는 목회자이기 보다는 교우들과 똑같은 하루하루의 일상을 살아가야 하는 삶의 동반자로서 좀 더 가까이 다가가고 싶었습니다. 읽으시는 분들이 목사인 저도 같은 문제를 가지고 고민하며 씨름하고 있음을 느끼게 하고 싶었고, 그러한 현실에 대해서 크리스천은 어떻게 생각하고 결단해 가는 것이 좋겠다고 조심스럽게 말하고 싶었습니다. 그래서 우리 가정 이야기를 하고, 교우들과의 만남, 이 세상과의 소통, 그리고 이 분단된 한반도 땅을 향한 안타까움도 토로하였죠.

노
루
목
편
지

　그러는 중에 저는 시시때때로, 하나님의 말씀을 전해야 하는 목사가 이 중요한 교회 주보에서 매우 사적인 내용과 생각들을 일방적으로 전하고 있다는 생각에, 스스로 빠질 때도 많았습니다. 저는 하나님의 말씀을 우리의 현실과 일상으로 가져오고 싶었는데, 때때로 저 자신이 느끼기에도 그냥 사소함에 머물 때가 많았던 것입니다. 그래서 참 많이 우리 교우들에게 미안합니다.

　이제 좀 바꾸어 보고 싶습니다. 지면이 아주 작지만, 그래도 지난주 설교 말씀의 요절을 설명하고, 바로 그 말씀이 우리의 일상 속에 들어와 어떻게 일상의 삶이 되는 것인지 밝혀내어 적어보고 싶습니다. 저에게는 새로운 도전이 될 것이고, 때로는 매우 고통스런 몸부림이 될 것 같습니다. 하지만 이러한 노력이 저를 더 성숙한 크리스천과 설교자로 성장시켜 갈 것으로 기대하겠습니다. 제가 얼마나 더 오래 설교자로 살아갈 수 있을지 알 수 없지만, 끝끝내 붙잡고 싶은 것은 저 자신이 설교자이기 전에 예수님의 말씀을 일상에서 따르는 크리스천의 한 사람이고 싶은 마음입니다.

　다음 주일부터는 <하나님의 말씀과 오늘의 삶>이라는 제목으로 작은 글을 써 보려 합니다. 지난 주일 오전에 함께 읽었던 말씀을 다시

2014-2016년

생각하고, 그 말씀이 우리로 하여금 어떻게 생각하고 말하고 행동하게 하는지 고민하며 써 보겠습니다. 그 글은 저의 믿음의 고백이 될 것이고, 기도와 삶으로 만들어지겠죠. 그리고 이 글을 읽으실 모든 분들에게는 그리스도 예수의 복음에 대한 증언으로 들려지기를 간절히 소망합니다.

2016년 2월 2일 화요일
좀 더 새로워지기를 간절히 원하는 거북이 백경천

던져지고
심겨진 이야기는
사라지지 않는다.

그 이야기는
존재와 존재를 연결하고,
서로를 기억나게 한다.

엮은이의글

미안하고 슬프고 부담스러웠던 시간들

부담스러웠다.
18년이라는 세월을,
그 세월에 담긴 목회자와 성도간의 사랑을,
'감히' 내가 선택하고 배제할 수 있을까.

무언가를 선택하고
무언가를 배제하는 과정은,
미안하고 부담스러운 과정이었다.

<노루목 편지> 모든 글들이,
맑은 샘물 같이 아름다웠기 때문이다.

그러나 내가 미처 선택하지 못한 편지들은,
이미 일산호수교회 성도들의 심장 가운데
깊게 새겨져 있으리라 믿는다.

작가로서 어려운 과정이었지만,
목회자로서는 힘차게 성장하는 과정이었다.

<노루목 편지>를 만나 감사한 시간이었다.

나도 훗날 누군가에게
이처럼 살아있는 편지를 쓸 수 있다면 참 좋겠다.

<노루목 편지>가 일산호수교회 가운데,
한국교회 가운데
계속해서 쓰여지기를 기도한다.

엮은이 소재웅 작가(글씀교회 담당 전도사)